正说大明十六帝

刘亚玲◎编著

图书在版编目（CIP）数据

正说大明十六帝 / 刘亚玲编著 . -- 北京：当代世界出版社，2017.9
ISBN 978-7-5090-1261-1

Ⅰ . ①正… Ⅱ . ①刘… Ⅲ . ①皇帝—人物研究—中国—明代 Ⅳ . ① K827=48

中国版本图书馆 CIP 数据核字（2017）第 215453 号

正说大明十六帝

作　　者：	刘亚玲
出版发行：	当代世界出版社
地　　址：	北京市复兴路 4 号（100860）
网　　址：	http://www.worldpress.org.cn
编务电话：	（010）83908456
发行电话：	（010）83908410（传真）
	（010）83908408
	（010）83908409
	（010）83908423（邮购）
经　　销：	新华书店
印　　刷：	北京时捷印刷有限公司
开　　本：	710mm×1000mm　1/16
印　　张：	17
字　　数：	235 千字
版　　次：	2017 年 9 月第 1 版
印　　次：	2017 年 9 月第 1 次
书　　号：	ISBN 978-7-5090-1261-1
定　　价：	39.80 元

如发现印装质量问题，请与承印厂联系调换。
版权所有，翻印必究；未经许可，不得转载！

前 言
PREFACE

明朝（1368—1644年）是继元朝之后在华夏大地上建立起来的一个封建王朝，也是汉族地主政权的重建与发展。明朝的建立改善了汉人的地位，使得占人口大多数的汉族人民再一次回到平民的位置，为中国的进一步发展创造了有利条件。公元1368年8月，由朱元璋领导的起义军攻陷元大都（今北京），宣告了元朝的灭亡，建立明朝，开创了朱家276年统治的历史。

明朝，是中国历史上唯一一个自南向北，以南方军队击败北方游牧民族而统一天下的皇朝。

说起明朝，说起朱家统治，人们首先想到的就是宦官、杀戮、血腥和专制统治等，想到的是不理朝政的皇帝们，他们就像一个个败家子，折腾着祖宗的基业。在朱家统治时期，虽然写就了无数辉煌，也留下了无数的骂名。综观明朝的朱家皇帝，大多都有近乎病态的偏执性格，多疑刻薄，凡事以自我为中心。太祖的多疑刻薄、成祖的狠毒无情、宪宗的滥用私人、武宗的狂妄自大、神宗的偏激逆反、崇祯的刚愎自用，等等。不仅皇帝如此，大臣们也是如此。这个偏执者家族写下了明朝近三百年的历史，为后人留下了一个捉摸不透的明朝。

鲁迅先生在论及明朝时曾说："唐室大有胡气，明则无赖儿郎"，也有学者抨击明朝是中国的大黑暗时代，中国落后于世界，就是从明朝

开始的。

"这是最好的时代,这是最坏的时代;这是智慧的时代,这是愚蠢的时代;这是信仰的时期,这是怀疑的时期……"狄更斯这段《双城记》里的话,正好可以形容人们对于朱氏天下的不同看法。

和历朝历代一样,在中国这样一个传统的国度里,家族统治是那个时代唯一的选择。父传子,子传孙,皇帝们只希望自己的位置能传给自己的子孙,而子孙的贤孝、愚笨却在所不问,正因此就决定了家族统治的命运。朱家历代十余位皇帝,无能者或者不理朝政者占据了大部分,他们身居皇帝之位却不履行皇帝义务。即使这样,朱家家族还是统治了中国近三百年,造成这样的奇迹的原因究竟是什么?

《正说大明十六帝》为您讲述了一个统治家族的光明与黑暗、荣耀与创痛、自由与专制、兴盛与凋敝。

目 录
CONTENTS

第一章 朱家王朝的缔造者 太祖朱元璋 …………………… 1
  1. 乱世投军,攀凤起家 …………………………………… 2
  2. 假托神明,美化统治 …………………………………… 6
  3. 休养生息,发展经济 …………………………………… 9
  4. 以身作则,提倡节俭 …………………………………… 17
  5. 贪我六两,枭首剥皮 …………………………………… 20
  6. 废丞相,集大权于皇帝一人 ………………………… 25
  7. 封王建藩,加强皇室力量 …………………………… 31
  8. 杀功臣,除后顾之忧 ………………………………… 34
  9. 特务统治,监视天下 ………………………………… 38
  10. 寰中士夫不为君用,必严惩 ……………………… 42
  11. 设规矩,防宦官外戚 ……………………………… 46
  12. 防后宫乱政,嫔妃殉葬 …………………………… 50
  13. 言传身教,培养家族接班人 ……………………… 52

第二章 仁慈帝王 惠帝朱允炆 ………………………………… 57
  1. 为防儿子内讧,皇孙继位 …………………………… 58
  2. 建文新政解严霜 ……………………………………… 61
  3. 叔侄相争,下落不明 ………………………………… 64

第三章　开拓之君　成祖朱棣 ······ 69

1. 掩天下耳目，制造出身之谜 ······ 70
2. 炫耀文治，编《永乐大典》 ······ 73
3. 设内阁，分担皇帝事务 ······ 75
4. 宣扬德化，郑和下西洋 ······ 80
5. 浚通大运河，构建皇朝生命线 ······ 83
6. 防边患，迁都北京 ······ 87
7. 设东厂，重用宦官 ······ 91
8. 五出漠北，维护北部边境安宁 ······ 93

第四章　短命之君　仁宗朱高炽 ······ 99

1. 兄弟相争，曲折登基 ······ 100
2. 在位一载，开盛世之先河 ······ 104
3. 暴卒身亡，死因成谜 ······ 106

第五章　守成之君　宣宗朱瞻基 ······ 109

1. 又一出叔侄相争 ······ 110
2. 甩开包袱，撤兵安南 ······ 113
3. 宠爱贵妃，逼妻退位 ······ 115
4. 蟋蟀天子，开朱家盛世 ······ 118

第六章　转折之君　英宗朱祁镇 ······ 121

1. 幼年登基，延续盛世 ······ 122
2. 宠信太监，皇位易主 ······ 124
3. 重新登位，杀戮功臣 ······ 126
4. 诛杀曹石，朝政清明 ······ 129

第七章　救时之君　代宗朱祁钰 ······ 133

1. 临危受命，力保天下不失 ······ 134

2. 贪恋皇位，贿赂大臣立太子…………………………… 137

第八章　专情皇帝　宪宗朱见深 … 141

1. 储位动荡，皇路曲折…………………………………… 142
2. 任用奸佞，朝政荒废…………………………………… 145
3. 遍设皇庄，毁坏王朝经济基础………………………… 149
4. 违背祖制，随意任用官员……………………………… 151
5. 宠爱宫女，差点绝嗣…………………………………… 153

第九章　中兴之君　孝宗朱祐樘 … 159

1. 勤政爱民，延缓衰败步伐……………………………… 160
2. 宠爱皇后，包庇外戚…………………………………… 166
3. 溺爱独子，权力传纨绔………………………………… 169

第十章　性情皇帝　武宗朱厚照 … 171

1. 高贵血统，承继大统…………………………………… 172
2. 借助太监，巩固权力…………………………………… 176
3. 奴才欺主，"立皇帝"伏诛…………………………… 180
4. 宁王造反，家族内部起纷争…………………………… 183

第十一章　中材之主　世宗朱厚熜 … 187

1. 伦序当立，兄终弟及…………………………………… 188
2. 礼仪之争，皇权至尊无上……………………………… 190
3. 树权威，改革祀典……………………………………… 196
4. 换首辅，控制内阁……………………………………… 199
5. 财政危机，制定《宗藩条例》………………………… 202

第十二章　悠闲天子　穆宗朱载坖 … 205

1. 二龙不相见，忍十几年………………………………… 206
2. 执掌天下，革弊施新…………………………………… 209

3. 开放边禁，促进蒙汉交流 …………………………… 212

　　4. 甩手掌柜，垂拱而治 ………………………………… 216

第十三章　亡国之君　神宗朱翊钧 ……………………………… 219

　　1. 幼年继位，权力易他人 ……………………………… 220

　　2. 阁臣相争，制造千古疑案 …………………………… 222

　　3. 清算张居正，敛财害天下 …………………………… 226

　　4. 神宗昏庸，党争乱国 ………………………………… 229

　　5. 国本之争，遗祸整个家族 …………………………… 232

第十四章　一月天子　光宗朱常洛 ……………………………… 237

　　1. 红丸谜案，葬送朱家最后的救命稻草 ……………… 238

　　2. 李康妃恃宠生娇 ……………………………………… 241

第十五章　木匠皇帝　熹宗朱由校 ……………………………… 243

　　1. 新帝即位，移宫起风波 ……………………………… 244

　　2. 醉心木匠活，大权旁落 ……………………………… 246

第十六章　末代帝王　思宗朱由检 ……………………………… 249

　　1. 除魏忠贤，收回大权 ………………………………… 250

　　2. 巧借天意，重新组阁 ………………………………… 255

　　3. 勤于政务，无力回天徒枉然 ………………………… 258

　　4. 剿抚并用，绝海盗之患 ……………………………… 261

　　5. 清军入关，煤山殉国 ………………………………… 263

第一章 朱家王朝的缔造者 太祖朱元璋

　　太祖朱元璋（1328—1398年），字国瑞，濠州钟离（今安徽凤阳）人。家境贫寒，父母早逝，年轻时曾入寺为僧。1352年率众投红巾军，参加元末农民起义，并逐步成为一位杰出的领袖。他运用"高筑墙，广积粮，缓称王"的战略方针，壮大军力。1356年，他率军攻克集庆（后改名应天，即今南京）。以此为根据地，先后击破陈友谅、张士诚部，于1368年建立明朝，定都南京，建元"洪武"，从而开创了朱氏家族统治中国的历史。朱元璋死于1398年，在位31年。

1. 乱世投军，攀凤起家

封建社会是个家族社会，权力主要由大而显赫的家族来掌握。朱元璋出身贫寒，即使他再有本事，凭借个人的奋斗，在那个时代也是难以成功的。朱元璋与郭家和马家这两个比较有名气的家族联系起来之后，则如虎添翼，为以后登上皇帝宝座创造了良好的条件。

朱元璋的家庭世代务农，因没有自己的土地，所以只能为地主干活，自然是社会地位很低的。不仅如此，由于受到地主的压迫，常常一年艰苦劳作，到头来还是全家不得温饱。因此，朱家经常搬迁，力图寻找一个压迫比较小的地方生活。

据考证，朱元璋的太祖居于沛县（今江苏沛县），祖籍是句容（今江苏句容），住在朱家巷。朱元璋出身贫寒，他的祖父连自己的名字都没有，在元朝是一个"种地的淘金户"。所谓种地的淘金户，这是一种特殊的、在元代矿户中属于承担向朝廷交纳定额黄金的户籍。句容县原本没有黄金，官府同意以种地代替淘金，即以种地的钱买了黄金来交纳。由于元朝的赋税很重，实在交不起，朱家只好再次迁移，逃到淮北一带，在泗州盱眙（今江苏盱眙）安顿下来。祖父辛辛苦苦干了一辈子，连一点基业也没打下，便一命归西了。

朱元璋的父亲名叫朱五四，又名世珍，是个老老实实的佃农，就像当年一首歌谣所唱的那样："佃农佃农老实人，只种庄稼不管事，种了十亩肥庄稼，到头来，两手空空回家来。"的确，朱五四为别人种了一辈子庄稼，可到头来什么也没捞到，以致自己死后也没个葬身之地。他一生当中，像候鸟一样把家搬来搬去。在盱眙活不下去了，只好逃往虹县（今安徽泗县）。到50岁的时候，又举家迁往钟离东乡给人做佃农，60岁时无力耕种，生活难以维持，又搬移到孤庄村落户。正如中国有句古话："穷搬家，富挪坟"。这正好是朱元璋家境的写照。在每一次举家搬迁的过程中，一家老小总把希望寄托在新地方、新田主身上，可他们哪里知道，一百个田主，九十九个心比锅底还黑，根本不会给穷人留一条活路。

朱元璋就是在这样的社会背景和家庭环境下出生的，正是由于生活的艰辛，使得朱元璋过早地在自己的性格当中注入了刚毅、果敢、勇于做事的素质，使他自强不息，面对着强大的势力从不低头，但又不缺乏斗争的机智忍让之术。

朱元璋的母亲陈氏，出身行伍之家。外祖父陈公曾在宋朝大将张世杰部下当过兵。兵败后辗转回到家乡，在原地怕被人抓去充军，迁居盱眙津里镇，靠当巫师画符念咒、看风水、算命批八字过活。陈公生有二女，大女儿嫁给季家，小女儿嫁给了朱五四。朱五四有8个孩子，朱元璋是老八，幼名重八，初名兴宗，后来他投到郭子兴麾下，才起官名叫元璋，字国瑞。因为自宋朝以来，平民百姓若不在官府任职是一概不许起官名的，只能用行辈和父母年龄合算出一个数目作为称呼，也就是说只能叫小名。

由于家境贫寒，年幼的朱元璋经常吃不饱肚子，很小的时候就去给人家放牛谋生。后来为了填饱肚子，还曾出家当过和尚。直到朱元璋参加了红巾军，投奔了郭子兴，命运才开始有了转机。

朱元璋投军完全是"官逼民反"。人没活路了，自然就豁出去了，这对以后朱元璋的执政产生了很大影响。后来，朱元璋在《皇陵碑》中回忆当时情景："好友寄来书信，劝我参加义军，心中担忧又恐惧，正在犹豫不定，此事却被别人发觉，声言要告官府。形势急迫，算上一卦，结果逃亡和留守皆不吉，只有投军方大吉。"这就是朱元璋高人一等的地方，他向世人表明，他投奔起义军的决心是神灵的启示，他的行为是受命于天，是受菩萨保佑的。为了巩固自己的统治，朱元璋可说是用尽心机了。

至正十二年（1352年）闰三月初一，朱元璋参加了郭子兴领导的起义军，被收做一名步卒，那一年他25岁。这一过程看起来简单，但却为朱元璋带来了峰回路转的命运，为他走向成功打开了大门。

参军后，朱元璋自己非常努力，才能出色，很受郭子兴的赏识。朱元璋非常明白，要想出人头地，就必须拼命努力。所以他总是比别人练得刻苦，练得认真，练的时间长。不久，他就已经成为队里出类拔萃的角色。郭子兴也越发喜欢他，每次领兵出击，都会把他带在身边，而朱元璋也总是小心地护卫着郭子兴，作战十分勇猛，斩杀俘获过不少敌人。

因表现出色，朱元璋不久就被调到元帅府做了亲兵九夫长。遇上事情，郭子兴总不忘征求一下他的意见，每次他都尽力谋划，使郭子兴越来越觉得他有胆识，有谋略，是个将才。再后来，郭子兴就派朱元璋单独领兵作战。每次打仗，朱元璋总是身先士卒，冲杀在最前面。得到的战利品，他又分毫不取，全部分给部下，因而部下都非常拥护他。郭子兴见朱元璋带领的部队凝聚力空前增强，战斗力大为提高，于是，更加器重他，特别想把他收为心腹，让他真心真意、死心塌地地跟着自己干。

郭子兴有个养女，是好友马公的小女儿。马公原是宿州闵子乡的一个富豪，因仗义疏财，又好交友，与郭子兴是刎颈之交。马公死后，郭子兴就将马公的女儿交给夫人抚养，把她当作自己的亲生女儿看待。为了拉拢朱元璋，郭子兴决定把养女嫁给朱元璋。

这对朱元璋来说，真可谓是天上掉馅饼！一个穷小子竟然能娶到元帅的女儿为妻，真是福人、福相、福分大，连他自己都觉得像是一场梦，梦已成真，郭元帅亲自为他们主婚。从此，他有了靠山，前程似锦，众兄弟自然对他另眼相看，以后在军中就称他为"朱公子"。

这桩婚姻不仅表明朱元璋深得郭子兴的信任，而且娶到马氏，更使朱元璋大受裨益。马氏本人就是一个聪明贤惠的女人，因而成了朱元璋角逐天下的贤内助。他们珠联璧合，朱元璋做事便如同锦上添花，战场上的表现就更加出色，威望大大提高。结果，却引起了郭子兴对朱元璋的猜疑忌妒。马夫人处处为他周旋，才得以保全性命和地位。有一次，朱元璋遭人陷害被监禁，当时正值荒岁歉收，没有吃的。马夫人偷偷怀揣炊饼给他吃，竟烫伤胸口。后来她习惯于储藏一些干粮干肉，为的是军中缺粮时给朱元璋吃，从来不考虑自己。渡江时，她率全军将士的妻妾渡江。在应天，陈友谅大军压境时，她散尽宫中财物犒劳将士，鼓舞士气。因此，开国后朱元璋对侍臣说："皇后与朕同是布衣出身，同甘共苦，比起汉光武帝危难时冯异献的豆粥麦饭来，更劳苦功高。她还多次对朕说：夫妇相保容易，君臣相处难，常请求赦免臣下过失，保全大臣。她是朕的得力助手。"他还将马皇后比作唐太宗贤德的长孙皇后。回到后宫，他把这些话讲给马皇后听。马皇后说："陛下不忘与妾贫贱时的苦难日子，也不要忘记与群臣共同度过的艰难岁月。但妾怎敢与长孙皇后相比呢？"

对于马氏的谦虚、深明大义，朱元璋是感激的，他更以自己的夫人能有这样的人品自豪，这使他对事业的追求更加有动力。朱元璋攀上马夫人这只凤，为自己添加了一股无法估量的力量。

2. 假托神明，美化统治

历代皇帝都不惜将自己的出身美化和神圣化，朱元璋也不例外。为了登上皇帝宝座，为了朱氏家族能统治天下，朱元璋不惜让自己披上神的外衣，使丑小鸭变成白天鹅，使泥菩萨变成活神仙，使其统治名正言顺。

孔子说："名不正，则言不顺；言不顺，则事不变。"做事要名正言顺。为了使自己的统治能够万世延续，统治者们往往会编造各种谎言来美化自己，神话自己，使自己的统治蒙上一层神秘的外纱，这样更能愚弄百姓，从而达到自己的目的。

例如，秦代陈胜吴广起义时，曾使人用帛写上"陈胜王"三个字暗中放进别人刚钓起的鱼肚中，并使人晚上模仿狐狸高叫"大楚兴，陈胜王"；刘邦当年听始皇嬴政说东南有天子气，就在家乡胡编了些"赤帝子"将来要取代"白帝子"的话来抬高自己，刘邦的妻子吕氏也常说"刘邦头上常有云气"之类的话；黄巾起义，张角兄弟边令众人裹黄巾、扯黄旗，边派人传言"苍天已死，黄天当立"；金田起义的洪秀全称自己是天父之子，称自己为天王。诸如此类，不一而足。将政权、将个人神秘化，也的确都收到了揭竿而起、一呼百应的成效。朱元璋出身社会底层，没有任何家族背景。如果不编一些故事加在自己头上，美化自己的出身，那么就会让所有的人留下这么个疑问：同是平民出身，肩膀头一样高，为什么偏偏你做得了皇帝！难道我就不行吗？这种不服和挑战思想的存在，对新生的王朝来说显然是不利的。因此，朱元璋登基之后，自然而然地想到了借助神来使自己的行为名正言顺。

朱元璋为了神化自己，编造了自己出生时的一些故事。朱元璋出生之前，他母亲在田地里干活，由于疲惫至极而睡去。梦中一道士给她吃了一粒药丸，也就是仙丹。第二天陈氏干活的时候忽然觉得就要临盆了。她连忙往家赶，但是，走到半路的时候再也支持不住，就躲到山坡下的二郎庙里面，生下了朱元璋。

据说，朱元璋诞生的时候，整个二郎庙里面都闪着红光，以致映得附近的山岭也红彤彤的，这自然是不同凡响的事情。而当陈氏把朱元璋抱回家之后，街坊乡亲们发现朱元璋的家里也是一片红光。起初，善良的乡亲们还以为朱元璋的家里起了火，就连忙拿着救火的工具跑了过来。等到了近处一看，却发现远不是那么回事。就是朱元璋的家里人，一年之中也经常发现自己的家里有红光在闪，最终发现了原来是敬神的灯光在闪。从此，朱家越发认为朱元璋非同俗人凡胎。

由于古代社会里人民生活疾苦，再加上科学技术、知识文化的落后，在那样的历史条件下，人们的认识水平很有限，而天下的百姓对皇帝的出身在当时非常在意。人们普遍认为"君权神授"，认为皇帝就应该是上天派下来管理人的，皇帝的生死存亡都体现着上天的旨意。皇帝们也更乐意承认人民这样的看法，同时为了使自己的出身更加贴近于人民的观念，他们便会想出种种办法来迎合和麻痹人民大众，使劳动人民对于统治者不会生出反叛之心，以利于自己政权的稳固和统治的顺利进行。

朱元璋为了巩固万世帝业，编造出神的故事来抬高自己。他的传说也是如此美好，但这都不可能是真实的。那么真实情况怎样呢？

在朱元璋出生之前，家境困难，负担极重。为了生计，陈氏怀胎十月仍然要坚持在田间劳作，连一点休息的时间也没有。直到临盆之前，才不得已匆匆忙忙地往家赶，以致最后只能草草地在二郎庙里把朱元璋生下来。由此而观陈氏之生朱元璋，联想到一位母亲所经受的磨难，实在远不如传说的那样浪漫。

朱元璋出生后，朱家又多了一人吃穿，负担更加沉重，做父亲的朱五四甚至已经没有钱给新出生的朱元璋买一方新的绸布（当时绸布是常用织物，但很贵）来包裹身体了。幸好他在河里意外地捡到了一块别人丢掉的旧红绸布，就给朱元璋裹了身子，勉勉强强免去了买不起红绸布的尴尬。

朱元璋真是一名制作神话传说的大导演，使得许多"摧眉折腰事权贵"者趋之若鹜，为博帝王"开心颜"而大动脑筋。这使得人们对于他的身份有了新的解释，并且这种传说有助于稳固朱家的江山社稷，有利于明朝的统治，这对于朱元璋来说无疑是有利的，所以朱元璋就要趋向于这种说法，不仅自己去编，而且鼓励下臣去附会。

朱元璋为了把自己神化，还曾撰写过一本《周颠仙人传》。在《周颠仙人传》中，明太祖记载了周颠的身世及其事迹。其中说到，周颠面见朱元璋，唱道："山东只好立一个省。"然后用手画成地图，指着朱元璋说："你打破一个桶（统），做一个桶。"朱元璋西征九江，行前问周颠："此行可以吗？"回答说："可以。"又问他："友谅已经称帝，消灭他怕不容易？"于是周颠仰首看天，然后说："上面无他的。"如此云山雾罩的事情不胜枚举。又说十年之后，一次朱元璋害了热病，几乎要死。这时赤脚僧觉显送来药，说是天眼尊者和周颠仙人送到。朱元璋服下后，晚上病就好了。

由于成功地借助了舆论，朱元璋的出身一下子高贵了许多，与真实的情况相比，的确有云泥之别。但人们接受了这个传说，同时也接受了这个皇帝，朱元璋和他的家天下因而成了这个传说最大的受惠者。

3. 休养生息，发展经济

封建社会朝代的灭亡，主要是统治者的暴政使得民不聊生，从而爆发农民起义，从内部瓦解了统治基础。朱元璋出身于农民，对农民既了解，又同情。他登上皇帝宝座后，采取了一系列有利于农民休养生息的政策也就不足为奇了。这正是朱氏家族得民心，能够坐稳江山的根本原因。

作为中国封建社会唯一出身贫民的皇帝，朱元璋对农民阶层的苦难生活有很深刻的体会和特殊的同情心，并对该阶层的处境异常关注。他要以自己特殊的权力最大限度地改善农民阶层艰难的生活状况。而这，也为朱家统治奠定了坚实的基础。

明朝开国时，经济形势是十分严峻的。至正二十六年（1366年），朱元璋从应天到家乡濠州省墓，一路"百姓稀少，田野荒芜"。洪武元年（1368年）四月，朱元璋去北伐前线开封视察，经常穿行在草莽之中。七月，徐达率部自开封北上，路经河南、山东、河北，沿途"道路皆榛塞，人烟断绝"。在中原，怨魂遍地，尸骸蔽野，收殓埋葬骸骨成了政府的善举、百姓的义举。朱元璋慨然喟叹道："平定中原并不困难，但民物凋丧，千里丘虚，既定之后，生息犹难，这正是劳思费神之处。"不但中原，就连湖广、四川等这些昔日繁华的地区也是一片荒凉。湖广洞庭湖流域直到洪武末年尚且"土旷人稀，耕种者少，荒芜者多"。四川经过几十年战乱，也满目疮痍。到洪武二十年（1388年），各州县仍然"居民鲜少"，就连肥沃的成都平原也还有数万亩良田"荒芜不治"，明朝开国后一百多年尚不能恢复历史旧景。三吴中心城市苏州，也"里邑萧然，生计鲜薄"，如雨打残荷，秋风败叶。当时的历史名城扬州被张明鉴等部队掠夺，只剩下18户人家。徐州被元军血洗，男女老幼无一幸免，到明初依然是"白骨蔽地，草莽弥望"的鬼蜮之地。

明朝开国以后，南征与北伐在继续。残元部队长时间控制着东起辽东、西至陕甘的广大区域，明昇政权存在到洪武四年；云南旧元梁王坚持到洪武十四年。元末社会经济的全面崩溃和长时间的战乱，使民心思定，向往稳定的生活。广大民众迫切期望朱元璋能够废除元朝的暴政，重新分配土地，减轻赋役负担，使他们能够安居乐业。朱元璋出于巩固政权的需要，决心满足饱经战争之苦的民众的这一需求。他提出了"安民为本""养民者必务其本""民者，国之本也"等治国安民的方针。民不安，则国不宁。朱明王朝刚立国不久，只有发展农业，解决民众最基本的生活保证并使其拥有从事简单再生产的基本条件，才是立国之根本。

在朱元璋看来，"为国之道，以足食为本"，让百姓衣食无缺，生活富足起来，是统治者应尽的责任，也是维持国家安定的根本。他指出："百姓富裕了，国家才能富强；百姓安逸了，国家才能安定。百姓贫穷困苦而国家富强安定的事情，是从来没有的！"他多次告谕说，"百姓富裕了，就会与政府亲近；百姓贫穷了，就会与政府背离。所以，百姓的贫富，关系着国家的兴亡！"

据统计，在朱元璋统治的31年时间里，他下诏减免赋税和赈济灾民达七十余次。他规定，凡各地发生灾害，当地官员必须及时上报朝廷。如地方官隐瞒不报，当地的人民可以直接向上申诉。一经查实，该地方官就要被逮捕严惩。有一年，湖广荆州、蕲州发生水灾，朱元璋命户部主事赵乾前去赈济，赵乾竟拖延了很长时间才到，致使一些百姓活活饿死。朱元璋知道以后，立即下令将赵乾处死。还有一次，山东青州发生旱灾和蝗灾，有关部门没有及时奏报，朱元璋就将有关官吏全部逮捕治罪。再有一次，江西彭泽粮食歉收，当地官员没有及时赈济，以致有卖儿鬻女者，朱元璋下令将彭泽知县施以杖刑。为了防止公文往来耽搁时间，使受灾百姓能够及时得到救济，后来朱元璋还规定，凡遇饥荒，各地方政府应先开仓放粮，然后再上报朝廷。

朱元璋告谕全国官员说："天下刚刚安定，百姓财力困乏，就像刚会飞的小鸟，切不可拔它的毛；就像新种植的小树，切不可摇它的根。必须让百姓能够休养生息！"他自己也比较注意爱惜民力，尽量少打扰百姓。在建筑宫殿时，他只求坚固，不讲华丽。宫中的空地，有人建议应建立台榭苑囿以供游憩，但朱元璋不肯，他让人在空地上种植蔬菜，供宫里人食用。朱元璋自己不肯妄兴工程，也不准各级官员浪费民力。他规定各级官府凡有"劳民之事"，必须先行奏请，得到批准才可开工，不得擅自动用百姓的人力和物力。如非兴建不可的工程，像城防、桥梁、河渠等，也要在农闲时节进行，不得妨碍农务。朱元璋的这些举措，有助于民力的休息和经济的复苏，的确起到了"安民"的良好作用。

朱元璋对农民的认识，也有他自己独特的见解，知道农民有一定的狭隘心理和纪律松散性。因此，在休养生息的过程中，进行民屯，就是采用一种强制方式把一部分农民迁到地多人少的地方去，也就是"招徕耕种，以实中厚"，政府给予耕牛、农具、种子等，并免征三年赋税。洪武七年（1374年），从江南迁移14万户到凤阳。九年（1376年），又迁山西及河北真定等处无产业者到凤阳屯田。十五年（1382年）迁移广东番禺、东莞、增城等处二万四千人到泗州屯种。二十一年（1388年），迁山西泽州、潞州无田农民往河南闲旷地方屯种。二十二年（1389年），迁江南苏州、松江、杭州、湖州、温州、台州各府无田农民到淮河一带屯种。二十五年（1392年），迁山东登州、莱州无田农民五千六百多户到东昌府耕种。二十八年（1395年）又规定，青州、兖州、登州、莱州、济南五府，凡农民家有五丁以上而田不到一顷的，以及无地农民，都要分丁到东昌府开垦荒田。此外，朱元璋还采取招募农民屯种和发配罪人屯种的办法，以增加地广人稀地区的劳动力。

元朝末年，土地兼并异常严重，农民被迫流浪迁徙。朱元璋采取措施尽力使人口附着于土地。他发布诏书让流民回籍耕种，这种民屯，是行之有效的。除此之外，朱元璋还实行军屯。

军屯是朱元璋汲取历史经验，从汉武帝和曹操那里学来的办法。其目的是"寓兵于民"，即让士兵们"且耕且战"，养兵而不累民。早在明朝建立前，朱元璋就曾在江南设立民兵万户府，让士兵们在应天附近屯田，自给军粮，很有成效。明朝建立后，朱元璋立即在全国范围内，尤其是在边境地区，广泛推行军屯。这样，各卫所的士兵都被分成两部分：一部分守御操练，称操守旗军，是战斗部队；另一部分下屯耕种，称屯种旗军，是生产部队。操守与下屯的比例，按规定是七分屯种，三分守城，但实际上，各地情况不同，屯、守的比例也各异。据估计，明初屯田士兵总数，当在一百四十万人以上。士兵屯种的田地，由政府拨给，一般是每人五十亩，政府同时还要提供耕牛、农具、种子等生产资料。在洪武时期，军屯取得巨大成就，屯田面积达到了九十万顷左右，军粮基本能够自给自足。朱元璋为此曾自豪地说："吾京师养兵百万，要令不费百姓一粒米。"

为解决驻军的粮饷问题，朱元璋还进行了商屯。商屯，其实是一种特殊的民屯。在洪武三年（1370年），开始推行"开中法"，就是利用食盐专卖权，让商人把粮食运到边区的粮仓，政府按照纳粮数量给予盐引（即贩盐许可证），商人凭盐引到指定的盐场支取食盐，再运到指定的地区去销售。因路远运粮不便，商人们便雇人在边地屯垦，把收获的粮食就地缴纳官仓，换取盐引，当时人称为"商屯"。商屯的开展，既充实了军队粮储，又促进了边区开发，发挥了积极作用。

朱元璋推行的这三种屯田制度，都收到了很好的效果，实现了"田野辟，户口增"的目标。耕地和人口的增加，为社会经济的繁荣奠定了坚实的基础，同时也为朱家的统治打下了坚实的基础。

在实行休养生息的过程中，朱元璋进行了田地和人口的清查，编制成册。在元末长期的战乱中，各地的田地簿籍大多散失，保存下来的和实际土地占有状况也早已不相符合。为了解决这一问题，在明朝建立前，朱元璋就曾在占领区进行土地清理，编造图籍，据此确定赋税和徭役。如至正十八年（1358年），在徽州让人民"自实田"，即自己如实报告田产数额。至正二十三年（1363年），又下令"使民，实田，集为图籍"，并对各人自报数额进行复核。所谓"图籍"，是南宋以来流行于江南地区的一种土地簿籍，其中记载着每块土地的亩数、土质、方圆面积以及田主姓名等，并绘制成图，因图上田地一块挨着一块，很像鱼鳞，所以被称为"鱼鳞图册"。朱元璋在占领区进行的这些土地清理，虽然不是很彻底，但也颇有成效，为他顺利地征发赋役、争霸天下奠定了基础。

朱元璋大刀阔斧、雷厉风行地进行改革，在明朝刚建立后才几天，他就派人到土地隐瞒最为严重的浙西地区去核实。临行前，朱元璋告诫说："你们一定要据实办理，切不可徇私情，不可妄加、增损。否则，国法不容！"不久，朱元璋又命中书省议定役法。他指出，国家初建，工程量大，为了防止徭役过多地落到穷困农民身上，应采用验田出夫的办法敛派徭役。由于徭役负担是与田地多少挂钩的，土地清理就成为新役法能否成功的基础。经过中书商议，决定每田一顷，出丁夫一人，不到一顷的，用别的田补足，称为"均工夫"。洪武三年（1370年），根据上述原则，在直隶、应天等十八府州以及江西饶州、九江、南康等三府编制了均工夫图册，计田出夫，每年农闲时节，到京师服役30天。如果田多丁少者用佃户充役，要出米一石作为佃户的补充费用。如果雇佣他人应役，则要每亩出米二升五合。"均工夫"役的推行很利于土地清查，从此处也可看出朱元璋存在着农民平均主义思想。

朱元璋推行的户籍清理运动还没完成的时候，北方地区的局势就已经基本稳定下来。洪武三年（1370年）十一月，朱元璋下了一道口谕给户部，命令清查户口，推行户帖制度。这道口谕保存下来，成为洪武年间传世的为数极少的白话谕旨之一，现特照录于下："说与户部官知道：如今天下太平了也，只是户口不明白哩。教中书省置天下户口的勘合文簿户帖，你每（们）户部家出榜去，教那有司官将他所管的应有百姓，都教入官附名字，写着他家人口多少，写得真着，与那百姓一个户帖，上用半印勘合，都取勘来了。我这大军如今不出征了，都教去各州县里下着，绕地里去点户比勘合，比着的，便是好百姓，比不着的，便拿来做军。比到其间有司官吏隐瞒了的，将那有司官吏处斩。百姓每（们）自躲避了的，依律要了罪过，拿来作军。钦此。"

朱元璋是个头脑灵活的人，不管是在战场上还是在改革措施上，都很有力度。他在口谕中设计的清查程序，既严密又严酷。先由中书省印造户籍户帖，印制时户籍与户帖两联合为一纸，在骑缝处统一编号，加盖印章，户籍与户帖上各有印章的一半，称为"半印勘合"，下发到各地方政府；然后由户部发布榜文，让各地方政府通知所辖百姓，都到官府去登记自家的户口和财产情况，经初步核实后，官府发给每家一份户帖；然后再调派军队下到乡村，按照登记底册挨户比对，逃避比对者或经比对所报不实者，一律发配充军；有关官吏弄虚作假者，一经发现，立即处斩。在清查完毕后，户籍上交户部留存，户帖则由各户收执。朱元璋利用军队清查户口，一方面是因为当时全国大部分地区都已平定下来，军队不用再出征；另一方面是因为他不相信官吏，认为军队才能更好地贯彻他的意图。

朱元璋的清理整顿，有利于土地、户口的管理规范化。这都大大减轻了百姓的负担，提高了劳动积极性，促进了社会的进步和发展。

水利是农业的命脉，不大力兴修水利，推广经济作物，就不能真正做好休养生息的工作，也就无法富国强兵，实现人民安居乐业。朱元璋有躬耕的亲身经历，所以，他始终重视水利建设。在朱元璋的督导之下，洪武年间，各地政府组织了大量的人力物力，修建了许多水利工程。其中规模较大的有：洪武元年（1368年），修筑和州铜城堰闸，周围二百余里。洪武四年（1371年）修复广西兴安县灵渠，筑有三十六陡渠，可以灌溉农田上万顷。洪武六年（1373年），动用民工二十五万人，疏浚开封府自小木到陈州沙河口的十八道河闸。同年，从松江、嘉兴佥发民工二万人，开浚上海胡家港，直通海上。洪武八年（1375年），命长兴侯耿炳文督率疏浚陕西泾阳洪渠堰，可以灌溉泾阳、三原、醴泉、高陵、临潼等县田二百余里。洪武九年（1376年），修筑四川彭州都江堰。洪武十二年（1379年）宁夏卫修筑汉、唐时代的旧渠，可以引黄河水灌溉田地数万顷。洪武十四年（1381年），修筑浙江海盐县海堤，又征发民工二万人修筑开封黄河大堤。洪武十九年（1386年），修筑福建长乐县海堤，防止了海潮侵淹农田，人民大受其利。洪武二十三年（1390年），调发淮安、扬州、苏州、常州四府民工二十五万人，修筑崇明、海门溃决的海堤一百六十余里。朱元璋兴修水利一直持续到他在位的最后一年。朱元璋曾说："耕稼是衣食的根本，民生的保障。朕曾命令各地兴修水利，可地方官们不及时执行，致使百姓深受其害。现在派你们到各地去，要召集官吏民众，趁农闲时节，因地制宜，周密规划。凡是可以蓄水以防旱、泄水以防涝的陂塘湖堰，都要加以修治。但也不要妄兴工程，祸害百姓。"水利工程的广泛兴修，增强了抵御自然灾害的能力，改善了土壤质量，提高了农作物的产量。

朱元璋十分提倡经济作物的种植，甚至还采取强制性措施加以推广。朱元璋运用行政手段强制种植经济作物，这在今天看来似乎是不符合市场经济规律的，但在当时自然经济占主导地位的社会条件下，却有一定的积极意义，而且也富有成效。据学者估计，明初全国种植的各类经济果木在十亿株以上，这个成绩是巨大的。明代以前，百姓穿的都是麻衣，而在朱元璋的鼓励下，明初棉花的种植获得大发展，棉布已经成为百姓的通用衣着，这是服装面料方面的一次重大变革。总体来看，朱元璋推广经济作物的做法，丰富了农业生产的内容，提高了抗御灾害的能力，也为手工业生产提供了更多的原料，为以后丝织业、棉织业的发展奠定了基础。

俗话说："创业不易，守业更难。"朱元璋躬行修身，静心养性。从

现实出发进行休养生息，分配土地，解决老百姓的吃饭问题，为朱家王朝的统治打下了深厚的群众基础。

对于朱元璋的这一番作为，有人视之为"爱民如子"，有人看做为朱元璋对农民阶层的血缘情感。事实上，朱元璋的所作所为集中体现出他对稳定农民阶层重要性的充分认识，民兴才会业兴，业兴才能国兴，朱明王朝才能传之万代，臣僚们亦可分享富贵荣华。若民不聊生，就会民怨沸腾，臣僚的富贵荣华也将随之失去，皇位也不得保全。

4. 以身作则，提倡节俭

节俭是兴盛的征兆，奢侈是衰亡的先声。汉有"文景之治"，唐有"贞观之治"。汉文帝刘恒、汉景帝刘启、唐太宗李世民等都特别注重节俭。朱元璋出身贫苦农家，对农民生活的艰辛有切身体会。登上皇位后，还能身体力行，带头倡导节俭，这是难能可贵的。

朱元璋是一个提倡节俭的皇帝，由于他出身贫苦农家，不仅深深体谅农民生活的艰辛、物力的艰难，而且他还身体力行，带头倡导节俭。"自古王者之兴未有不由于勤俭，其败亡未有不由于奢侈。"这是他总结前人历史经验教训后告诫后人的一句名言。他在位期间，大力提倡节俭，反对奢侈浪费。他常常对大臣们说："珠玉非宝，节俭是宝。"

公元1368年，朱元璋在南京正式称帝。他把提倡节俭、反对奢侈提到国家兴亡的高度。他命令有关部门将他用的车轿须用金子装饰的部分一概用铜代替。有人认为这项费用小，算不得什么，他却正色地说："天子富足四海，不是吝惜这一点，节俭是我提倡的，我自己不以身作则，又有什么理由让大家这样做？况且奢侈腐化以致误国，追其根源都是由小到大的。"平定川蜀，明朝建立后，按计划要在南京营建宫室。负责工程的人将图纸送给他审定，他当即把雕琢考究的部分全去掉了。有个官员想用好看的石头铺设宫殿地面，也被他当场狠狠地训了一顿。

有一次，方国珍派人送给朱元璋一个饰满金玉的马鞍，朱元璋坚决不收，并对来使说："现在国家还不稳定，所需要的是大批的人才，所急用的是粮食布帛，金银宝贝没有什么用，不是我所喜爱的。"元朝的降将张昶暗中派人上书朱元璋，劝他及时行乐，朱元璋看后大怒，将他的书信一把火烧掉了，并且说："这个人是想当赵高呀！"陈友谅有一张镂金床，做工极为考究，江西行省得到之后，将此床送给朱元璋，他看后却说："这同孟昶的七宝溺壶有何两样！"于是下令将其毁掉。

朱元璋还反复告诫官吏们不要骄奢淫逸。对那些廉洁奉公、勤俭朴素的官吏，朱元璋厚加奖赏，以资鼓励。

大将徐达战功卓著，但却从不恃功自傲，一直住在一座破旧的小房子里。朱元璋得知后就给他盖了座新宅院，并在院门前立下牌坊以示表彰。而对那些奢侈的官吏，则严加惩罚。

有一次，一个散骑舍人穿了一件十分华贵的衣服在宫中行走，朱元璋看到了，就问他："这件衣服得花费多少钱呢？"他回答说："五百贯。"朱元璋说："五百贯钱，这足够一个数口之家的农民一年的生活费用了，而你却拿来做了一件衣服，如此骄奢，简直是太糟蹋东西了。"立即命他将衣服脱掉，不许再穿。还有一次，他看见两个宦官穿着新靴在雨中走路，顿时大怒，斥责他们说："一双靴虽是件微不足道的东西，但也都是百姓的血汗做成的，从种棉到成靴绝非一日之功，而你们却竟敢如此不爱惜！"下令对那两名宦官处以杖刑。

为教育子孙不忘创业的艰难，朱元璋还命人把自己的艰难经历画在宫殿里，并告诫子孙们说："富贵易骄，久远易忘，后世子孙长在深宫，只看到富贵，习惯了奢侈，不知道祖宗起家的艰难，现在你们要朝夕看一看我的经历，不忘祖本。"他还规定，他的儿子们如要外出，近的一律步行，远的也只能骑马走十分之七，剩下的十分之三必须步行。他说："上面朴素节俭，帝业方可久传，后世子孙，必须守此法。"有一次，他的儿子们跟从他外出，朱元璋便特意叫手下人带头，沿途到农民家中一家家地察看，看他们家里的器具物品和日常饮食。回到宫中后，他语重心长地对儿子们说:"你们都看到了吗?农民们身不离田地,手不离犁锄,一年到头劳作不停,从没有休息过。可是你看他们,住的不过是茅草屋,穿的不过是粗布衣,吃的不过是粗茶淡饭。而国家的经费却要全部由他们负担!所以我特意让你们知道,以后凡是吃穿住用,一定要想到农民生活的艰辛,要尽可能地使百姓免于饥寒。如果不顾一切,只知横征暴敛,老百姓就没有活路了!"

朱元璋不喜欢喝酒,因此他曾多次发布限制酿酒的命令。他不爱奢华,讲究实际。他命令太监在皇宫墙边种菜,不要建造楼台亭阁。为了让儿子们得到锻炼,他命令太监织造麻鞋、竹签自用。在朱元璋的影响下,后宫中的嫔妃也十分注意节俭。她们从不追求打扮,穿的衣裳也是洗过很多次的旧衣服。

由于朱元璋提倡节俭,反对奢侈,再加上政治、军事等方面一系列有效措施的实施,使得大明王朝日益巩固,社会经济得到了迅速恢复和发展。

5. 贪我六两，枭首剥皮

在持家理财方面，朱元璋严惩贪官污吏，是历代帝王中最精打细算的一位。这对巩固和加强朱氏家族的统治是非常有利的。

贪污腐败是历朝历代都存在的顽疾，它危害着皇帝的宝座和国家的安危。按现代的观点来说，贪官贪污的钱款不管是国家的还是接受个人所得的贿款，最终损害的都是人民的利益。而在封建社会，贪污损害的可是皇家的利益。在那个时代，国家的钱对皇帝来说，就是自己的钱。谁也不愿意别人拿走自己的钱，因此历朝历代都在反贪腐。朱元璋是由贫民走上皇帝宝座的，底层生活的痛苦经历让他刻骨铭心。因此，坐上皇位的朱元璋采取了中国历史上最严厉的措施来惩贪。

朱元璋制定的《大明律》，对官吏的贪污腐败处罚极其严厉。犯有贪赃罪的官吏，一经查清，一律发配到北方荒漠中充军。官员若贪污赃银六两以上，就会被处枭首示众、剥皮实草之刑。朱元璋命在各府州县衙门左侧设皮场庙，就是剥皮的刑场，贪官被押到这里，砍下头颅，挂到竿子上示众，再剥下人皮，塞上稻草，摆到衙门公堂旁边，用以警告继任的官员。

朱元璋对自己制定的法律带头实行，而且执法相当严厉，这在中国古代封建皇帝中是少有的。

明初，朱元璋在边境地区实行茶马贸易，用内地的茶叶换取边地马匹。为了保证这一贸易的正常进行，他下令兵部严禁私贩茶叶。可是私贩茶叶到边境的事情还是屡禁不止。于是他不得不重申禁约，颁发到四川、陕西官府和卫所，严禁私贩。在这种情况下，驸马欧阳伦仍派家人周保去边境贩茶，从中牟取暴利。周保等人所到之处，横行霸道，骚扰严重。陕西布政使司官员不敢惹驸马家人，只得俯首听命，为他们征派民车数十辆。经过兰县（今甘肃兰州）河桥巡检司时，周保等人对小小的巡检司官吏更是蛮横，稍不如意，便拳打脚踢，百般侮辱。小吏忍无可忍，愤而上告。朱元璋得知此事后，勃然大怒。他不但处死了周保等人和布政司官员，而且把驸马欧阳伦也一并赐死，并嘉奖了河桥巡检司小吏。欧阳伦是安庆公主的丈夫，而安庆公主是马皇后亲生，因此很受朱元璋的宠爱。欧阳伦做了十几年驸马，但他触犯了朱元璋的法令，朱元璋为了维护法纪，整肃吏治，宁可让自己钟爱的女儿做寡妇，也不肯曲法赦免欧阳伦。为了朱家王朝的长治久安，朱元璋惩治贪官污吏的决心，是任何人都不可动摇的。

朱元璋对贪污之官，宁肯错杀一千，不可放过一个。他规定，凡有贪污案件，都要层层追查，顺藤摸瓜，直到全部弄清案情，将贪污分子一网打尽为止。比如，六部之中有人贪污受贿，则必深究赃款自何而来。如果是布政司行贿于六部，则拘布政司来，审问这些赃款从何得来。如果他说是从知府那里得来，则拘知府至，问赃何来，必指于州。州亦拘至，必指于县。县亦拘至，必指于民。至此之际，害民之奸，岂可隐乎？

洪武十八年（1385年），御史余敏等告发北京承宣布政使司、提刑按察使司的官吏赵全德等人，伙同户部侍郎郭桓等人贪污舞弊，吞盗官粮。朱元璋抓住线索，命令司法部门依法严加追查。这个案子后来又诛连到礼部尚书赵瑁、刑部尚书王惠迪、兵部侍郎王杰、工部侍郎麦志德等高级官员和许多布政使司的官员。贪污盗窃的钱折成粮食达二十四万多石。案件查清后，朱元璋下令将赵瑁、王惠迪等人弃尸街头；郭桓等六部侍郎及各地方布政使司以下的官员有上万人被处死；有牵连的官吏几万人被逮捕入狱，严加治罪。各地卷入这个案件的下级官吏、富豪，被抄家处死的不计其数。

此案令核赃株连之人遍天下，中产以上民家被抄杀者不计其数。郭桓案，"自六部左右侍郎下皆死，赃七百万，株连直省诸官吏，系死者数万人。核赃所寄遍天下，民中人之家大抵皆破"。

由于诛戮过甚，两浙、江西、两广和福建的行政官吏，从洪武元年（1368年）到十九年（1386年）竟没有一个做到任期满的，往往未及终考便被贬黜或杀头。用朱元璋自己的话说："自开国以来，两浙、江西、两广和福建设所有司官，未尝任满一人。"

郭桓案发生后他更加强了在治贪方面的手段，制定了严厉惩治经济犯罪的法令，在全国财政管理上实行了一些有效的措施。其中最重要的一条就是把记账的汉字"一、二、三、四、五、六、七、八、九、十、百、千"改为"壹、贰、叁、肆、伍、陆、柒、捌、玖、拾、陌、阡"等。后又把"陌、阡"改写成"佰、仟"。汉字数字大写，在技术层面上确是重要的举措，堵住了账册上的一个漏洞，所以一直沿用到现在。

崛起于社会最底层的朱元璋，从自身的经历中深刻认识到，仅仅依靠官僚系统的内部监控，是无法澄清吏治的，因而便想借助民众的力量，完善对地方官吏的监督机制。在《御制大诰》中有一条"民陈有司贤否"，规定："自布政司至于府、州、县官吏，如果不是尊奉朝廷号令，私自巧立名目，害民取财，允许境内的耆宿老人，以及各处乡村市井的士人君子等，连名赴京奏状。状中要详细写明有关官吏的过失恶行，事实明确，朝廷将据以定罪，更派贤良官吏以抚育百姓。如果所在布政司及府、州、县官吏，有清正廉洁、抚民有方、使百姓生活安定者，上述人等也可连名赴京奏状，使朕知道当地官吏的贤能。"

在《御制大诰·耆民奏有司善恶第四十五》中，朱元璋号召说："今后所在布政司、府、州、县，若有廉能官吏，切切为民造福者，所在人民必深知其详。如果廉能官吏遭到不良官吏和同事们的诬陷排挤，一时不能明其公心，又因远在数千里外，实情不能上达，允许本处城市乡村的耆宿老人们赴京面奏。以使廉能官吏得到保全。自今以后，若想根除民间祸患，最好的办法，就是乡间年高有德的人们，或五六十人，或百人，或三五百人，或千余人，年终时共同商议确定，本境祸害百姓的有几人，造福百姓的有几人，赴京师面奏，朕一定根据耆老们的奏状，褒奖好官，罢免坏官，情节严重者治罪。呜呼！所在城市乡村耆民智人等，能按照朕的话，切实举行此事，天下就会太平了。民间如果不主动揭露奸顽，表彰廉能，朕就不可能及时知道，所以嘱托民众帮助朕做这件事。如果城市乡村中有包揽诉讼、把持官府，或挑拨煽动官吏害民者，允许四邻及当地人民赴京，据实面奏，朕将加以清除，安定百姓。君子一定要把朕的话放在心上，千万不能坐视纵容奸恶官吏人等害民。特此嘱托。"

《御制大诰》中还规定：各地政府对于进京面奏的百姓，不得阻拦。即使没有文引路条，也要放行。如有阻拦，官吏要被族诛。做出这一规定，朱元璋是想借助民间的力量惩治不法官吏，甚至像他所说的迫使官吏向善。皇上以爱民的救世主出现，允许百姓告官，使百姓成为保持官员廉洁的制约力，这在历史上是极为罕见的。

由于朱元璋对吏的痛恨程度超过了对官的痛恨程度，因而在《御制大诰》中他对官、吏做出了不同的规定。他在《御制大诰》中规定耆民百姓可以到京师面奏本处官员善恶，而对于吏，则不必经过这种程序，老百姓可以直接捉拿、绑缚害民吏胥，送到京师治罪。在《御制大诰·乡民除患第五十九》中，他规定："今后布政司、府、州、县在职和赋闲的吏胥，以及城市乡村中老奸巨猾的顽民，有专门包揽词讼、教唆害人、通同官吏祸害百姓者，允许城市乡村中贤良正直、愿意为民除害的豪杰人士，共同商议，将害民者绑缚起来，送到京师，以安良民。敢有邀截阻挡者，一律枭令。途中经过关津渡口，把守人员不得阻挡。"

在《大诰三编》中，朱元璋又写上10条"民拿害民该吏"，诰文说："以前任用的官员，都是不才无籍之徒，上任后，勾结吏员、皂隶、不才耆宿及一切顽恶泼皮，夤缘作弊，害我良民多矣。像这类无籍之徒，贪心无厌，作恶不止，若不加以禁止，民何以堪。此谕发布后，你们高年有德的耆民，以及青壮年豪杰，务必帮助朕，给良民创造一个安定环境。如果想依靠官员们替百姓辨别曲直，朕即位十九年来，还未见到一个这样的官员。今后各地官吏，若有在办理诉讼时以是为非、以非为是的，受冤枉的人可以邀集四邻，到衙门捉拿刑房的吏胥，送到京师来；若有采买物品不按价付钱的，就把礼房的吏胥捉拿来；若有赋役不均、差贫卖富的，把户房的吏胥捉拿来；若有借举保人才扰害百姓的，把吏房的吏胥捉拿来；若勾补逃军时有卖放正身、用同姓名者顶替的，邻里对证明白，就帮助被害人家将兵房的吏胥捉拿来；若有借工程科敛、卖放应役工匠的，把工房的吏胥捉拿来。如果百姓遵从朕的命令，切实举行，不出一年，贪官污吏就都变成贤人了。为什么这样讲？就因为良民都能辨别是非，奸邪官吏难以横行，这样官吏们就会都被逼得变成好人了。各地官员人等，敢有阻挡百姓拿送害民吏胥的，一律诛灭全家。"

在朱元璋的号召下，从洪武十八年（1385年）开始，全国掀起了一个捉拿害民吏胥的浪潮，大量吏胥被绑送到京师，除情节严重者处死外，绝大多数都被发配到边远地区充军。后来，朱元璋制定"合编充军"条例，专门列有"积年害民官吏"一款，为将捉拿的害民吏胥发配充军提供了明确的法律依据。

然而，贪污之风终明一代也没有好转过，虽然在朱元璋不断的残杀之后，略有好转，却没有根本性的改变。其中一个主要原因在于：明代政府官员的工资太低，严重影响到官员们的日常生活，贪污就成了必然。在朱元璋看来，官员只是用来干活的，自己拿着钱养活他们，他们还敢贪污，那还得了？如果用现代人的观点来说，朱元璋肯定不是一个好雇主，在他手下干活，不仅吃饭有问题，人身安全也得不到保障。朱元璋把官员看成了工具，而没有从制度上去改善官员的待遇，贪污自然是越演越烈了。

6. 废丞相，集大权于皇帝一人

朱元璋废除了丞相制度，消除了帝权与相权之争，集大权于皇帝一人，从而避免了像霍光、曹操、司马氏父子和桓温等人的"专权"，甚至于"篡位改朝"，对巩固和加强朱氏家族的统治是非常有利的。但是，朱元璋废除丞相制度后，本来该由丞相处理的政务却留给了皇帝。而作为最高统治者的皇帝主要在于统治，而不是事事躬亲。皇权加强的弊端是为维持这种极权统治而采取的各种严厉野蛮的镇压手段，制造血腥大屠杀，给明代社会的发展投下了难以抹去的阴影。

从历史上看，自秦始皇统一中国、建立君主专制中央集权的政治制度开始，地方集权于中央，中央集权于皇帝。而身居"一人之下，万人之上"的丞相（宰相），是辅弼皇帝处理全国政务的最高行政长官，手中同样握有重权。在漫长的历史长河中，由于权力分配上的不均，帝权与相权之间始终互为消长，不断发生冲突。这种矛盾斗争的结果，一方面表现为宰相的"专权"，甚至于"篡位改朝"。譬如霍光、曹操、司马氏父子和桓温等人，就是以相权压倒帝权的典型人物。另一方面，历代有所作为的君主，无不采取措施限制相权的膨胀。伊尹放太甲，成王疑周公，便是例证。

朱元璋登基之后，深感丞相的权力对他的帝业终究是个威胁，便在暗中计划废除丞相，以皇帝兼行相权的职责。朱元璋说："秦代设相，是祸起源。宰相权重，指鹿为马。后来各代不以设相为鉴戒，相沿旧制，往往带来祸患，原因就在宰相擅专威福。"为此，他逐步推行集权计划，削弱相权，直至废相，铲除了心腹之患，终于使权力集中在自己手中。当然，由于主客观方面的原因，朱元璋废除丞相制的措施并不到位。

在废除丞相之前，朱元璋首先是对丞相之位的人选进行了几次大的调整。在明初，淮西勋贵与非淮西大臣之间，存在着尖锐的矛盾，淮西勋贵都是早期追随朱元璋的旧将，朱元璋对他们非常倚重。

朱元璋登基后，任命李善长为左丞相，徐达为右丞相。左比右大，李善长是一人之下，万人之上。由于徐达常年带兵在外作战，实权掌握在李善长手中。之后，李善长的儿子李祺又被朱元璋招为驸马，权势更加显赫，成为朝廷中掌握实权的淮西集团首领。朱元璋对淮西集团势力的日益膨胀颇存顾忌，于是在洪武四年，以年高有病为名，让李善长告老还乡，其实李善长时年仅五十八岁。在有意撤换李善长之前，朱元璋还曾经向刘基等人请教合适人选。

刘基说："善长为元勋旧臣，能调和诸将，不宜骤换。"朱元璋道："善长屡言卿短，卿乃替他说情么？朕将令卿为右相。"刘基连忙顿首道："臣实小材，何能任相？"可能刘基预料到在淮西集团当权的情况下，必然会受到排挤，故而坚决不肯任相职。朱元璋又问："杨宪何如？"刘基答道："宪有相材，无相器。"朱元璋又问："汪广洋如何？"刘基道："器量褊浅，比宪不如。"

朱元璋又问及胡惟庸，刘基连连摇头道："不可不可，区区小犊，一经重用，偾辕破犁，祸且不浅了。"朱元璋听后默然无言。但是后来朱元璋还是根据李善长的推荐，任用了善于逢迎的胡惟庸。刘基叹道："惟庸得志，必为民害。"胡惟庸得知后，便对刘基忌恨在心。不过，后来的事实证明，刘基的话果然还是有道理的。

因李善长的提携，胡惟庸进入中书省，与汪广洋同任右丞相，左丞相空缺。胡惟庸入相后，由于他的精明干练，很快便得到朱元璋的赏识。这期间，胡惟庸还将自己的侄女嫁给了李善长的弟弟李存义的儿子李佑为妻，结成姻亲，使得他与李善长的关系更进一步。有这样的元老重臣为后盾，胡惟庸更加胆大妄为。加上李善长的旧属们也极力帮助他，胡惟庸可谓如鱼得水。由于他逢迎有术，渐得朱元璋宠任。到洪武十年（1377年），胡惟庸当上左丞相，位居百官之首，独揽丞相之权。

随着权势的不断增大，胡惟庸独揽丞相大权，日益骄横跋扈，生杀黜陟，为所欲为。内外诸司所上的奏章，胡惟庸必先取阅，凡是对自己不利的，就隐匿不上报。他任意提拔、处罚官员，各地喜好钻营热衷仕进之徒、功臣武夫失意者，都奔走于他的门下，送给他的金帛、名马、玩好，不计其数。胡惟庸一时间权倾朝野，许多人都看他的脸色行事，敢怒而不敢言。

对于胡惟庸的所作所为，朱元璋也略有察觉，对他的擅权则非常不满。洪武十二年（1379年）九月，胡惟庸等人未及时引见占城贡使，又与礼部互相推卸责任，朱元璋一气之下，将他们尽行囚禁。由此不难看出，此时胡惟庸已经受到朱元璋的严重猜忌，其地位已经岌岌可危了。

洪武十三年（1380年）正月，涂节上书告胡惟庸谋反。朱元璋遂以"枉法诬贤""蠹害政治"等罪名，将胡惟庸和涂节、陈宁等处死。然而，胡惟庸被处死后，胡惟庸案远没有结束，朱元璋把胡惟庸案当作一个捕人的巨网，并不收绳，随心所欲地陆续往里装人。而且他也明知，胡惟庸案根本构不成死罪，他必须罗织更多的罪名，把此案定成铁案，让他们永世不得翻身。后来，朱元璋又给胡惟庸添上了一个十恶不赦的通虏的罪名。

洪武十九年（1386年），明州卫指挥林贤通倭事发，经审讯得知，他是奉胡惟庸的命令下海通倭的，胡惟庸谋反案有了进一步的证明。洪武二十三年（1390年），又捉拿到奸人封绩。封绩本是元朝的旧臣，后来归降于明。据说他经常往来于蒙、汉之间，曾经为胡惟庸给元嗣君送过信，胡惟庸在信中称臣，并请元嗣君出兵为外应。这一下，胡惟庸通虏的罪名更加确凿了，而且，李善长也被牵连了进来。原来早在洪武二十一年（1388年），大将军蓝玉出塞时，在捕鱼儿海地方就俘获过封绩，但是由于李善长施加影响，就把封绩给放了，并未上奏。这次封绩又被捕入狱，李善长自然难逃干系。

恰逢当时李善长为了娱老而大兴土木，因缺少工人，向信国公汤和借用卫卒三百名，以供营建。以营卒为工役，这种事情本是常事。但汤和胆小怕事，又不敢得罪李善长，因而表面应允，暗中却向朱元璋报告，这无疑是说李善长私自集结兵力。碰巧的是，京中吏民为党狱诛累，坐罪徙边，约有数百人，其中有一个叫丁斌的，是李善长的私亲，李善长便替他求免。由于朱元璋对李善长的猜忌之心日重，他不但没有答应李善长的请求，反而命令将丁斌拿获。由于丁斌曾经供事胡惟庸家，在审讯中就供出了不少李、胡两家的往来之事。这样，便认定了李存义、李佑父子伙同谋叛的罪状，立即将他们从崇明岛拘捕进京，重新审理定罪。

接着，朱元璋便颁布严敕说，李善长以"元勋国戚，知逆谋不举，狐疑观望怀两端，大逆不道"。真是"欲加之罪何患无辞"！于是，在打天下时被朱元璋赞为萧何的77岁的李善长被赐死，其妻、女、弟、侄等一门七十余人被杀。只有李善长的长子李祺及两个儿子，因为临安公主的缘故，得以免死，流徙江浦。到此，胡惟庸案才算告一段落，网绳暂时收起。十余年来，粗粗算去，朱元璋为此案共杀了三万多人。

很明显，这是一个冤案，史学家每每论及此处，就会反讽：岂有首逆已死，同谋之人十余年始败露者？这只不过是朱元璋以胡惟庸案借题发挥，阴使狱词牵连到所有的人，以实现他的草禽之计罢了。

胡惟庸案一方面导致大批功臣元勋被杀，另一方面是朱元璋借此废除了丞相制度。丞相制度在中国历史上延续将近两千年之久，中书省撤销以后，中国的丞相制度从此取消。明朝从此不再有丞相，"救时宰相"于谦、"奸相"严嵩、张居正，都不是原来意义上的丞相或宰相，而是内阁大学士或首席大学士了。

没有了丞相，皇帝的权力马上就增大了，皇帝直接统辖了吏、户、礼、兵、刑、工六部，控制了一切生杀大权。洪武二十八年（1395年），朱元璋敕谕廷臣说："国家罢丞相，设府、部、院、寺，分理庶务，立法至为详善。以后嗣君，其勿得议置丞相。臣下有奏请设立者，论以极刑。"

废除丞相虽然使得朱元璋一人大权独揽，牢牢地将权力控制在自己手中，满足了他个人强烈的权力欲，但此后六部处理的政务，事无巨细，最后全都汇总到他的手里。有人做过一个统计，废相之后，以洪武十七年（1384年）九月十四日到二十一日为例，8天之间，内外诸司奏札共1660份，合计3291桩事。也就是说，朱元璋每天平均要看200个报告，处理400多件事情。如此繁多的政务，朱元璋即便是精力过人，也仍然会因应接不暇而心力交瘁。尤其是定制、拟旨、批示等都要笔之于书，写成文件，此类的文书工作，更不是一个人所能操持应付的。故而朱元璋也不得不承认："朕尝思之，人主以一身统御天下，不可无辅臣。"为了解决这一新的难题，洪武十三年（1380年）九月和十五年（1382年）十一月，独裁勤政的朱元璋先后设置了"四辅官"和"殿阁大学士"，让他们襄助侍从，以备顾问，并协助自己批阅奏章，处理政务。殿阁大学士的设立，标志着明代内阁制度的萌发。内阁制度的萌发绝不是偶然的，它是朱元璋要大权独揽而又无法不任用辅臣的必然结果。

自秦始皇统一中国时起，相权便作为皇权的补充而存在着，并且在一定程度上还是皇权的制约机制。尽管历朝历代在皇权与相权的分配上存在一定的差异，但是相权作为皇权的重要制约机制的作用是一直存在的。朱元璋废除丞相制度，使皇权在不受任何制约的条件下运作，标志着专制制度达到了极致。

废除了丞相制，君权与相权之间的矛盾得以基本解决。君权空前膨胀，这对于大明朱氏江山的稳固，自然是极为有利的。在明代将近三百年的历史中，前后在位的皇帝十六名，其中，有好几位是在童年时代便成为九五至尊的，有好几位则多年避居深宫，倦于理事。但尽管如此，君权还是极为牢固，并不曾出现过权倾一朝、觊觎皇位的人物。这自然与丞相制的废除有着莫大的关系。而与君权的空前膨胀相比，阁臣的作为则相形见绌。明代的阁臣绝大多数是由进士而翰林，然后再拜命入阁。这些人的人生道路基本是靠书本铺砌的，一生久在翰苑，舞文弄墨，从总体上看，他们都缺少长袖善舞的政治实践经验。像宣德年间的"三杨"和万历朝张居正那样的权臣，毕竟是凤毛麟角。在张居正当朝的时期，内阁权威曾发展到了顶峰，但这个"震主"的权臣却最终祸发身后，惨遭抄家之祸。其他的内阁辅臣大多庸庸碌碌，只知恪守皇明旧章，而极少勇于任事、敢言直谏者。于是，明代阁辅有许许多多的绰号，如"纸糊三阁老""万岁阁老""刘棉花""伴食中书""青词阁老""土木偶""魏家阁老""门生宰相"和"清客宰相"等。

朱元璋一方面大力推行中央集权制度，一方面又实行与之相矛盾的政策，分封诸皇子为王，使其"屏藩皇室"。朱元璋实行分封制度的目的，一是在于加强对北方蒙古的防御，一是为了防止朝中奸臣篡夺皇位。朱元璋规定诸王可以"移文取奸臣，举兵清君侧"。虽然为防止诸王跋扈难制，朱元璋又允许以后皇帝在必要时可以下令"削藩"，但分封诸王为后来的皇位之争埋下了祸根。

7. 封王建藩，加强皇室力量

在处理"国"和"家"的问题方面，朱元璋算得上是处理得最好的一个。通过封王建藩，朱元璋把"国"和"家"很好地融合在了一起，使"国"变成了"家"，使"家"变成了"国"，"国"和"家"真正变成了一个"国家"。不但巩固和加强了朱氏家族的统治，而且使朱氏家族的统治也演变成了国家的统治。

为了确保朱明王朝千秋万代地统治下去，朱元璋一方面加强君主专制统治，把军政大权牢牢地掌握在皇帝一人手中，另一方面，想方设法加强皇室本身的力量，其具体的办法就是分封诸王。从洪武三年（1370年）开始，他分三次把自己的24个儿子和1个孙子都封为亲王，分驻全国各战略要地，想通过他们来屏藩王室。朱元璋说："天下之大，必建藩屏，上卫国家，下安生民，今诸子既长，宜各有爵封，分镇诸国。朕非私其亲，乃遵古先哲王之制，为久安长治之计"。（《明太祖实录》卷五一）群臣对此自然都不敢反对，逢迎朱元璋是"封建诸王，以卫宗社，天下万世之公议"。

元朝有户领分封制度，这种制度实际上是源于蒙古时期对战争中俘获的人口、财产的分配。元代诸王主要是从封地分取赋税收入，并非裂土为王。朱元璋继承元朝旧制而有所损益，明代藩王"列爵而不临民，分藩而不锡土"（《明史稿》列传三，诸王）。诸王虽分封各地，拥有爵位，但藩府之外，没有封地和臣民。由朝廷颁给"宗禄"。除宁王、燕王、晋王拥军防边外，其余诸王只能拥有少数护卫军。在朱元璋看来，分封皇室子孙控驭各地，防止外姓臣僚跋扈，便足以"外卫边陲，内资夹辅"，使国家固若金汤，而长久之计，莫过于此了。

明初封建诸王除了屏藩国家之外，还要对付残存的北元势力。所以，朱元璋赋予了某些藩王带兵统军的大权，分封习兵事的皇子于北边军事要地，皆预军务，习称"塞王"。他们中间的诸如燕王朱棣等人在长期的军事活动中得到应有的锻炼，军事指挥才能日益提高，而政治野心也随之膨胀起来。

朱元璋虽然分封诸王，但是对诸王的要求一直是很严格的，所以，诸王尽管权力比较大，然而对于朱元璋一直都是敬畏有加的。朱元璋作为他们的父亲和皇上，也自然很难站在另外的角度来考虑诸王对于国家的某种潜在威胁。然而，有识之士对此却是洞若观火，明初著名能臣卓敬、叶伯巨等就曾先后上书过分封的弊端。

卓敬说："京师，天下视效。陛下于诸王不早辨等威，而使服饰与太子埒，嫡庶相乱，尊卑无序，何以令天下？"而叶伯巨的论证就更加理论化了。早在洪武九年（1376年），训导叶伯巨就"应诏陈言"，极论朱元璋"分封太侈"的隐患："《传》曰：'都城过百雉，国之害也'。国家惩宋、元孤立，宗室不竞之弊，秦、晋、燕、齐、梁、楚、吴、闽诸国，各尽其地而封之，都城宫室之制，广狭大小，亚于天子之都，赐之以甲兵卫士之盛，臣恐数世之后，尾大不掉。然后削之地而夺之权则起其怨，如汉之七国，晋之诸王。否则恃险争衡，否则拥众入朝，甚则缘间而起，防之无及也。"

在点明了诸侯藩王尾大不掉的隐忧之后，叶伯巨进一步力排众议，深入分析了"疏不间亲"论点的害处："今议者曰'诸王皆天子亲子也，皆皇太子亲也'。何不摭汉、晋之事以观之乎？孝景皇帝，汉高帝之孙也。七国之王，皆景帝之同宗又兄弟子孙也。当时一削其地，则构兵西向。晋之诸王，皆武帝之亲子孙也。易世之后，迭相拥兵，以危皇室，遂成五胡云扰之患。由此言之，分封逾制，祸患立生。援古记今，昭昭然矣。"

在举出了西汉"七国之乱"和西晋"八王之乱"的鲜明例证后，叶伯巨还在奏表中为朱元璋出主意："昔贾谊劝汉文帝早分诸国之地，空之以待诸王子孙，谓力少则易使以义，国小则无邪心。愿诸王未国之先，节其都邑之制，减其卫兵，限其疆里，亦以待封诸王之子孙。此制一定，然后诸王有圣贤之德行者，入为辅相，其余世为藩辅，可以与国同休，世世无穷矣！"

然而，此奏章却激怒了朱元璋，他认为叶伯巨居心叵测，离间皇室，马上将叶伯巨从家中逮入大狱，拷打至死。此后，就分封诸王之事再无敢言者。

叶伯巨的远见在后来得到了充分的证实。其实，就朱元璋自己而言，他也不是不知道分封的利弊所在，然而由于他地位的特殊，所以他并没有把这件事看得如何之大，直到卓敬等人一再指出后，他也不得不承认"尔言是，朕虑未及此"。当时朱元璋肯定也知道会有这种后果，但是为什么他还这么做呢？或许朱元璋是这么想的：让自己的儿子割据一方，即使发起战争，也还是自己的子孙当皇帝，总比别人抢去要好得多。而这也直接导致了他选择的接班人被自己的儿子抢走了皇位，酿就了靖难的苦果。

8. 杀功臣，除后顾之忧

同样是为了巩固和加强家族的统治，唐玄宗李隆基外贬功臣使其悠闲自保，宋太祖赵匡胤则杯酒释兵权，而朱元璋却是疯狂地屠杀功臣。与他们相比，朱元璋手段真是狠毒至极。

朱元璋收兵权就同他废相一样，并非一步到位，而是首先着眼于机构的调整，阶段性地削弱中央军事机构的权力。这其中最费脑筋的，是军队和统帅的关系问题。要打仗必须任命统帅，但是在战事结束以后，如何收回这个统帅权呢？不收回，将帅有固定的直属大军，一旦有变故，他的统治是不牢靠的。要收回，采取什么方法？

元朝兵权主要由大都督府所掌握，任何将领调动都需要通过大都督府，这无形中会对皇帝的权威造成影响，鉴于此，朱元璋在废除了中书省的同时，就借势把大都督府也撤销了，同时又设立了前、后、左、中、右五个都督府，每个都督府又设了两个长官，即左、右都督，两人都有自己的都司及卫所。朱元璋又明确规定：五军都督府管理兵籍及军政，但是没有调动军队的权力，兵部掌管军官的提拔并且制定军令，但不能直接指挥军队。如果要调动军队，则由皇帝直接负责，然后从卫所中调动部队并且委派将领。将领出征时有印在身，以示皇帝的权威；战事如果结束，印必须交回，各个卫后的士兵则各回本队。这些办法的施行，达到了永久性削弱中央军事机构权力的目的。

但朱元璋并不满足，原因是在国家趋于安定后，随之而来的是功臣武将骄横放肆，皇权与将权的矛盾不断激化。洪武年间发生了蓝玉案，正是这种矛盾激化的结果。

蓝玉，凤阳定远（今属安徽）回族人，洪武后期的主要将领。关于蓝玉早期的历史，史籍记载不详，只说他是常遇春的妻弟，作战勇敢，所向皆捷。常遇春经常在朱元璋面前夸奖他，从而受到朱元璋的器重，初授管军镇抚，后升武德卫千户，旋改任亲军千户，积功至武德卫指挥使，地位不断上升。洪武三年（1370年），蓝玉被擢为大都督府佥事，进入明朝最高军事行政机构。

洪武十一年（1378年）秋，蓝玉率兵出征甘、青，次年取得胜利。朱元璋命置洮州卫，设官领兵驻守。师还以后，蓝玉被封为永昌侯，食禄二千五百石，进入明初新贵公侯行列。

甘、青平定以后，朱元璋用兵西南和东北，蓝玉在这一过程中发挥了重大的作用。云南梁王巴扎剌瓦尔密在元朝灭亡以后，负隅顽抗，一再拒绝明朝招降，最后竟将明使杀掉，朱元璋于是决定派兵征讨。洪武十四年（1381年）九月，蓝玉为左副将军，跟右副将军沐英一起，随征南将军傅友德率三十万兵征讨云南。"自九月朔出师，迄下云南，仅百余日"，次年闰二月，蓝玉、沐英率兵西攻大理，取得了战争的胜利。其他一些民族地区，遣人招抚，大部不经战斗便归顺明朝。奉诏班师后，蓝玉因功加禄五百石，其女被册为蜀王妃。

东北的纳哈出是元朝世将，曾被明军俘获过，放还后仍与明朝作对为敌，据金山（今内蒙古哲里木盟东境西辽河南岸）一带屯兵蓄锐，待机南下，从东北方面构成对明的威胁。洪武二十年（1387年）正月，蓝玉为右副将军，和大将军冯胜、左副将军傅友德率兵出击。六月，蓝玉率大军直趋前进，一路胜利，到达金山之西。纳哈出见久战不胜，便派人到大将军冯胜处请降，冯胜派蓝玉前往受降。蓝玉设酒宴款待纳哈出。纳哈出斟酒谢蓝玉，蓝玉不喝，一定让纳哈出先穿上他的衣服，才喝纳哈出斟的酒。

纳哈出不肯，双方争执不下，形成僵局。纳哈出将酒洒在地上，和随从密语几句后想走。在场有人明白纳哈出话的意思，告诉常茂（常遇春子，冯胜婿，蓝玉外甥），常茂急忙上前阻拦，将纳哈出砍伤。回军路上，明军遭藏匿起来的纳哈出余众的伏击，损失惨重，三千殿后骑兵全部覆没。冯胜让常茂承担这个责任，常茂向朱元璋说明了情况，朱元璋说："如尔言，胜亦不得无罪。"收回了冯胜的总兵印，命蓝玉行总兵官事。不久又在军中拜蓝玉为大将军，蓝玉成为明朝战时统兵的最高将领。

扩廓帖木儿死后，纳哈出降。此时的北元势力虽经明军一再打击，但败而未灭，仍然构成了对明的威胁。击败纳哈出的当年，蓝玉为大将军，率兵征讨北元。洪武二十一年（1388年）四月，蓝玉率兵出发，自大宁进至庆州，闻元主脱古思帖木儿在捕鱼儿海（今贝尔湖），抄近路兼程而进。后经侦察得知元主营在捕鱼儿海东北八十里处。蓝玉命王弼为前锋，疾驰直击其营。元军仓促应战，伤亡惨重，元主脱古思帖木儿与太子天保奴等数十人向北逃跑，蓝玉率精骑追赶，没有赶上，俘获其次子地保奴及妃、公主等数万人和大量牲畜，并得其传国玺、宝玉、金银印章等物，取得巨大胜利。元主北逃以后被人杀死，北元因此而四分五裂，不久灭亡。

蓝玉胜利班师，朱元璋闻讯兴奋异常，将蓝玉比作卫青、李靖，大加褒奖，回来后封凉国公。蓝玉的政治生涯、军事武功至此达到巅峰。

然而，蓝玉自恃有功，骄横不自检束。打败元主脱古思帖木儿后，他不仅私占掠获的大量珍宝、驼马，还将元妃占为己有。朱元璋闻此大怒，说："玉无礼如此，岂大将军所为哉！"蓝玉班师至喜峰关，因已入夜，守关人未及时纳入，蓝玉怒而纵兵破关而入，朱元璋知道后很不高兴。蓝玉领兵在外，经常擅自升降将校，进止自专，诏令有所不从，甚至违诏出师。在朱元璋面前，有时也是举止不恭，语言傲慢，失君臣礼。更严重的是，蓝玉蓄庄奴、假子数千人，横行霸道，胡作非为；他还强占民田，鱼肉百姓。百姓上告，御史官举劾，他竟将御史打了逐出。

洪武二十六年（1393年），锦衣卫官员告蓝玉同景川侯曹震等谋反，蓝玉被杀，株连三族，坐党论死者一万五千人，史称"蓝狱"，是继胡惟庸案后的又一次大案，连称"胡蓝之狱"。

如此众多手握重兵的高级将领，为什么会毫无反抗地束手就擒呢？显然，他们没有任何要同朝廷作对的准备。也就是说，他们并没有反谋。这也是一个冤案。那么朱元璋为何要杀了蓝玉？这其中一个重要的导火线就是洪武二十五年（1392年），年仅三十九岁的太子朱标死了。按嫡长子继承制，皇位只能由皇太子的长子接任，而朱标的长子早已夭折，这时排行老大的朱允炆才十五岁。朱元璋诛杀权臣，就是想要为子孙铲除后患。

有一则记载说，当初马皇后去世以后，朱元璋一直处于郁郁不乐的状态，戮杀大臣的行为也更加恣意妄为。有一次，太子朱标进谏说："陛下您杀大臣杀得太多，恐怕会伤了君臣间的和气。"朱元璋听了以后不说话，沉默了很久。第二天，朱元璋把太子叫来，将一根荆棘扔在地上，命令太子去捡起来。面对长满刺的棘杖，太子觉得很为难。朱元璋说："这根荆棘你拿不起来，我替你将刺磨干净了，难道不好吗？现在我所杀的人，都是将来可能威胁到你皇位的人，我把他们除了，是在为你造莫大的福啊！"太子跪下来给朱元璋磕头，但心里却不同意朱元璋的观点，低头说："上有尧舜之君，下有尧舜之民。"他这是什么意思呢？他是说，父亲您似乎不是尧舜那样的明君，否则哪来那么多乱臣贼子？你想，朱元璋听了这话能不生气吗？老皇帝气得搬起椅子就扔了过去，要砸太子，太子吓得赶忙逃走。

铲除权臣如同除掉荆杖上的棘刺，是为了便于掌握。虽然老将都已经被杀光了，但新起的蓝玉等人能征善战，强悍桀骜，让人很不放心。因此，为了孙子朱允炆，为了防备不测，对蓝玉这样的强臣，反也得杀，不反也得杀。然而，令朱元璋没有想到的是，这却导致到了靖难之役时，南京朝廷竟无将可派，可以说，朱元璋的分封外藩和大杀功臣直接导致了靖难之役中建文帝的失败。

9. 特务统治，监视天下

为了巩固朱氏家族的统治，朱元璋居然用特务来监视天下，这是以往任何一位皇帝所不能比的。

朱元璋生性多疑，为了加强对大臣的监视，防止他们在背后捣鬼，开始时，他派遣一些检校、金事等人暗中侦查大臣的举动。

检校即特务。顾名思义，特务仅仅是一个职务名称，在当时，它并没有形成正式的组织机构，这或许是因检校任务特殊，属地下工作者、隐蔽战线，不便于公开的缘故。检校的职责是："专主察听在京大小衙门官吏不公不法，及风闻之事，无不奏闻。"他们的任务虽然单一，但却特别重要，因为告发他人的隐私勾当于朱元璋，是不需要层层上报的，所以检校们是可以直接面见皇帝本人的，且不受时间和地点限制。这一点，连当时的高官显贵都望尘莫及。

洪武一朝，最著名的检校头子有高见贤、夏煜、杨宪等人，他们专"以伺察搏击为事"，即以特务工作为生。这几个人得势后，连朱元璋最亲信的李善长等人也怕他们，日夜提心吊胆。

检校们可谓无处不在，无孔不入。有女僧引诱华高、胡大海妻敬奉西僧，行"金天教"法，朱元璋知道后下令把两家妇人连同女僧一起丢在水里。钱宰被征编《孟子节文》罢朝吟诗："四鼓冬冬起着衣，午门朝见尚嫌迟，何时得遂田园乐，睡到人间饭熟时。"第二天，朱元璋对他说:"昨天作的好诗,不过我并没有'嫌'啊,改作'忧'字如何?"钱宰吓得出了一身汗,磕头谢罪。但朱元璋没有放过他,还是遣送他回老家了,说:"朕今放汝去,好放心熟睡矣。"宋濂是个正直的知识分子,做人本分,性格诚谨,在官场上混了这么多年,从未"当奸人过",即从没害过任何一个人,但他照样被监视了。有一天,他在家中请人喝酒,翌日,按惯例早朝,朱元璋严肃地问宋濂:"你昨天是不是在与人饮酒,那么客人是谁,吃的又是什么菜呢?"宋濂吃了一惊,如实做了回答。朱元璋笑笑说:"是这样的,你并没有骗我。"

在当时,检校中集聚了各种各样的优秀人才,其中就有画家。朱元璋曾在宋讷家安插了一个检校画家。一日,宋讷独坐生气,面有怒容。朝见时,朱元璋问他昨天为什么生气,宋讷大吃一惊,不得不如实说:"手下的奴才不小心把茶器打碎了,我愧失教,因此而生气。敢问陛下从何而知之?"朱元璋没说什么,只把那个检校画家画的画展现在宋讷面前,宋讷一看,这才明白。

即使退了休而没有公务的人,朱元璋也要监督他们。吴琳原先是个高级检校,曾身居"浙江按察司佥事"高职,他一直在朱元璋身边工作,负责他的衣食起居,可谓亲信中的亲信;后来擢升为兵部尚书。洪武六年,兵部改为吏部,吴琳又转为吏部尚书。吴琳告老回黄岗,朱元璋派人去察听,远远见一农人坐小机上,起来插秧,样子很端谨。使者前问:"此地有吴尚书这人不?"农人叉手回答:"我便是。"使者复命,朱元璋听了以后,大加赞许。

曾经从敌方叛变过来的高级将领,尽管对朱元璋一向忠心耿耿,但还是受到经他授意的检校们的重点监督。他这样说:"昔日,他们能投到我这边来,现在,或者以后,他们也能投到别人那边去。对这种人,我总是不放心的。"对降臣罗复仁就是如此。罗复仁曾经是陈友谅的编修,为人厚道,为政清廉,学问深奥,是陈友谅十分器重的人物,但是他觉得跟着陈没有发展前途,遂就"遁去,谒太祖于九江,从战鄱阳湖、围武昌,均立下了功劳；被授予中书谘议"。洪武三年（1370年），官拜弘文馆学士。应该说，他对朱元璋是没有二心的。在战争年代和建国初期，朱元璋对他没有防备之心，而是信任他的，一见面就称他"老实罗"。但就是这样一个"老实罗"，后来也受到检校的监督。

虽然检校们的权力很大，上可以监视大臣中书，下可以监视平民百姓，但他们并没有扣押和处决犯人的权力。胡惟庸案发生后，由于检校只能执行察听、侦伺工作，而无扣押处决犯人之权，因而不能适应新形势下大举镇压的需要。于是洪武十五年（1382年），朱元璋下令设立了锦衣卫。

在明代，实行的兵制是卫所制，但还设有一个鲜为人知的"上十二卫"。这个上十二卫，便是皇帝的私人卫队。锦衣卫就是上十二卫中的一个卫。较其他卫而言，锦衣卫更贴近皇帝本人，换句话说，锦衣卫就是皇帝的贴身卫队，负有护驾之重任。凡盗贼奸宄要秘密缉访，街涂沟洫要经常注视，是一个组织完备的军事特务机构，和皇朝的府、部、院都没有隶属关系，由皇帝直接指挥，只对皇帝负责。

锦衣卫设有监狱，称之为锦衣狱，属锦衣卫下边的北镇抚司管辖。狱内刑罚不仅残酷，而且名目繁多。一个人若不幸踏进锦衣狱，那么便"五毒备尝，肢体不全。其刑最残酷者，名曰琶，每使用，使人百骨尽脱，汗下如水，死而复生，如是者二三次。荼酷之下，何狱不成。"一个犯人如果被送进锦衣狱，那就等于被送到了地狱，再也没有生还的可能。

洪武二十年（1387年），朱元璋认为锦衣卫的诏狱用刑过于残忍。同时，镇压臣民不轨妖言的任务也基本完成，于是下令焚毁锦衣卫刑具，把犯人移交刑部审理。洪武二十六年（1393年），胡惟庸和蓝玉案全部结束，朱元璋再次申明此禁，诏令京师外罪囚，不得交锦衣卫，无论罪恶轻重，全都经三法司。但是这条法令并没有维持多久，明成祖即位后，又重新利用锦衣卫来镇压建文帝的臣下，恢复了诏狱。以后历代皇帝都倚仗锦衣卫做耳目爪牙，锦衣卫的职权日益扩大，人员日益众多，最终造成残酷的恐怖气氛，一直延续到明亡。

明代对官员的服装进行改进，其中最具特色的是对官员服装用"补子"制度来表示品极，而有"补子"的服装便被称为"补服"。

"补子"是一块约40～50平方厘米的绸料，织绣上不同纹样，再缝缀到官服上，胸背各一。"补子"图案一般文官用禽鸟纹，武官用走兽纹，各分九等，容易识别。明朝实行官员服装"补服"制，从而使官员之间等级明显，利于管理。

朱元璋设置锦衣卫的更深一层的原因是担心自己死后，下一代皇帝驾驭不了文武功臣，所以他几兴大狱，假借了若干由头，连杀带整，把辅佐他打天下的文武功臣差不多灭了个干干净净。这类案子，事出有因、查无实据，如果交给朝官们按法办理，就有可能旷日持久，甚至定不了案。所以就把这些案子作为诏狱交给锦衣卫办理，可以迅速实现自己的目的。

10. 寰中士夫不为君用,必严惩

　　一个人说话声音高,并不代表他在口吐真理。同样道理,朱元璋利用"文字狱"大肆屠杀文人,并不就能说明他统治有方。相反,却可能说明他统治无能。朱元璋这样疯狂地屠杀文人,对朱氏家族的统治所产生的危害也是不言而喻的。

　　朱元璋残暴阴刻,自负偏狭,猜忌疑心,自然对那些有思想、有才能的知识分子,更要视作心腹之患了。虽然他与元军、与其他起义军作战打天下的时候,很注意延揽士人,以为己用。譬如刘基、宋濂、高升、唐仲实等。而且,在建国以后,朱元璋还三令五申:"国家用人,唯才是举。如果是贤能之人,虽疏远也要加以任用;如果是不肖之人,虽亲近也要加以摒弃。"在这一思想的指导下,朱元璋起用了大批有才能的故元官吏以及长期与他对立的陈友谅、张士城、方国珍、陈支定等人的部属。

　　朱元璋还下令在全国范围内大力招募人才,他诏谕全国官民,以前隐居山林,或者被压在底层不为朝廷所知的贤才,现在都应举荐过来。朱元璋害怕下级的地方官员不把这个诏谕看在眼里,又专门下了一道圣谕,令各地的官员加紧寻访,不得有怠懒之心。即使科举制度实行之后,朱元璋也未放松举荐制。可如果据此以为朱元璋是一位爱才如命的皇帝,那就大错特错了。

　　国家唯才是举,大力招募人才,丞相李善长曾为朱元璋的旨意欢欣鼓舞，而胡惟庸却说朱元璋此举就像是小孩子冬天下雪的时候用箩筐逮麻雀的游戏。朱元璋就是小孩子。朱元璋叫天下文人出来做官就是小孩子往箩筐里面撒谷粒，而天下的文人就是那些钻进箩筐里面吃谷粒的麻雀。

当初朱元璋逼迫文人出来做官的时候，可谓是取之尽锱铢，惟恐漏掉一个；后来，朱元璋大肆捕杀文人，又可谓是弃之如泥沙，毫无半点怜惜之心。如此看来，他岂不是同天下的文人玩了一回用箩筐逮麻雀的把戏？

朱元璋对文人采取的对策是亲手炮制的耸人听闻的"文字狱"，而且他的文字狱针对的是天下所有人。

浙江府学教授林元亮替海门卫作谢增俸表，上有"作则垂宪"一句话；北平府学训导赵伯宁为都司作贺万寿表，上有"垂子孙而作则"一句话；福州府学训导林伯璟为按察使作贺冬表，上有"仪则天下"几个字；桂林府学训导蒋质为布政使按察使作正旦贺表，上有"建中作则"几个字；常州学正孟清为本府作贺冬表，上有"圣德作则"几个字。朱元璋把上面所有的"则"字都念成"贼"，认定那些文人都在骂他曾做过"红贼"（指红巾军），于是派锦衣卫砍了他们的头。常州府学训导蒋镇，为本府作正旦贺表，表中有"睿性生知"四个字。朱元璋硬是把"生"字读成了"僧"，认为蒋镇在讽刺他曾经做过和尚。蒋镇就这么送了命。怀庆府学训导吕睿为本府作谢赐马表，上有"遥瞻帝扉"几个字。朱元璋却把"帝扉"读作"帝非"，认为吕睿在诽谤他。吕睿自然就此见了阎王。

朱元璋利用文字狱，把天下的文人几乎都杀光了。就连"吴中四杰"之一的高启，也是被他腰斩的。

朱元璋的文字狱，使朝中人"惶惶不可终日"，连丞相李善长也因此而病倒了。丞相卧病不起，自然不是一件小事情。像周德兴、廖永忠等一批开国功臣，包括朝廷上下大大小小的官员，都纷纷前往相府探视。朱元璋得知此事后，也带着太子朱标等人亲往李善长病榻边，嘘寒问暖，还谕令太医房的太医要想尽一切办法尽快地治好李善长的病。用朱元璋的话说就是："大明王朝一天也离不开李丞相！"

朱元璋真不知道李善长因何染病？不说别的，仅用"兔死狐悲"一词就可以解释李善长的病因，被那么多文人的鲜血包围着、窒息着，李善长要是不生病那才叫怪呢。但李善长又不能对朱元璋实话实说，只能这样说："微臣年纪大了，偶感风寒，便可铸成一场大病。"

朱元璋心里清楚，完全是自己心狠手辣的行为使得丞相生病的。朱元璋的确是个心狠手辣之人，他对人完全是一种利用，用完之后便"藏弓烹狗"。

在朱元璋看来，只要觉得对朱氏王朝统治有害的，一定要千方百计地除掉，就是对自己功劳再大的人也不放过。李善长可谓他当年一个很得力的助手，但他后来还是撤掉了他的相权。就连朱元璋最得力的谋士刘基，也深知朱元璋会这样做，早就辞官告老还乡了，他的结局是回乡暴死。就连太子的老师宋濂最后也被流放到边远地区了。

朱元璋这样对待文人，最直接的后果就是，明代的文人无耻者、贪生怕死者多于以前任何一个朝代，而整个大明，提倡理学不遗余力，读书人从小接受的是做忠臣孝子的名教教育。在旌表贞烈之士上，明代的皇帝花的功夫最多。可是他们培养不出文天祥和陆秀夫，倒是培养了许多洪承畴和钱谦益。

明代的教育为什么会如此失败？关键是统治者没有尊重文人，他们没有真正把文人当成有独立意识的人来对待，而是当成奴才来处置。明廷所要培养读书人的忠，乃是忠于一家一姓、带有奴性的忠，而非爱社稷、护百姓的大忠。可以说，从开国皇帝朱元璋开始，除了其间有孝文帝、仁宗、宣宗几个对文人不错的皇帝外，大多数皇帝和文人的关系都是非常紧张的。朱元璋几乎是有意识地、有计划地改造文人，让文人的自尊扫地，气节不存。他动不动就杖打大臣的屁股，他赋予太学以下各类官学的管理人员有任意侮辱读书人人格的权力。到了他儿子朱棣这一代，更是变本加厉，灭忠于建文帝的方孝孺十族。方孝孺的灭族实则向天下的知识层昭示出这样一个道理：不要忠于道统和原则，而是要忠于最终的胜利者。这样有计划地"杀儒"又"辱儒"的王朝,哪怕把理学的地位抬得再高,让读书人念再多的孔孟圣贤之说,也只能培养出一大批善于讲假话、作秀的文人。一个封建朝代到了知识层无耻的地步,那就不能挽救了,最后只能是"桃花扇底送南朝",读书人的气节还不如妓女。

朱元璋深知文人们掌握着思想文化这柄利器,如果他们倒戈相向,就会给整个社会带来巨大影响,从而威胁到朱家王朝的统治。朱元璋为了维护自己的利益,不惜大兴"文字狱",大杀文人,奴化文人的思想,以堵上文人的嘴,以致对明朝整个文化的发展造成了严重的摧残,让人扼腕叹息。

11. 设规矩，防宦官外戚

在限制宦官、外戚、女宠的活动方面，朱元璋是历代帝王中最成功的一个。在朱元璋执政期间，宦官和外戚都没有形成气候，更没有形成专权的局面。

朱元璋善于总结历代兴亡的经验教训，他深知宦官和外戚对于政治的祸害，认为汉唐的祸乱都是宦官外戚作的孽。皇帝大权旁落，任人宰割，政治黑暗，生灵涂炭，这一幕幕血的教训，使这位来自民间经过艰苦卓绝的奋斗登上皇帝宝座的皇帝不能不感到震惊。朱元璋认定，治国应先治家，他清楚记得儒士范祖干当初投奔他时讲过的一段话："帝王之道，从修身齐家开始，才能治国平天下。"欲使朱氏王朝万世不变，首要是把宦官、女宠、外戚问题解决好。

宦官这种人在宫廷里是少不了的，但只能做奴隶使唤，洒扫奔走，人数不可过多，也不可用作心腹耳目。做心腹，心腹病；做耳目，耳目坏。驾驭的办法，要使之守法，守法就做不了坏事；不要让他们有功劳，一有功劳就难于管束了。为了防止宦官参政并进而形成专权，朱元璋采取了一系列措施来对他们加以限制。

首先，朱元璋对宦官的人数及品级进行了严格的规定。根据记载，吴元年（1367年）朱元璋就设置了内使监，品级为正四品，并设有监令、监丞、奉御内使等宦官。后改为御用监，官品定为正三品，但与汉唐相比却低多了。洪武二年（1369年），朱元璋命吏部制定内侍官制时说：古代宦官（指"周礼"记载）不到百人，而后代宦官竟然多达数千，成为大祸患。故吏部最初确定的宦官人数一百八十二人。当时规定：内使监奉御六十人，尚宝一人，尚冠七人，尚衣十人，尚佩九人，尚履八人，尚药七人等。虽然到了后来，内侍诸司的机构有了更改和增置，但在人数上控制得相当严，即便略有增加，数量也不多。

其次，朱元璋从不给宦官立功的机会。他规定：宦官专掌内职，不许兼外朝文武官衔，不得穿戴外朝官员的冠服。

朱元璋之所以要这样做，是因为他始终认为，宦官中好人不多，这些小人有功就会骄恣，要让他们懂得法令的威严，用法来约制他们，防止他们干预政权。他立下规矩，凡是内臣（宦官）都不许读书识字。又铸铁牌立在宫门，上面刻着："内臣不得干预政事，犯者斩。"还规定，做内廷官品级不许过四品，每月领一石米，穿衣吃饭公家管，并且外朝各衙门不许和内官监有公文往来。这几条规定条条针对着历史上曾经出现过的弊端，使宦官名副其实地做宫廷的仆役。

他又制定了宦官禁令，规定：凡宦官在宫内相互谩骂、斗殴，不服管教，视其情节严重程度，分别处以杖六十、杖七十、杖八十、杖一百等刑罚。对心怀恶逆、出言不逊的，凌迟处死。同时还规定：知情不报者同罪。朱元璋始终对宦官存有戒心，他曾说："宦官这种人，早晚都在皇帝身边，在人君出入起居的时候，利用小忠小信骗取皇帝的信任。时间一长，必假借威福以窃权，并干预朝政。久而久之，其势力就不可抑制了。"

朱元璋对宦官的制约是非常严格而且行之有效的。在洪武一朝三十多年中，宦官小心守法，宫廷和外朝隔绝，和过去的历史朝代相比，算是家法最严的了。但是朱元璋有时也打破自己订立的这些规矩。早在明王朝创立之前，他就时常派遣内使到军中传达命令，而且还派内官去犒赏军旅，访察下情等。洪武年间，他还派遣宦官参与核查私课，去西北交易马匹以及出使真腊等国。到他晚年时，宦官建制已达到十二监、七局、二司共二十一衙门的规模，内官对外官的监督体制也基本确立。从这一意义上讲，朱元璋为明王朝形成宦官专权局面埋下了隐患。

为杜绝女宠之祸，朱元璋决心"严宫闱之禁"，并以汉唐为鉴，严立家法，杜绝皇后、皇太后参政干政的弊端。为此，他于洪武元年三月，特命翰林儒臣纂修《女诫》，他告谕朱升等人说："皇后虽贵为天下之母，但不可参预政事。至于妃嫔，不过是供奉服侍圣驾之人，如果过分宠爱，就会骄恣违法，上下失序。朕观察历代，政由内出，很少有不成为祸乱的。"朱元璋还认为："只有圣明的君主才能够防患于未然，其他的没有不被女色诱惑的，你们要为我纂述《女诫》，收集古代贤德妇女和后妃的故事来教育后宫的妃嫔，让后代子孙均有所遵循。"

《女诫》规定：皇后只管宫中妃嫔之事，其他宫门以外的事一律不得参与，后宫嫔妃以下女使的一切费用，都要报给尚官监，由尚官监的内使核实后再支取，如有违令者处死；宫人不准与外官私通书信，违者处死；宫人如有病，讲明病状，依病情给药；外朝大臣的妇人只有初一、十五才能入宫朝见皇后，其他时间，没有特殊缘由，不许入宫。另外规定：皇帝、亲王的后妃、宫嫔，一律从良家女子中择聘，决不允许接受大臣们私自进献的女子。朱元璋还命工部造铁制红牌，上面用金字镌刻后宫妃嫔们应遵守的戒律，挂在后宫中，以示警戒。

对外戚，朱元璋听从了马皇后的意见，对他们严加防范。外戚主要是指皇帝的母族和妻族的亲戚。这些人利用与皇帝的亲情关系，把持和干预朝政，造成混乱。明代以前，这种情况出现得很多。由于马皇后与明太祖是对患难与共的恩爱夫妻，感情十分笃厚，朱元璋意欲对马皇后的亲族授以官职，但马皇后执意不肯。她说："国家官爵，当授予贤能之士，妾家的亲属，未必有可用之才。听说前代外戚之家，多有因骄淫奢纵，不守法度而致败亡的，陛下想加恩妾家的亲属，就多赏赐一些金钱财物，让他们享用一生好了。如果果然贤明，自当任用；如果是庸下非才而给官做，他们必然恃宠致败,这绝不是我愿见到的事。"朱元璋就依言赐给马皇后的亲族金帛,让他们置房买地,享受荣华富贵。他们也从未掌权预政。后来朱元璋放宽了政策,规定外戚可以封为公、侯,但不发给铁券,也不允许干政。因此,洪武年间,外戚没有形成气候,更没有形成擅权的局面,有利于明初政局的稳定和社会经济的发展。

　　从以上朱元璋防止宦官、女宠、外戚干政的措施和表现看来,朱元璋是个懂得以史为鉴的人。历史上,很多帝王都曾为将大权集于一身而实施过种种手段,他们将自己封闭在深宫内,只通过贴身的人了解政事,其结果是大权虽未被臣子们分割,却被这些贴身的人掌握,于是造成了另外一种形式的大权旁落。朱元璋为了防止这种局面的发生,严格限制宦官、女宠、外戚的活动,很好地解决了"治国先治家"的问题。然而,他的子孙们却不顾他的命令,终明一朝,宦官乱政层出不穷,不知朱元璋在地下看见自己的子孙如此不听话,该作何感想?

12. 防后宫乱政，嫔妃殉葬

朱元璋为防止后宫出现像武则天那样的人物夺取自己子孙的皇位，因此死后实行嫔妃殉葬。这确实从根本上铲除了后宫乱政之祸，有利于朱氏家族的皇位世袭。但是，这也是朱元璋统治能力有限的另一个证明。同时，还说明朱元璋残忍至极。

中国的殉葬制度大约是从原始氏族制度形成的时候开始的，延至春秋、战国时代，渐渐地就不盛行了。到了秦始皇时期，又一度"人殉"。汉以后，就基本取消了。

不料，过了千数百年之后，朱元璋又沉滓泛起，玩起"人殉"的把戏来。《明史·后妃传》载："初，太祖崩，宫人都从死者……"殉葬的嫔妃，被指定站到一个小木床上，上面早悬有一个结好的绳套，套上颈项，抽去立足的小木床，殉葬的嫔妃就被凌空吊起。等不及死透了，就忙着卸下来，依次埋入孝陵中指定的位置。不等人死透，是因恐吊久了，舌头吐出口外，怕"皇帝"不高兴，会"看"得腻味儿。半死不活就入土埋掉，可保存各自的玉貌朱颜，去阴间陪"皇帝"取乐。这是何等的残酷！

殉葬的妃嫔，皆被赐封一个统一的称号为"朝天女"。这些可怜的"朝天女"，生前、死后均须献身于朱皇帝。也许是为冲淡点悲伤，朝廷会拨些钱去安抚一下她们的亲属，以示恩宠。史称这样的人家为："太祖朝天女户"。朱元璋死后殉葬了多少嫔妃、宫人，史书上语焉不详，只是笼统一笔带过。

然而在明孝陵的享殿中,除了供奉朱皇帝和马皇后的神位灵牌之外,殿之两庑中,旁列有四十六个"妃嫔龛",这是给那些殉葬的妃嫔们供奉的香案,从而间接地透露了殉葬的人数。光嫔妃就四十六个!那些够不上级别的宫女又有多少呢?

朱元璋为何要嫔妃陪葬?其一个主要的目的就是为了巩固子孙后代的皇帝之位,怕后宫出现像武则天那样的人物夺取自己子孙的皇位,所以他要嫔妃陪葬,以绝后宫之患,让他的子孙们太太平平。为了家族的利益,他人的性命自然算不上什么,自朱元璋开始,其后的几代皇帝也继承了这一传统,实行殉葬制度,使无数无辜的生命走向了死亡。

13. 言传身教，培养家族接班人

即便皇帝有许多子女，但如果教育不好，也很难守住江山，家族的统治就不会长久。因此，许多皇帝都特别注重对子女的教育。例如，唐高祖李渊、唐太宗李世民等。朱元璋为了朱氏家族的统治能够长久，也特别注重对子女的教育。

中国人素来是重视子女教育的。《三字经》有"人之初，性本善；性相近，习相远""养不教，父之过""苟不教，性乃迁"的话。这些是说，对于子女若不进行适时教育，他们就会偏离正常的人生轨道。所以，要经常教育子女，要适时地对其指导，让他们在成长的道路上走正道，少走弯路。

朱元璋妃嫔众多，她们共生育了26个儿子、16个女儿，其中两子两女早殇，共有38个孩子长大成人。朱元璋认为他的儿子们"将有天下国家之责"，从小就非常重视对他们的培养教育，而且对子女的教育非常严格。他既重视教育孩子求知，更重视帮助他们"正心"，即品德教育。为此，他采取了重言传、聘严师、亲力行的办法。

他曾经严肃地训诫太子和其他儿子，说："你们知道'进德修业'的道理吗？'进德'，即进益道德；'修业'，即修营功业。古代的君子，德充于内，又见于外，故器识高明，善道日多，恶行邪僻皆避之。已修道已成，必能服人，贤者集拢于你的周围，不肖者远避。能进德修业，则天下必治；否则必败。"

朱元璋经常用自己的亲身经历告诫儿子们要艰苦创业。内宫建成以后，朱元璋令人将古人行孝和他自己艰苦创业的经历画在殿壁上。他对儿子们说："我本是农民出身，祖父辈积德行善，以致荫及于我。现在绘成这个画面，就是要使你们知道创业的艰难，多多磨砺自己。"他立下两条规矩：一是子孙除办公外，一律穿麻鞋，坐竹椅，睡藤床；二是出城远游，不光骑马，还要步行。他还要求子孙后代"戒骄侈""恤民情""用仁义""安百姓"，以此来守业。他对太子说："你了解农家的辛劳吗？农家勤四体，种五谷，一年到头辛辛苦苦，不得休息，而国家经费都来自百姓。所以，你要常想到农家的不易，取之有制，用之有节，使之不至于饥荒，才算尽到了为君之道。"

朱元璋在很多活动中都会对子女进行教育。吴元年（1367年）八月，朱元璋出城祭祀山川毕，即将回宫，对随行诸子说："人处富贵，则必骄奢；身处安逸，则忘辛劳。现在国家刚刚安定，百姓稍得喘息，你们知道他们的劳苦吗？能够熟悉世事人情，就不易流于骄奢怠惰。今天士兵们半夜即起，扈从至此，还未吃饭。你们都要步行回去，亲身体会劳苦，将来不至于骄奢怠惰。"

不久，他又派13岁的长子朱标和12岁的次子朱棣前往临濠谒祭陵墓，训谕说："人们都说商高宗、周成王是贤明的君主，你们知道是为什么吗？商高宗曾亲身参加劳作，了解民间疾苦；周成王在周公的教导下，也深知稼穑之艰难，所以他们在位时勤劳节俭，不敢懈怠，成为商、周的好君主。你们生于富贵，不曾涉历艰难，习于安逸，必生骄惰。现在让你们去旁近郡县，游览山川，经历田野，观小民之生业，以知衣食之艰难，察民情之好恶，以知风俗之美恶。到了祖宗陵墓所在，你们要访求父老，询问我起兵渡江时的事情，牢记于心，以知我创业之不易。"

朱元璋珍爱他的帝业，也更爱他的子女们。在众多的子女中，朱元璋最爱的还是他的长子朱标，因此尤其重视对他的教育。朱标未满6岁就开始读书,他的老师是著名学者宋濂。宋濂素以道德文章为人称道,又富有教学经验,对朱标要求很严格,一言一行皆以礼法规劝,朱标对他很是敬重。明朝建立后,朱标即被立为皇太子,辅佐教育制度更加系统完善。中国历代相传,太子所居之处称为东宫,设置专门官署。朱元璋经过仔细考虑,决定不为东宫设置专官,而以朝廷大臣兼任。兼任东宫官职的,既有李善长、徐达这样的功臣勋旧,也有刘基、章溢这样的饱学儒士。朱元璋曾向李善长等人解释他这样做的用意:"朕于东宫不设专职,而以卿等兼领,是考虑到战事未息,朕若出征巡狩,必以太子监国。如果设立东宫专官,卿等在内有事启闻,太子倘与卿等意见不合,卿等会说是东宫官教的,难免生出嫌隙。"他还以周公教成王、召公教康王为例,叮嘱他们要用心辅导太子。朱元璋深知,光靠书本知识是不够的,必须让太子在实践中磨炼成长。

洪武六年(1373年),朱标刚满20岁,朱元璋便下令:"今后日常事务启奏皇太子,重大事情才许直接奏报。"洪武十年(1377年),朱元璋又下令:"自今大小政事都先启奏皇太子处分,然后奏闻。"他还面谕太子:"自古以来,创业之君历经勤劳,通达人情物理,所以处理事情,少有不当。守成之君,生长于富贵,若平日不先练习,处理事情很少有不出差错的。所以我特意让你日临群臣,听断事务,以熟悉国政。我自获得天下以来,未曾享受闲暇生活,对于各种事情,总怕处理稍有不当,辜负了上天的付托。每天戴月上朝,半夜方睡,白天有什么事情未处理妥当,还睡不安稳,这些都是你亲眼见到的,你能体会我的心意,认真做事,是天下之福,如果你们都能认真做事,我也不用担忧了。"

总结朱元璋的教子之道,主要有以下几个方面:

讲究学问。朱元璋在宫中特建"大本堂",贮藏大量古今书籍,征召四方名儒教育太子诸王,并挑选才俊青年伴读。师傅中最著名的人物是大学士宋濂,前后十几年专负教育皇太子的责任。学习内容包括礼法、政史、经书等。

培养德性。朱元璋认识到学问要紧、德性尤其要紧的道理，除了请儒生经师外，他又选了一批有封建德行的端正人士，为皇子们谕德，将"帝王之道，礼乐之教，古往成败之迹，以及民意稼穑之事"，朝夕讲说。

实习政事。朱元璋知道：从古以来开基创业的君主，经历艰难，通达人情，明白事故，办事自然妥当。而守成的君主，生长于富贵，锦衣玉食，如非平时学习练达，办事怎能不出毛病？因此，他令皇子们经常与群臣见面，经常听断和批阅各种衙门报告，学习办事。

严加管教。朱元璋对诸子期望很大，管教甚严，从不姑息。二子秦王多过失，屡遭训责，幸亏皇太子多方解救才免遭废黜。秦王死后，朱元璋全然不惜父子之情，斥责"不良于德，竟殒厥身"，并亲自为其定谥为"愍"（可悲之意）；十子鲁王，服金石药以求长生，毒发伤目，朱元璋很不喜欢。鲁王死后被追谥为"荒"（意即浮夸不实，行为放荡，废物也）。

朱元璋的良苦用心却没有起到大的作用，以致后来的权力争斗引起了兄弟之间、父子之间的深刻矛盾和残酷斗争。但史实表明，朱元璋诸子中还是出了不少"干才"的。如在军事上，二子秦王、三子晋王、四子燕王以及其他随兄戍边的诸小王，都颇具军事指挥才能；在文学方面，五子周王好学且善词赋，著《元宫词》百章，又研究草类，选其可以救饥的四百多种，画为图谱，细加疏解，著成《救荒本草》一书，对植物学有所贡献；十七子宁王撰《通鉴博论》《汉唐秘史》《史断》《文谱》《诗谱》等著作数十种，对音乐戏曲也很爱好；另外，八子潭王、十子鲁王、十一子蜀王、十六子庆王等都好学礼士，对文学也有兴趣。

与他的子孙们比起来，朱元璋在这一点上做得还是比较好的，不论是朱允炆，还是朱棣都是很好的皇帝，不像后世那样，出现了文盲皇帝。不论对一个家族还是对一个国家来说，接班人的培养都是一件大事，家族统治要想长久，这是一个至关重要的因素。

第二章 仁慈帝王 惠帝朱允炆

朱允炆，1398—1402年在位，年号建文。明太祖孙，太子朱标第二子。洪武二十五年（1392年），立为皇太孙。朱元璋死，以皇太孙即位。诏行宽政，实行惠民政策，减免租赋，赈济灾民，重视农业生产，兴办学校，考察官吏，任用贤能。采纳齐泰、黄子澄建议，实行削藩，并下令亲王不得节制文武将吏，更定内外大小官制，以加强中央集权。"靖难之役"失败后，他在宫中自焚而死（一说他由地道出逃，改换僧装，流浪各地）。

朱允炆虽然在位时间较短，但他的执政策略却受到了朝野上下的称赞，为朱氏家族的繁荣作出了杰出的贡献。

1. 为防儿子内讧，皇孙继位

> 为争皇位，朱元璋的儿子们有可能内讧。可皇孙继位后，朱元璋的儿子们是不会内讧了，那又会干什么呢？

明王朝建立后，朱标被册立为太子。朱元璋特地在宫中建大本堂，征集四方名儒教育太子。另外又挑选了一批有德行的端人正士，充作太子宾客。这位皇储终于被培养成为一个忠厚仁柔的"儒生型人物"。

因为朱标过于仁柔，朱元璋担心在他百年之后，朱标是否有足够的能力驾驭这批功高不驯的功臣们。于是费尽心机，把出生入死的战友们逐一斩尽，一心一意想留给长子一根无刺的权杖。

若是用守成之君的标准来衡量，朱标的性格算不上有多大的缺点。相反，在一味推行猛进政治的帝王之后出现一位仁柔的君主，对社会无疑会起一种缓冲作用。

朱元璋对太子的所作所为还是非常满意的，因为太子有太平君主的一切优点。他身为长兄，对诸弟颇为关怀爱护，深孚众望；处理政事明睿审慎，有条不紊……可是，偏偏天不作美。洪武二十五年（1393年）春，太子在出巡西北回京后，一病不起，不久便撒手尘寰，年仅38岁。

65岁的老皇帝伤心之至，须发在短时间内全白了，这不仅是丧子之痛，更是立储失败之痛。悲痛之余，朱元璋不得不提起精神来重新考虑立新储的问题。在此期间，他曾想到了皇四子朱棣，因为朱棣有许多地方都与自己非常相似,但向群臣咨询的时候,大臣刘三吾提出,如立皇四子,那么将皇二子、皇三子立于何地?当时朱元璋已经分封了诸王,而且这三个儿子分别被封为了秦王、晋王、燕王,三人的封地都是边境重镇,而且手握重兵,一旦由于争储而出现内讧的话,那后果将非常严重。因此朱元璋只得将朱标的次子朱允炆立为皇太孙(朱标长子早逝)。

朱元璋担心朱允炆应付不了局面,只好再一次斩除荆棘,傅友德、冯胜这几个仅存的元勋宿将也因此被杀了。棘杖上的刺的确被斩除殆尽了,但是一种新的荆棘却在慢慢地生长。旧棘刚尽,新刺甫生。这新的利刺便是藩王。

诸藩王在自己的封地建立王府,设置官署,地位极高,公侯大臣进见亲王都要俯首拜谒,每个王府都设有亲王护卫军,数量从3000人到19000人不等,封在长城线上的亲王更不在此限。当遇到急事时,地方守镇兵也要归亲王指挥。亲王还是地方守军的监视人,是皇帝在地方的军权代表。一旦地方有变,护卫军可以单独应战。即使京师危急,也可以起兵勤王,达到屏藩皇室、翼卫朝廷的目的。朱元璋以为军权托付给亲子,就万无一失了。

朱元璋对子孙们实行了最大可能的皇族教育,诸子成年后,大多精明能干。洪武二十六年(1393年)以来,元勋宿将被诛杀殆尽,面对北方蒙古的军事威胁,边塞各王的军事地位日趋重要,除去军中要事须向朱元璋报告外,晋王朱㭎、燕王朱棣被授命全权处理北方日常军务。秦王与晋王、燕王等多次率军北征,其他小王也领兵随兄长们巡边,校猎沙场。频繁的征战不仅锻炼了诸王,也促进了他们同军队的联系,大大加强了诸王的军事实力。军功、实力以及皇子的身份,使诸王成为能与朝廷相抗衡的隐患。

朱元璋对藩王问题并非一无觉察。诸王不法,他即严厉责罚。一次,有人告发晋王谋异,朱元璋闻后大怒,令太子朱标将其从北方王府带回京师,痛加训诫,直到晋王答应改过,才许回藩。对北方诸王的动向,朱元璋也颇为注意。传说，他曾派刘基次子以谷王府长史的身份巡行提调北方六王府事，暗中侦探诸王的一言一行。

但是，终其一生，藩王问题一直没有引起过他的足够重视。相反，洪武帝对封藩之举还一直自鸣得意。他曾向皇孙朱允炆表露过："我把边防防敌之事交给诸王，可使边境安定，你就可以做一个太平皇帝了。"

"敌虏不靖，可用诸王抵御，诸王要是不安封国，朝廷又拿什么去防御呢？"朱允炆这位青年皇储倒是感到了藩王之忧，拥兵在外的诸王是他的长辈叔父，他的身份不是太子而是太孙。他将他的忧虑曾向朱元璋全盘托出。皇孙的问话使朱元璋无言以对，他沉默良久，方才反问："你的意思如何？""先用德化怀柔他们，用礼制限制他们，不行就削夺他们的封地，实在不行就废置他们，再不行就举兵讨伐！"朱允炆提出了一个四部曲方案。可以看出，这位皇储对藩王之事有过长期的思考。"是的，除此也别无良策了。"朱元璋也只能同意孙子的办法了。

可是，在朱元璋心中，各藩王的不安分只不过是一种假设而已。他没有想到自己健在时，诸王慑于自己的英烈，自然不敢有不诚之举。但是，自己百年之后呢？

洪武三十一年（1398年），71岁的朱元璋驾崩，21岁的朱允炆即位，之后他只能依靠自己的力量去对付各地的叔叔们了。

2. 建文新政解严霜

　　朱元璋屠杀功臣的"威"与建文帝朱允炆平反冤狱的"恩"，结合起来之后，朱氏家族的统治收到了很好的效果。

　　洪武年间，经过太祖朱元璋的整治，当时国家统一，社会安定，经济得到了恢复和发展，吏治较以前也大为清明。然而他生性"雄猜好杀"，屡次兴起大狱，动辄杀戮，政治气氛异常凝重，文武大臣人人自危。建文帝对局势有着深刻的认识，因此继位伊始，就着手改革，改变了太祖朱元璋的一些弊政。为百姓和官吏都创造了一个宽松的环境。

　　太祖朱元璋用武力夺得天下，自然而然地形成了崇武的局面。洪武时，南京贡院军事衙门大都督府的左右都督都是正一品，都督同知也是从一品，而六部尚书却只有正二品。《大明律》中明文规定文官不许封公侯，因此朱元璋的主要谋士刘基仅仅得封"诚意伯"，而武将得封公侯者甚多，称王者也不少。在这种局面下，文官在议论朝政中的地位可想而知。建文帝有意结束其祖父尚武的政风，大力加强文官在国家政事中的作用。初登大宝之时，他自己确定新年号为"建文"，与其祖父"洪武"刚好形成了鲜明的对照，从中可见建文帝治国方略的改变。他继位后，立即将六部尚书升为正一品，大开科举考试，并下诏要求荐举优通文学之士，授之官职。

　　建文帝身边几个被委以重任的大臣也是饱读诗书的才子：兵部尚书

齐泰，洪武十七年（1384年）应天府乡试第一，次年进士；太常寺卿兼翰林学士黄子澄，洪武十八年（1385年）会试第一，与齐泰同榜；翰林侍讲方孝孺是建文帝身边的主要谋士，幼时就以聪敏机警著称，后师从当代名儒宋濂，诗文为时人所推崇。正是因为建文帝所依赖的大臣多为这样的文人，所以人称新朝廷为"秀才朝廷"。

在这种情况下，文人获得了比以前更高的政治地位，再也不用担心像洪武朝那样动辄一言获罪的情况发生了，因此他们胆量也大了，对朝政敢于表达自己的意见，对建文帝忠心耿耿，这也是后来大批文臣甘愿为建文帝殉难的原因。

在刑狱方面，建国之初，太祖朱元璋以刚猛治国，乱世用重典，法外用刑情况相当严重。他认为："法严则人知惧，惧则犯者少，故能保全民命。法宽则人慢，慢则犯者众，民命反不能保。"因而，屡兴大狱，杀的人很多；还使用了许多恐怖的刑罚，如抽筋、剥皮、阉割、凌迟等，因此有获罪的大臣跪求"臣罪当诛，谢主隆恩"。比较起来，能被砍头也成了幸运的事。

建文帝即位仅一个多月，就下诏全国行宽政、平反冤狱。洪武时期的一些冤假错案得到了纠正，一批无辜的官吏得以恢复自由，被发配远方的人也得以回到家乡。据记载，建文朝监狱里的罪犯比洪武朝减少了三分之二之多。建文帝的这些措施实际上是对太祖朱元璋严刑峻法的一种调整，也反映了建文帝与太祖执政风格的迥异。

在赋税方面，建文元年（1399年）正月，建文帝下令减轻江浙地区的田赋。明初以来，江浙地区的田赋明显比其他地方严重，这是朱元璋因为憎恨江浙地区的缙绅当年依附张士诚而采取的惩治措施。另外，朱元璋还特意规定江浙人不许担任户部的职位，目的是防止江浙人偏袒家乡。建文帝则认为江浙重赋只可用惩一时，不应该形成定制，不光田赋要减轻，江浙人自然也可以担任户部的官职。他还针对寺庙侵占民田的情况，下令僧道每人占田不得超过5亩，多余的要退回分给农民。

建文的新政策给社会带来了一定好处，因此有"四载宽政解严霜"之誉。他的"仁声义闻"甚至远播西域、朝鲜。中原地区关于建文帝的传说更多："父老尝言，建文四年之中，值太祖朝纪法修明之后，朝廷又一切以惇大行之，治化几等于三代。时士大夫崇尚礼义，百姓乐利而重犯法。家给人足，外户不阖，有得遗钞于地置屋檐而去者。及燕师至日，哭声震天，而诸臣或死或遁，几空朝署。盖自古不幸失国之君未有得臣民之心若此者矣。"

3. 叔侄相争，下落不明

燕王朱棣与建文帝朱允炆之争是朱氏家族的内部纷争，既改不了"朝"，也换不了"代"，更改不了"姓"。大明江山仍然是朱氏家族的江山。

朱元璋建立了明朝以后，将诸子分封到各地做藩王。他们各自拥有数量不等的护卫甲士，尤其是北边的几个藩王，手握重兵，势力更加强大。朱允炆继位后，深感诸藩王对自己的严重威胁，即位不久便开始削藩。建文元年（1399年），燕王朱棣毅然起兵，与建文帝展开了长达三年之久的争夺皇位的战争，最终以燕王胜利而结束。史称这场战争为"靖难之役"，这次事变为"靖难之变"。

建文元年（1399年）七月七日，朱棣聚集将士誓师，公开打出了奉天靖难、清除君侧的旗号，历时三年的"靖难之役"就这样爆发了。这时，离明太祖朱元璋离开人世才刚刚15个月。靖难口头上的对象是建文帝身边以齐泰、黄子澄为代表主张削藩的大臣，即所谓"君侧"。但双方心里都清楚，无非是夺位与保位之争。

战争初期，燕军在军事、政治、经济上均处于劣势，故其战略为：巩固北平根据地，利用内线作战的有利条件，迅速变被动为主动，求得各个击破。七月五日，朱棣击败朱允炆部署在北平的军队以后，连克通州（今北京通州区）、蓟州（今天津蓟州区）、遵化、密云、居庸关、怀来、开平（今河北赤城独石口）、龙门（今河北赤城龙关）等地，从而巩固了北平根据地，为南下进攻打下了基础。而此时，朱允炆凭借其军事、政治、经济上的优势，集中强大兵力，分进合击，想迅速将燕军包围在北平地区并歼灭之。七月二十四日，以长兴侯耿炳文为大将军，驸马都尉李坚、都督甯忠为左右副将军，率师北伐。八月十二日，耿炳文率军30万人进驻真定（今河北正定），都督徐凯领兵10万人扎营河间（今属河北），都督潘忠驻莫州（今河北任丘），都督杨松率军9000人为先锋扼雄县。朱棣乘北伐军部署未定，率军主动出击。八月十五日夜，攻破雄县，杨松全军覆没。

二十五日，燕军直捣真定，败耿炳文军于滹沱河，斩首3万余级，余众入城坚守，燕军攻城3日不克，弃围北还。八月底，朱允炆以曹国公李景隆代耿炳文为大将军，率军50万人进驻河间，再图北伐，并令江阴侯吴高等围攻永平（今河北卢龙）。九月五日，朱棣只留下少数兵力防守北平，自率主力往援永平。吴高不战而走，燕师连下永平、山海关，进取大宁（今内蒙古宁城）。李景隆趁虚率师围攻北平，不料遭到守城燕师的顽强抵抗。十一月四日，朱棣回师北平，与留守部队配合作战，内外夹击，大败李景隆军于郑村坝（今北京东20里），毙伤十余万人。李景隆退还德州。

建文二年（1400年）四月初一，李景隆率军60万人从德州分兵两路，大举北伐。朱棣率军10万人迎战。两军会战于白沟河（今河北雄县境内）。经过数日激战，李军大败，燕师乘胜攻克德州。李景隆退守济南。燕师跟踪追击，进围济南，遭到山东参政铁铉与都督盛庸的顽强抵御，围城3个月而不下，且后方又受到北伐军的威胁，遂撤围还师北平。九月，朱允炆以盛庸代李景隆为大将军，都督平安、吴杰为左右副将军，再举北伐。盛庸屯德州，平安、吴杰驻定州，都督徐凯营沧州，互为犄角以困北平。十月，朱棣获悉盛军北进，遂佯称攻辽东而至通州，突然转师南攻沧州，生擒徐凯，歼万余人。燕师进逼德州，诱败盛军于城外。其后沿运河而南，连克临清、馆陶、大名、济宁等地。盛庸、铁铉率军营于东昌（今山东聊城）以扼燕师归路。十二月二十五日，燕师归至东昌，遭盛军截击，死伤数万人，主将张玉战死，被迫还师北平。

建文三年（1401年）春，盛庸率军20万人驻德州，吴杰、平安驻真定，互为犄角，伺机出击。三月，朱棣再次率师南下，大败盛军于夹河（今河北武邑境）。闰三月十日，又诱败吴杰、平安军于滹沱河。乘胜连克真定、顺德（今河北邢台）、广平（今河北永年）、大名等地。朱允炆为缓兵之计，下诏赦燕王罪，企图使其懈怠；同时发兵断其粮道，以迫其北归，伺机歼灭。朱棣识破此计，于六月中旬，遣都指挥使李远率轻骑6000人南下，连克济宁、沛县等地，焚盛军粮船数百艘、粮数百万石，京师（今南京）大震。七月，盛庸乘燕师南下，令平安率万骑攻北平；大同守将房昭回攻保定。朱棣闻讯，率军回援，大败其军，还师北平。燕师与建文帝军队在河北及鲁西争战两年有余，燕师所克城邑旋得旋失，唯占据北平、保定、永平三府。朱棣深感南军兵多势众，旷日持久，攻防俱难，遂决定乘虚直捣京师。

建文四年（1402年）正月，朱棣督军南下，绕过济南，连下东阿、东平、汶上、兖州、邹县、沛县、宿州，直抵蒙城、涡河（今安徽境内）。三月初九，于淝河（今安徽境内之北淝水）设伏，击败尾随而来的盛军4万余人。四月，燕师屯小河（即今安徽境内之澥河）。南将都督何福率军北援，与平安会合，军势甚盛，两军在齐眉山（今安徽灵璧境内）交战，燕师损失惨重，军心动摇。朱允炆在此关键时刻，召徐辉祖所部还京，前线力量锐减，何福被迫退守灵璧。燕师迅速切断其粮道，乘机进击，大败何福、平安所部，俘其10万人，攻克灵璧。至此，朱允炆在淮河以北的主力已基本丧失殆尽。五月初，燕师乘胜南进，一举突破盛庸淮河防线，连克盱眙、扬州、高邮、泰州、仪真（今江苏仪征）等地。六月三日，燕师自瓜洲再破盛庸、徐辉祖长江防线，连克镇江、龙潭。朱允炆闻讯，急忙答应割地求和，朱棣不允。十三日，燕师进抵南京金川门，守将李景隆和谷王朱穗开门迎降，朱允炆在宫中自焚身死（一说出逃为僧）。朱棣即皇帝位称成祖，改元永乐。建文帝的帝王之旅，匆匆四年即告结束。

　　家族间的纷争，孰是孰非，难以定论。朱家天下并没有因这场争夺而受到影响，宝座上坐的依然是"朱"姓皇帝，而受苦受难的也依然是天下劳苦百姓。

第三章　开拓之君　成祖朱棣

　　明成祖朱棣（1402—1424年在位）是明太祖朱元璋之子，明朝第三任皇帝。初为燕王，1398年起兵，经过四年内战夺取了皇位。即位后五次北征蒙古，追击蒙古残部，缓解其对明朝的威胁；疏通大运河；迁都并营建北京，奠定了北京此后500余年的首都地位；组织学者编撰长达3.7亿字的百科全书《永乐大典》；设立奴儿干都司，以招抚为主要手段管辖东北少数民族。更令他闻名世界的是郑和下西洋，前后七次，最远到达非洲东海岸，这是世界航海史上的壮举。朱棣可谓功绩累累的一代雄主，为朱家江山立下了不朽功勋。

　　永乐二十二年（1424年），朱棣死于北征回师途中，葬于长陵，庙号太宗，嘉靖时改成祖。

1. 掩天下耳目，制造出身之谜

封建社会是一个家族社会，出身可是个大问题。皇帝的出身就更不必说了，因为这直接关系到"江山究竟是谁的""该不该是谁的"问题。历朝历代的皇帝都要对自己的出身美化一番，使其统治看起来名正言顺。朱棣是起兵夺位而非继位当上皇帝的，所以当然对自己的出身更加在意。

朱棣诞生之时，正值天下大乱，群雄并起之际。朱元璋尚未建立明朝，正在忙于争夺天下，当时也没有关于朱棣生母的争论。等到朱棣夺位以后，关于他的生母是谁的问题突然敏感起来。对于实行嫡长子皇位继承制的明朝来说，这关系到嫡庶问题，并进而关系到帝位的合法性问题。总的来说，关于成祖生母问题的说法主要有三种：

其一，马皇后之子说。明成祖朱棣自称是孝慈高皇后（即马皇后）所生。《太祖实录》和《太宗实录》都说朱棣为马皇后所生，后来的史籍如《明史》等正史多因循这种说法。但是除朱棣外，马皇后亲生皇子都有谁，又有着不同的解释。一种说法认为马皇后生懿文太子、秦王、晋王、燕王、周王。朱棣在夺取皇位后，让人编写了一部《奉天靖难记》，为自己篡夺皇位辩解。该书开卷就标榜自己是马皇后的嫡子："今上皇帝（指成祖朱棣），太祖高皇帝第四子。母孝慈高皇后生五子：长懿文太子，次秦王，次晋王，次今上皇帝，次周王也。"还有一种说法认为马皇后只亲生燕王、周王，懿文太子、秦王、晋王都不是马皇后亲生。另外还有人认为马皇后根本就没有皇子，这几个都不是她亲生的，只不过是抱过来抚养成人而已。其实仔细推敲起来就会发现，《太祖实录》为成祖朱棣所修（成祖为了抹杀自己即位前的事实，曾两次改修《太祖实录》，删减篡改之处甚多），《太宗实录》为宣宗所修，当然宣称朱棣为马皇后的嫡子。

其二，后妃之子说。有人认为朱棣的母亲是一个来自高丽的妃子，也有人称她是元顺帝的妃子，或者是高丽人而成了元顺帝妃子，真相如何不得而知。这种说法的直接证据是《太常寺志》。太常寺是明朝管理祭祀礼乐的机构，皇家宗庙的祭祀就由其负责。《太常寺志》对孝陵（即太祖朱元璋的陵寝）神位的记载如下：左一位，淑妃李氏，生懿文太子、秦愍王、晋恭王。右一位妃，生成祖文皇帝。

太常寺是皇家机构，这样严肃的问题不可能胡乱记载，可惜的是这本书没有流传下来。明代文人对这种资料将信将疑，但还是觉得有合理的地方，万历时期的文人何乔远就持这种观点，"臣于南京见《太常寺志》，云帝（明成祖）为妃所生，而玉牒则为高后第四子。玉牒出当日史臣所纂，既无可疑。南（京）太常职掌相沿，又未知其据。臣谨备载之，以俟后人博考"。

明末清初的钱谦益和李清见到这样的记载，也无法判断孰是孰非。钱谦益当时是南明弘光朝的礼部尚书，李清曾任大理寺左丞，二人利用职务之便，于弘光元年元旦利用祭祀孝陵的时机，悄然打开孝陵寝殿，"入视果然，乃信"。

还有一个证据。朱棣在即位之后，在南京天禧寺的旧址上翻盖新寺，取名大报恩寺，是为了报答马皇后的养育之恩。然而令人不解的是，寺中正殿的大门经常紧闭着，外人无法看见里面的情况，有传闻说里面供奉的其实是成祖生母妃。

还有的学者考证当年建文帝之所以先削周王，是因为周王与朱棣是同母所生，故削周王而去燕王羽翼。周王与朱棣的母亲不是马皇后，而有可能就是一个妃子。

其三，元主妃洪吉喇氏说。洪吉喇氏是元顺帝的第三个福晋，是太师洪吉喇特托克托的女儿。元顺帝兵败以后，朱元璋入大都（今北京），见洪吉喇氏貌美，就将她留在了身边。然而她入明宫时就已经怀孕，所生的就是明成祖朱棣，所以朱棣即元顺帝的遗腹子。

还有其他一些说法，比如说成祖是达妃所生，或元主妃不是洪吉喇氏而是翁氏等，但都影响不大。实际上，争论的焦点是成祖到底是嫡出还是庶出？以上看法都可以归纳到这个问题上来。因为明朝的皇位继承制为嫡长子继承制，只有嫡子继承皇位才是深孚人心的，否则会危及皇权的稳定。特别是朱棣通过靖难之役，将建文帝赶下台后取而代之，更恐难以服众。他担心后人说他兵变篡权，所以才千方百计美化自己嫡出的身份。为了自己的利益，说点谎话对皇帝来说那可是家常便饭的事情。

2. 炫耀文治，编《永乐大典》

为了炫耀文治，朱棣命翰林院学士解缙、太子少保姚广孝为监修，编纂一部大型类书，用以系统地收集天下古今书籍，以便于查考。

永乐元年（1403年）七月，朱棣命侍读学士解缙采天下图书编为一书："天下古今事物，散载诸书，篇帙浩穰，不易检阅。朕欲悉采各书所载事物类聚之，而统之以韵，庶几考索之便，如探囊取物耳……尔等其如朕意，凡书契以来，经史子集百家之书，至于天文、地理、阴阳、医卜、僧道、技艺之言，备辑为一书，毋厌浩繁。"就是说，要将天下图书全部网罗一尽。

解缙是明初著名文人，年少得志，很早就得中进士。他很受朱元璋的赏识，后因上书得罪朱元璋，丢了官职，成为草民。朱元璋死后，解缙回朝再次为官，不久归附朱棣，并于永乐元年受命主持修书。第二年，图书编成，朱棣赐名为《文献大成》。但朱棣翻检之后，认为"尚多未备"。因此下令再作大规模重编，并由姚广孝、刘秀篪及解缙等主持。他们在元代宫廷内丰富藏书的基础上，又派遣官员四处收集散落在民间的古代典籍。这次修编前后共动员了接近三千位学者参与，堪称人才荟萃、盛况空前的人文壮举。这次重修于永乐五年（1407年）十月完成，全书共22877卷，装成11095册，约3.7亿字。

《永乐大典》是中国古代最大的一部类书。全书成于永乐五年（1407年），正式定名为《永乐大典》。

嘉靖四十一年（1562年）初，三大殿发生火灾，明世宗命人抢出《永乐大典》。为防不测，同年8月13日下诏重录《永乐大典》。

全书按《洪武正韵》的韵目编排，以韵统字，以字系事。举凡天文、地理、人伦、国统、道德、政治制度、名物、奇闻异见以及日、月、星、雨、风、云、霜、露和山海、江河等均随字收载。全书分门别类，辑录上自先秦，下迄明初的八千余种古书资料。凡入辑之书，不许任意删节涂改，必须按原书一字不差地整部、整编、整段分类编入。这种编辑方法保存了明代以前大量的哲学、历史、地理、语言、文学、艺术、宗教、科学技术等方面丰富而可贵的资料。朱棣赐名为《永乐大典》，并将其珍重地保管在修建后的南京文渊阁中。

从此，《永乐大典》、文渊阁便成为中华文明高度成熟的标志，并象征着国人对传统文化的热爱、珍视、保护与传承。

《永乐大典》的价值在于它不加删改，原原本本地保存了明代以前的文化典籍，这在当时可以说是"包括宇宙之广大，统会古今之异同"。宋元以前的佚文秘典，多得藉以保存流传。

《永乐大典》的编纂，动用了三千多人，历时三年之久，可谓盛事，但其时正是对建文帝忠臣杀戮追剿之时。杀戮与笼络是相互为用的。朱棣下令编《永乐大典》，一是为了炫耀自己的文治；二是为了堵住天下文人的议论。由于朱棣的皇位是从自己的侄儿手中夺过来的，名不正言不顺，受到了当时很多文人的非议。篡位的朱棣为了止住江南书生的议论，便让他们通通去修《永乐大典》，可谓是一举两得。

3. 设内阁，分担皇帝事务

朱棣设内阁是为了分担皇帝事务的，可是却限制了皇权，真是种瓜得豆。但是，从整个明朝历史来看，内阁制度可以说是一种比较先进的制度，为朱家天下的延续作出了应有的贡献。

朱元璋废除丞相制后，君权空前加强，但也使得他十分繁忙，遇到重大问题又无处商量。于是便在洪武十三年（1380年）和十五年（1382年），先后设置了四辅官和殿阁大学士以备顾问。不过，当时重大政务仍由明太祖"自操威柄"，大学士"鲜能参决"。由皇帝直接掌管六部百司的政务，实际上等于兼任宰相，把君主独断专行扩大到了顶峰。可是，这只是在明初形势下，明太祖带有个人特点（如权力欲极强，猜疑心重，统治经验丰富，精力充沛等）所采取的措施。作为制度，后代那些不具备这些特点的皇帝是没有能力，也不愿意照样执行的，可是"祖训"又不便公开违背。在这种情况下，经过改造，内阁制度便逐渐形成。

朱棣采取一种渐进的过渡形式，以修正其父制订的中央辅政体制。他在取得皇位之后，立即在全国范围内精选了解缙、胡广、杨荣、杨士奇、胡俨、金幼孜、黄淮7位年轻有为的士人进入内阁，永乐年间习称"内阁七学士"。

解缙是侍读，黄淮是中书舍人，杨士奇是编修，胡广为侍讲，杨荣为修撰，金幼孜是给事中，胡俨是检讨。

明成祖赐给解缙等7人金绮衣，待遇和六部尚书一样。明成祖为这种破例的恩遇解释说："代言之司，机密所系，且旦夕侍朕，禆益不在尚书下也。"七学士虽然只是五品官，但在明成祖的眼里还是很有地位的，甚至比真正的五品官的待遇还高。明成祖对他们推诚重用，他们也知无不言，"从容献纳，帝尝虚己以听"。

解缙是7人中才华最突出的一个，颇有点恃才狂放的味道，是明初著名的大才子。洪武时他就上书反对分封，明太祖看他年轻，让他回去待上10年，"以十年著述，冠带来廷"，大用未晚。建文时回京，任翰林待诏。明成祖即位，升他为侍读学士。编撰《明太祖实录》《列女传》等书，明成祖都让他任总裁。当明成祖要对安南大举用兵时，解缙极力反对，但最终未被采纳。后来，因卷入皇子的夺嫡斗争，解缙被下狱致死。

胡广是建文二年（1400年）的状元。廷试时，正值讨伐燕王的紧要关头，胡广的对策有"亲藩陆梁，人心摇动"的话。所谓"陆梁"，即跳跃的样子，指藩王不安本分。建文帝听了很高兴，亲点他为头名状元，赐名胡靖，取意"靖燕王之难"的意思。双方你靖我的难，我靖你的难，最后是明成祖靖难成功，胡广和解缙同时迎附。明成祖改胡广修撰为侍读，恢复胡广原名。胡广曾数次随成祖北征，每纪功勒石，都由胡广来书写。

杨士奇是七学士中任事最久、也最负盛名的一个。人们常说"三杨当国"，为首的就是指杨士奇，另两人是杨荣和杨溥。明成祖初以杨士奇为左中允，继为左谕德，后升任编修。杨士奇谨慎奉职，在家从来不言公事。他善于应对，每言辄中。人有小过，他极力与人为善，不予苛责。有一次，广东布政使徐奇带了一些南方的土特产来赠送廷臣，在送礼的名单上没有杨士奇。明成祖问杨士奇这是怎么回事，杨士奇回答说："徐奇赴广东时，群臣作诗为他送行。我恰巧有病没有去，所以我也就不在名单上。现在受还是没受尚难确定，况且礼品轻微，当无他意。"明成祖本来打算要治那些人的罪，听杨士奇这么一说，马上改变了主意，命令烧掉那个名单，不再追究。别人听到这件事后，自然都很感激杨士奇。这件事也表明，明成祖和内阁学士们的关系是多么亲密。

杨荣是七学士中最懂兵法的一个。明成祖在军事上遇到难题，总是找来杨荣征求意见。明成祖五次亲征蒙古，杨荣每次都随行，多有赞划之功。杨荣在七学士中年龄最小，但特别警敏，判事准确。有一天晚上接到报告，说宁夏已被敌人包围，事情紧急。明成祖问杨荣怎么办。杨荣说："宁夏城墙坚固，将士习战。奏书送到京师需十余天，围也就解了。"到半夜时，宁夏果又来报，说围已解。这使得明成祖颇为叹服，杨荣也因而更受信任。永乐五年（1407年），杨荣受命赴甘肃赞划军务，回京在武英殿向成祖禀报。因正值盛夏，明成祖对他圆满完成任务满心高兴，亲自切西瓜给他吃。这虽然是件小事，但却从中可以看出他们君臣关系的融洽程度。

其他几个学士也都各有特长。黄淮达于治体，论事明晰，所言多被成祖采纳。蒙元的阿鲁台要率部归附，请求准许他控制吐蕃（今西藏）诸部，许多大臣都主张答应他。而黄淮却说："分则易制，合则难图。"明成祖听了以后也赞同他的观点，当廷赞扬黄淮说："黄淮论事，如立高冈，无远不见。"金幼孜的诗文写得很漂亮，常侍成祖身边。成祖数次北征蒙元诸部，他都随行，作诗咏山川形胜，书功名己行。胡俨嗜学，天文、地理无不究览，能以师道自任，故长期担任国子监祭酒。"内阁七学士"是明成祖的高级智囊团，虽然他们都是建文旧臣，但受到明成祖的格外信任。

虽然在永乐时期，内阁学士的品秩仍然不高，一直是正五品的官阶。但实际上，他们经常能参与对重大政务的研讨，甚至对于六部的要政，也可以在御前进行更高层次的审议，以供皇帝参考。

明仁宗、宣宗以后，阁臣官阶骤升至从一品或正二品，兼任六部尚书，并有代皇帝草拟批答臣僚奏章的"票拟"权，逐渐形成阁权重于部权的局面。阁臣往往利用票拟和皇帝召见的机会，干预朝政，已近似于以前的丞相。

第一，内阁拥有"票拟"之权。这就使它对皇帝权力的限制，超过了过去的丞相。所谓票拟，就是代皇帝草拟各种文书，大量是关于六部、百司各类政务奏请文书的批答。它可以是先与皇帝共同讨论，作出决定后再草拟成文字，但更多的是内阁先拟好批答文字，连同原奏请文书一起送给皇帝审批。由于票拟要比以往各朝辅佐君主处理政务的制度更加细致、周到，这就让大多数君主单纯依靠内阁票拟，自己可以不用过多地去关心政事。这样产生的结果便是表面上丞相废去，皇帝直接指挥六部、百司政务，实际上多半依靠"票拟"定夺，皇帝的意志和权力受到内阁诸臣极大的左右和限制。如果说儒家的"君逸臣劳"是要找一种理想模式的话，那么明代内阁票拟便是这种模式。

第二，由于票拟是下达皇帝诏令的正常途径，所以明代内阁限制皇帝滥下手诏、中旨的斗争，也更加制度化。当时一般的做法是：各类文书全归于内阁票拟，疑难者由皇帝召阁臣一起商议决定；但必要时皇帝也可主动提出自己关于政事和用人的意见，通过手诏、中旨（或宦官传口谕）下内阁票拟。对于这类手诏等，内阁可以奉行，也可以拒绝，全都合法。

第三，和内阁相配合，还有六科给事中也在制度上直接起着限制皇权的作用。明初设六科（吏、户、礼、兵、刑、工）给事中，成为独立机构，它的重要权力之一就是：皇帝所下旨意，内阁未反对，草成敕诏；或内阁票拟，合皇帝心意，批准执行，都得再发至给事中处详审。如以为有害整个统治利益，同样可以封还诏书，此制一直存在。这样，除内阁外，便又多了一重对皇帝独断专行的限制。

通过以上三点可看到，在明代，表面上废去了相制，君主独断专行更加厉害，实际上发展的结果却是，君主行使权力时在制度上受到的限制比以往更大，想要独断专行的困难更多了。

嘉靖年间，阁权进一步膨胀，阁臣不仅兼任六部尚书，而且兼署都察院，从而直接控制了部、院。阁臣之中，又分出首辅（首揆、元辅）、次辅（次揆）和群辅，首辅更是权压六卿，已是"赫然真相"了。如万历初年的首辅张居正,"威柄之操,几于震主"(《明史》卷213《张居正传》),俨然成了"佐天子、总百官、平庶政,事无不统"的真丞相。然而阁臣乃至首辅毕竟不是名正言顺的丞相,按照明太祖设立的"六卿分职"的中枢体制,首辅主政是违制的,他们之所以能够控制部院,是因为有皇帝支持的缘故。所以当明神宗感到阁权的扩张对君权构成威胁后,于万历十一年(1582年)下令追夺张居正的官秩,阁权便一落千丈。此后,阁臣不仅失去了对部、院的控制权,就连皇帝也很难见到了。

从整个明朝历史来看,内阁制度可以说是一种比较先进的制度,为朱家天下的延续作出了应有的贡献。朱棣设内阁的本意是分担自己的工作,可能他也没有想到内阁日后会成为皇权的限制者,而且内阁的存在,在关键时刻还有机会去决定皇朝的接班人,相信这也是朱棣不愿看到的。

4. 宣扬德化，郑和下西洋

为了寻找不知所踪的建文帝也好，为了对外友好交往也罢，郑和下西洋都是为了巩固和加强朱棣的统治。

明成祖通过"靖难之役"，逼迫侄子建文帝下台,夺取了皇位。从传统观念上看，这是"篡逆"行为。因此，他继承帝位的合法性在当时受到广泛的怀疑，甚至攻击。著名文臣方孝孺甘冒灭"十族"之大祸，也不为朱棣起草登基诏书，就是明证。而且，朱允炆下落不明，这成了朱棣的一块心病。为了寻找朱允炆，同时为了"颁正朔"，广加招徕，促使周围各国"执圭捧帛而来朝，梯山航海而进贡"，制造一种"万国衣冠拜冕旒"的盛大景况，以便提高自己的声望，明成祖决定派郑和出使西洋。

郑和，本姓马，"郑"是赐姓，小字三保，云南昆阳（今昆明市晋宁区）人，约生于洪武四年（1371年）。由于信仰伊斯兰教的缘故，幼年时的郑和就已开始学习伊斯兰教的教义和教规。郑和的父亲与祖父均曾朝拜过伊斯兰教的圣地——麦加，熟悉异域的情况。从父亲与祖父的言谈中，年少的郑和已对外界充满了强烈的好奇心，而父亲为人刚直不阿、乐善好施、不图回报的秉性，也在郑和的头脑中留下了抹不去的记忆。明朝统一云南以后，郑和被带到南京，做了宦官后被分到北平，在燕王府服役。

郑和在燕王府期间，因为学习刻苦、聪明伶俐、才智过人、勤劳谨慎，取得了燕王的信任，因此被朱棣选在身边作贴身侍卫。此时郑和本身所具有的优秀品质和领袖才能开始逐渐显露,在长达四年之久的"靖难之役"中,郑和跟随朱棣出生入死,南征北战,参加了多次战斗,建立了许多战功,成为朱棣夺取政权即位称帝的主要功臣之一。明成祖朱棣登上皇位之后,对跟随自己多年的武将文臣大都提升重用,其中也包括身为宦官的郑和。朱棣赐"郑"姓予他,又将其升迁为内宫监太监。由于郑和又名"三保",所以人们也叫他"三保太监"。

永乐三年(1405年),明成祖任命郑和为出使西洋各国的正使总兵太监,率船队下西洋。

为完成下西洋的任务,郑和组建了世界上前所未有的庞大远洋船队。每次出使,乘船都多达一二百艘。

郑和下西洋的一个主要目的是:"宣德化而柔远人""耀兵海上,示中国富强""遐迩相安无事,共祈天下太平之福"。朱棣还再三嘱咐:"彼不为中国患者,决不伐之"。郑和下西洋严格奉行扬威示好的旨意,孜孜以求的是万方宾服,四海安宁。因此在长达28年的航行中,仅用过3次兵。

第一次是消灭大海盗陈祖义,为的是肃清海路,保障中国与海外诸国的正常往来。

第二次是锡兰山(今斯里兰卡)国王亚列苦奈儿企图袭击大明船队。郑和率船员奋起反击,生擒亚列苦奈儿。这位国王被俘到南京,朱棣好言相慰,并派船将其送回自己的国家。

第三次则是应苏门答腊王后的请求,帮助解决两个王子因继承王位发生的争端。

郑和头一次下西洋到达爪哇,有近百名船队人员被爪哇人无端杀害。郑和了解到这里的人好勇斗狠,并非蓄意谋杀,因此没有以牙还牙。而是通过谈判,让爪哇国王赔偿损失,给爪哇留下安宁。爪哇国王答应赔黄金六万两,实际只交了一万两。因为爪哇国家太穷,根本赔不起这么多,后被郑和带回明朝。朱棣一笑置之,说了句"朕于远人,欲其畏罪而已,并非图其金",将所欠五万两黄金全免了。

孟拉加国(今马六甲)因不堪邻国的欺凌,曾经请求将他们的土地变成大明朝廷直接管辖的郡县,纳入中国的版图。朱棣还是坚持让其自立,并为该国题刻镇山之碑,以示为其充当后盾。郑和到达孟拉加后,特意让一些工匠为他们传授技术,扶植孟拉加发展经济。

在下西洋的路上,郑和还经常遇到一些国家和地区发生这样或那样的纠纷。他积极充当调停人,排难解纷,为维护这些地区的和平与稳定发挥了重要作用。至今东南亚一些地方还把郑和当成神来供奉,绵延数百年香火不绝。从这里也可以看出,郑和下西洋的目的与过去西方海权国家以赢利和占领为目的开辟远洋航路是截然不同的。

由于明成祖本人并不主张发展海外贸易,所以郑和使团在海外的一些以物易物的交换活动只是附带进行的。这种交换活动只是作为与海外诸国发展友好关系的一种手段,而所换回的多是异域珍宝,供宫廷享用,它与赢利性的海外贸易是有本质区别的,但却给明朝政府造成了巨大负担。所以在宝船最后一次航行后不久,明朝就停止了所有远洋帆船的建造与修缮工作,违反禁令的商人和水手都被处死。这直接导致了在之后的一百年间,曾经举世无双的中国海上力量,走向自我毁灭的道路,反而使倭寇在中国沿海一带肆虐。中国在对外大扩张时代之后,走进了绝对闭关自守的时期。15世纪初,中国这个世界科技的领导者,很快离开了世界发达国家的舞台。就在同时,正在萌芽的国际贸易和刚开始的工业革命,却把西方世界推向了现代。

5. 浚通大运河，构建皇朝生命线

浚通大运河，构建皇朝的生命线，同样是为了巩固和加强统治。

在中国大地上，最浩大的工程大概莫过于长城和京杭大运河了。大运河的开凿有两个重要历史时期，一是在隋代，一是在元代。隋代开凿的大运河以洛阳为中心，由余杭（杭州）至涿郡（北京）绕了一个很大的弯子。元代开通了济州河、会通河、通惠河三段河道，使南北大体取直，不必再绕经洛阳了。元代因运河水量不能很好调节，所以运河浚通，但并未能发挥很大的作用。到了永乐年间，才使得大运河真正畅通无阻，几乎完全承担起南粮北运的任务。

明代的大运河仍沿用元代的河道，全长3000余里。其中，由瓜州至淮安的一段称南河，由清河至徐州的黄河运道为中河（当时的黄河不是像今天的水道那样流入渤海，而是夺淮流入黄海），由山东至天津的一段为北河。会通河由济宁至临清，是大运河北段的主体。

元代开凿这段河道时，岸狭水浅，不任重载，所以沿运河输往大都的粮食每年只不过30万石，远远满足不了京师的需求，不得不主要依靠海运。明朝初年，辽东、北平的粮饷也主要由海运供应。洪武二十四年（1391年），黄河于原武决口，会通河遂基本淤塞。明成祖即位以后，国家的政治和军事重心转移到了北京，需要由南方运送大量粮食。永乐初年仍用河海兼运，但是，河运和海运都很艰难。

永乐元年（1403年），明成祖命陈瑄为总兵官，总督海运，每年运粮49万石济北京和辽东。在海上大规模运粮，风大浪急，常有沉船的事情发生。再加上当时有倭寇在海上骚扰，更增加了海运的困难。陈瑄在督海运期间，就曾数次与倭寇遭遇。因此，为了保证京师的供应，把京师和南方经济中心有力地连接起来，浚通大运河就提上了日程。

永乐九年（1411年）二月，朱棣命工部尚书宋礼督办浚通会通河一事。宋礼带领30万民工开始了治理会通河的工程。他首先疏浚了淤塞地段，并针对原来"岸狭水浅，不负重载"的情况，对全河普遍拓宽，将原来的河床又加深3尺。同时，宋礼封闭了元代所修的埋城坝的斗门，切断汶水入洸的通路，另在东平州的戴村修筑了横亘5里的长坝，使汶水沿新开的90里新河尽入会通河。水流至南旺后，中分为二道，十之六往北流，经临清入卫河；十之四往南流，接徐、沛入淮河。因南旺地势高，故有"水脊"之称，可以南北皆注。这时又出现一个新问题，即随季节性变化而引起漕河水位大幅度升降，会影响漕运。为解决这一问题，宋礼又在南旺的南、北两方向上相势筑闸，以及时蓄水和泄水。水少时，闭闸蓄水以保漕运；水多时，开闸放水以利行舟。由南旺水脊到临清，地势下降90尺，设闸17处；由南旺水脊到南边的沽头（鱼台县南），地势下降116尺，设闸21处，以解决从南旺到徐州的"七十二浅"问题。

汶、泗诸水是会通河的水源，但夏、秋季水量大，春、冬季水量小。如不设法调节，也不能保证漕运的通畅。当时，运河沿岸有些低洼地，有季节性存水。例如今天山东的南四湖，那时还是个季节湖，当地老百姓还时而垦种湖中的土地。宋礼向朱棣建议，把这些洼地收归国有，专门用来储水保运。于是，宋礼就沿运河设置了四大"水柜"，即今天所习称的水库，水柜修有闸门和堤坝。夏、秋水量大时，将运河水放入湖中储存起来；春、冬水量小时，则开闸泄湖水入运河。这样，就有效地调节和控制了运河水量，从根本上解决了河水浅阻问题。自永乐以后，明清两代的会通河一直保持畅通，这与水柜的调济作用是分不开的。

在治理运河的同时，如不解决黄河决口泛滥的问题，会通河仍有随时被黄河水冲淤的危险。黄河一旦有大的决口，整个会通河的疏浚工程就会毁于一旦。

当时，黄河仍保持着洪武二十四年（1391年）改道后的状况：黄河主流由开封北往东南流，经陈州、太和等地于寿州的正阳镇入淮河，一支主要的支流经东平入海。会通河横穿这条支流而过。黄河水大时，可裹挟会通河的水入海，也会倒灌运河，淤塞河道。这对运河的漕运是个严重威胁。为此，工部侍郎张信等人向明成祖建议，治理黄河，以使黄河不危害漕运。因当时宋礼正督治会通河，明成祖便"命礼兼董之"。当时，发河南丁夫10万人，开始对黄河进行较大规模的治理。

宋礼治黄的方针主要是以保运为主。他一方面疏浚了河南封丘至山东鱼台的黄河故道，使黄河水安稳地流入运河中段。这样，既分隔了黄河水势，又解决了运河中段的缺水问题。另一方面，宋礼在荆隆口筑坝设闸，以节制流经东平的河水。冬季会通河水小，则开闸引黄河水入会通河济运；夏、秋黄河水大，泥沙多，则闭闸断水。这样，既减轻了黄河水势，减少了黄河决堤的危险，也保证了会通河的安全，收到了黄、运兼治的效果。

经宋礼对会通河治理后，使运河每年的漕运能力提高到400万石。但是，淮南的河道上仍存在着很多问题。当时，陈瑄督管漕运，熟悉运河全线情况。陈瑄经实地勘察后，于永乐十三年（1415年）春天就开始了开凿清江浦的工程。沿宋代乔维岳所开旧沙河，凿清江浦河道，由淮安城西的管家湖导水，至鸭陈口入淮。陈瑄还筑闸四处，分别叫移风、清江、福兴、新庄。清江闸位于淮水与运河的交汇口上，当黄河水涨时，就关闭清江闸。同年五月，工程竣工。从此以后，江南来的漕船可以直接到淮安，既免除了陆运过坝之苦，又减少了许多风险。

除此之外，因吕梁洪险恶，陈瑄于西边另凿一渠，置闸两处，蓄水通漕。又在沛县的刁阳湖和济宁的南旺湖筑长堤，在泰州开白塔河通大江，在高邮筑湖堤，在堤内凿渠40里，以"避风涛之险"。自淮安至临清，陈瑄又相水势置闸47处，沿运河置仓，以便转输。

陈瑄考虑到漕船有时搁浅的问题，自淮安至通州置舍568处，每舍安置一定数量的士卒，负责导航，避免搁浅。陈瑄又沿运河植树凿井，以方便行人。其规划十分缜密，由于运河大畅，海运和陆运就都停止不用了。

从此以后，南北大运河才实现了真正的畅通无阻，通过这条大运河，就把作为政治中心的北京和作为经济中心的江南紧密地联系在一起。南方的粮食沿着大运河络绎不绝地运往北方，解决了当时国家急迫的漕运问题。漕船由长江北岸的瓜州可直达通州，使漕运的运输量越来越大，"初运二百万石，浸至五百万石，国用以饶。"因此，大运河几乎成了明王朝的生命线，受到朱王朝高度的重视和严密的保护。明清两代，大运河一直是我国南北交通的大动脉。

6. 防边患，迁都北京

唐朝和宋朝的迁都都是被迫的，而朱棣的迁都却是主动的。朱棣的迁都有利于巩固和加强朱氏家族的统治。

朱棣刚继位的时候，定鼎金陵（南京）。随着元朝残余势力退至漠北，长江岸边的金陵，就显得离重要的北部边陲过于遥远。为此，永乐元年（1403年），礼部尚书建议把北平改为北京，迁都北京。朱棣认为，天子居北，正是居重御轻，可以加强北部边防，就采纳了这个建议。但他也知道，迁都是一件关乎国家兴亡的重大事项，必须审慎行事。

他首先为北平正名，于是下令改北平为北京，升为陪都，称作行在。同时，改北平府为顺天府。

接着，他又千方百计地提升北京的经济地位。他深知，北京虽然地理位置极端重要，而且是元朝的大都，但是在经济上却远不及江南和金陵发达。因此，他首先想方设法使北京繁荣起来。于是，他下令向北京附近大规模地移民屯田，5年之内减免赋税。就连一些军士也被放归北京乡里种田。甚至还下令组织流民、释放囚徒，安置在北京周边地区种田。同时又迁往北京大批工匠，给这些民户以更多的优惠政策。如诏免税粮、赈济优厚等。这样就在北京市内形成了工商业。经过几年的苦心经营，北京逐渐发展繁荣起来，初步具备了大都市的规模，可以和金陵相媲美了。

永乐四年（1406年），明成祖下令于次年六月正式营建北京皇宫正殿。特派大臣到各有关行省采集巨木，又命大臣陈珪主持北京宫殿及北京城市的整个设计营建工程。此后，正式启动的营建工程就一直进行，从未中断过。

说到北京城的建设，这里顺便提一下其中天安门的设计者。设计天安门的人是明初的大建筑师蒯祥。他生于洪武末年，出身于工匠世家。他的父亲就是一个技艺高超的木工，善于设计和建筑寺庙厅堂。蒯祥家学渊源，深受父亲的影响，年纪轻轻就已经在当地小有名气，尤其精于建筑结构的设计和制图。正巧这时成祖为了兴建新的都城，在全国征集能工巧匠到北京效力。蒯祥就在应召之列，跟随着成祖来到了北京。

在工作过程中蒯祥的才华很快显露出来，虽然他还不到20岁，但因为手艺出众，而且设计制图信手拈来，不知不觉地就已成为伙伴中的佼佼者。这种情况很快被反映到当时主持北京城建设的工部官员宋礼那里，宋礼马上召见了这位年轻的工匠。经过深谈，宋礼从心里称赞这个年轻人头脑灵活，极富创造力，觉得他可堪重任。于是交给他一个重要的任务，就是设计皇城的正门。蒯祥果然不负众望，很快就拿出了一整套建筑结构设计图和周密的施工方案。

宋礼看后很高兴，立即命人把设计方案送给成祖过目。朱棣看过设计图后也非常满意，很快拍板决定采用这个方案，并且下命立即开始动工。对于蒯祥这个没有见过面的设计者，皇帝也封了一个工部的官职给他。

天安门最早并不是叫这个名字，而是按照中国古代传统的命名方法取名"承天之门"。直到清朝初年对其进行大规模维修时才改名为"天安之门"，后来就简称为"天安门"了，并且被一直沿用到现在。

天安门位于北京城的中轴线上，是皇城对外的第一道大门。它是座传统的宫殿式建筑，最初的建筑结构只有一层，下面是用砖砌成的高大城台，城台上是九开间的重檐歇山式宫殿建筑，整个都是木制的，靠一根大梁支持着整个建筑物。城台前还立有华表和石狮，美丽的金水河从城楼前横亘而过，上面建了五座精巧华丽的汉白玉石桥，与城台的五扇大门一一相对。宏伟和华丽相结合，沉稳与精致相并行，体现了皇家"九五至尊"的高不可攀和神秘气质。后来，这座原本被称为"承天之门"的城楼在明英宗在位时被雷击烧毁了。几年之后，蒯祥再次受命重修城楼。这一次，他在原有的建筑基础上又改进设计方案，把原来一层式宫殿建筑改为两层，更加突显了它恢宏雄伟的皇家气派。

此后，天安门又多次经过翻修，不过基本上都沿用了原来的设计结构。近代以来，人们给天安门周围修建了红色的高大围墙，改进了一些细微的装饰图，但仍然保持了天安门的原始风貌。

天安门的设计者蒯祥因为在修建北京城的过程中表现突出，很快就升任工部侍郎，位列正三品，却拿一品的俸禄，可以说受到了无尽的荣宠。

永乐十八年（1420年），北京的宫殿终于建成，明成祖下令迁都北京。经过18年的曲曲折折，明成祖终于了却了自己多年的宿愿，完成了迁都这一盛举。

明成祖迁都北京这一重大举措，最终奠定了北京在中国都城历史上承上启下的巨大作用。明成祖朱棣迁都北京，对整个明代政权的巩固、边境的安全、社会经济及文化的发展，甚至对中国多民族的融合都产生了重大且深远的影响。

第一，朱棣迁都北京，顺应了"靖难之役"后军事、政治形势的变化，符合历史的发展趋势，加强了明廷对北方边疆的统治。

在封建时代的社会历史背景下，皇权乃是一切权力的中心，国都更是皇权的集中表现。历史上每一个帝王之都城，几乎无一例外成为当时一国的政治、军事和经济的中心。明廷把都城定在北京，就从客观上迫使其"倾全国之力，保一邑之平安"，从而也就达到了保证北方疆域安全的目的。明成祖三次亲征漠北，以及奴儿干都司和哈密七卫的建立，就是对该问题的最好说明。如果根据当时形势，明廷的都城不定在北京，那么很可能会再次重演宋朝的历史悲剧，所以当时的朝鲜史籍也认为，明成祖迁都北京，是一项关乎社稷的"固国之策"。

第二，朱棣迁都北京，在经济上有力地促进了北方地区的发展。北京当时的地理位置，正处于发达的中原农业文明经济区与相对落后的塞北高原游牧民族经济区的结合点上。国都的北迁，刺激明朝统治者采取了一系列发展经济的措施，以保障其政权的稳定和军事行动的需求。例如，从中原和南方各省迁移大量人口充实北京，疏浚通济河、通惠河、昌平河、浑河等河道，加强运输粮食的能力，开拓北京通向全国各地的驿路等。这些措施，就使中原和南方比较先进的农业耕作技术和先进的手工业技术迅速传到北方，促进了北方经济的发展。同时，由于人口的增长，对土地的需求也同样相应增长，这样就大大增强了对北京周边地区荒地的垦殖，从而也就增加了明廷土地的数量和税赋的收入。经济上的发展，更进一步增强了明廷的军事实力，保证了国家边防的安全和政权的巩固。

第三，朱棣迁都北京，使北京不仅在当时逐渐成为明代的政治、军事中心，而且也逐渐成了中国的文化中心。明代统治者为了政治上的需要，国子监、翰林院这些文化机构应运而生，会试、殿试更使儒生奇士云集，贤人会聚，各种文化活动皆汇集于此，北京遂成为全国的文化中心，并逐渐传播到四边，这样就提高了整个北方地区的文化发展水平，加速了中华民族优秀文化在北方地区的广泛传播。

7. 设东厂，重用宦官

东厂是在明成祖十八年（1420年）设立的。东厂是一个缉捕"叛逆"的特务机关，起初直接受明成祖指挥，后来统辖权转移到宦官手里。东厂的"锦衣官校"（特务人员）侦察访缉的范围非常广泛，上自官府，下至民间，到处都有他们的踪迹。他们一旦得到消息后，就会立即密报皇帝。因此事无大小，皇帝都会知道。在东厂的堂上，还挂着"朝廷心腹"的大匾。

在发动"靖难之役"夺取了侄子的皇位后，朱棣的精神一直处在高度紧张中，一方面建文帝未死的流言不时出现，另一方面朝廷中的很多大臣对新政权并不是心甘情愿地支持。为了巩固政权，朱棣迫切需要一个强有力的专制机构，但他觉得设在宫外的锦衣卫使用起来并不方便，于是决定建立一个新的机构。在朱棣起兵的过程中，一些宦官和和尚曾出过很大力（如著名的郑和、道衍），所以在他心目中，还是觉得宦官比较可靠，而且他们身处皇宫，联系起来也比较方便。

就这样，在明成祖迁都北京后，建立了一个由宦官掌领的侦缉机构，由于其地址位于东安门北侧（今北京王府井大街北部东厂胡同），因此被命名为东厂。东厂的职能是"访谋逆妖言大奸恶等，与锦衣卫均权势"，起初，东厂只负责侦缉、抓人，并没有审讯犯人的权力，抓住的嫌疑犯要交给锦衣卫北镇抚司审理，但到了明末，东厂也有了自己的监狱。东厂的首领称为东厂掌印太监，也称厂主和厂督，是宦官中仅次于司礼监掌印太监的第二号人物。除此以外，东厂中设千户一名，百户一名，掌班、领班、司房若干。具体负责侦缉工作的是役长和番役，役长相当于小队长，也称档头，番役就是我们俗称的番子。

东厂的侦缉范围非常广，朝廷会审大案、锦衣卫北镇抚司拷问重犯，东厂都要派人听审；朝廷的各个衙门都有东厂人员坐班，监视官员们的一举一动；一些重要衙门的文件，如兵部的各种边报、塘报，东厂都要派人查看，甚至连普通老百姓的日常生活，柴米油盐的价格，也在东厂的侦察范围之内。东厂获得的情报，可以直接向皇帝报告，相比锦衣卫必须采用奏章的形式进行汇报，要方便得多。东厂番子每天在京城大街小巷里面活动，并非完全是在为朝廷办事，更多的是为自己谋私利。他们常常罗织罪名，诬赖良民，之后就屈打成招，趁机敲诈勒索。到了明朝的中后期，东厂的侦缉范围甚至扩大到了全国，连远州僻壤，也出现了"鲜衣怒马作京师语者"，搞得举国上下人心自危。在与锦衣卫的关系上，东厂则是后来居上。由于东厂厂主与皇帝的关系密切，又身处皇宫大内，更容易得到皇帝的信任。东厂和锦衣卫的关系，逐渐由平级变成了上下级关系。在宦官权倾朝野的年代，锦衣卫指挥使见了东厂厂主甚至都要下跪叩头。

综观明朝一代，朱家人对特务机构可谓是情有独钟。朱家皇帝们利用手中的特务机构，监听天下，为自己的利益服务。然而，这些特务机构仗权胡为，却让这个世界不知添了多少冤魂，严重破坏着皇朝统治的秩序，成为王朝身上的一颗毒瘤，腐蚀着朱家的统治。

8. 五出漠北，维护北部边境安宁

不管是为了维护北部边境的安宁，还是为了传国玉玺，抑或是出于兴趣或无聊，朱棣五出漠北都是为了巩固和加强朱氏家族的统治。

朱棣虽是以非传统方式登上御座的皇帝，但他的确是一位治国安邦的好手。当他雄心勃勃地从朱允炆手中夺过大明江山的时候，所面临的不仅是前朝旧臣的激烈反抗，还要对明朝周边少数民族的侵扰作出及时而恰如其分的反应。朱棣即位后，继承父亲朱元璋的未竟之业，以通好和防御两种策略，巩固和发展了大明朝多民族国家的统一事业。

自古以来就居住在白山黑水之间的女真族，是一个古老的民族，是我国满族人民的祖先。在秦代以前，女真叫肃慎，隋唐时又叫靺鞨，辽代后始称女真。朱棣继位后，于永乐元年（1403年）即派邢枢等使臣前往奴儿干地区诏谕。女真各部的首领相继归附，甚至连一些元朝故臣也入京，进贡马匹。对此，朱棣下令，在开原设立马市，同海西、建州两部进行交易。同时，还发给女真酋长许可证，每年都可到指定的地点做买卖。对于前来参加马市贸易的女真族首领，朱棣还命当地官员赏以酒席，以资鼓励。因此，在整个永乐朝，女真族都按时入贡，奉职唯谨。明朝有所征调，每调必赴。各族人民都能和睦相处，友好往来。

后来，朱棣继父亲在辽阳建立了辽东都指挥使司后，又下令设立了奴儿干都指挥使司，在当地先后设置了370卫、20所，任命当地部族酋长担任卫所官员，且代代承袭。建州卫指挥阿哈出还以军功被朱棣赐姓名李思诚，其兄弟子侄也一个个都当上了明朝的官。

为了便利运输军需、贡赋物品和传递公文，朱棣下令在元代驿站的基础上，扩建、新建了许多驿站，延长或新辟线路。当时从辽东通往东北各地区有6条交通干线，形成了四通八达的交通网。

奴儿干都司设置后，宦官亦失哈等人曾多次奉命到此地，对当地的少数民族进行宣谕抚慰。永乐十一年（1413年），当亦失哈第三次到奴儿干时，在都司城的西南，黑龙江河口对岸的山上建永宁寺，记述设置奴儿干都司的经过和亦失哈等屡次宣谕安抚其地的情况。它记载了我国各族人民共同开发黑龙江、乌苏里江流域的光辉业绩。

尽管朱棣在发展大明同周边各民族关系中作出了积极而杰出的贡献，但真正展示朱棣雄才大略的是他五次远征漠北的战绩。

元顺帝逃往漠北以后，于洪武三年（1370年）死于应昌（今内蒙古多伦县东北）。春去秋来，几代逝去，蒙古贵族内部逐步分裂成鞑靼、瓦剌和兀良哈三部，其中鞑靼部最为强盛。三部之间经常发生战争，更时常南下侵扰明朝边境。朱棣仍然采取父亲朱元璋"威德兼施"的政策，一面与之修好，封各部落酋长为王，赐予金银、布帛、粮食等物品；另一方面积极防御，从嘉峪关起沿着长城进入辽东至鸭绿江一线，先后建立了9个边防重镇，即所谓九边。这九个军事要塞都配有精锐军队，以抵御蒙古贵族的南下侵扰。

永乐七年（1409年）四月，朱棣遣都督指挥金塔卜歹、给事中郭骥带着大量绢币前往蒙古各部招安。其中，瓦剌接受招安，朱棣即敕封其首领马哈木、太平、把秃孛罗为顺宁王、贤义王和安乐王。而鞑靼可汗本雅失里，不仅拒不归附，还杀了使臣郭骥，发兵进攻明朝边境。

朱棣闻讯后即授淇国公邱福为征虏大将军，统兵10万北征鞑靼。临行前，朱棣叮嘱邱福："毋失机，毋轻犯，毋为所绐。一举为捷，俟再举，

第三章 开拓之君 成祖朱棣

尔等甚之。"但邱福却有负众望,轻敌妄进,全军覆没于胪朐河(今蒙古人民共和国境内的克鲁伦河)。噩讯传到京师后,朱棣怒不可遏,追夺邱福的封爵,以书谕皇太子监国,决意立即选练兵马,来春亲征。

永乐八年(1410年)春,朱棣率领武将文官,督师50万出塞。命户部尚书夏元吉留守北京,接运军饷。五月,人马行至胪朐河,本雅失里不敢接战,北逃斡难河。朱棣挥师追杀,两军大战于斡难河畔。朱棣率军冲锋掩杀,大败敌众。本雅失里丢弃辎重牲畜,只带着7骑渡河逃走。

朱棣首次北征鞑靼告捷后,又先后于永乐十二年(1414年)、二十年(1422年)、二十一年(1423年),3次亲征漠北。朱棣数次发动对蒙古贵族的征战,一方面有效地防御和打击了他们的侵扰,但也确实耗费了大量的人财物力。第三次出征,仅运输粮草这一项,就用驴34万匹,车177500辆,民夫235000多人,计运粮37000石。户部尚书夏元吉、兵部尚书方宾等廷臣,力谏罢兵,休养兵民,严敕边将守备。但朱棣不听,并且把反对北征的朝臣逮捕入狱,有的甚至迫害致死。朱棣在力排众议的情势下,于永乐二十二年(1424年),又发动了第五次亲征阿鲁台的战争。

征伐大军在漫漫荒漠中日夜兼程,但放眼百里不见敌人的踪影。以后根据闻报又多次扑空,将士疲惫死伤,劳而无功。朱棣方知边报不实,心里不免怅然。因军粮将尽,不敢久留,只好下令班师回京。大军行至一处叫清水源的地方,朱棣见路旁有一石崖陡峭数十丈,便命大学士杨荣、金幼孜刻石纪功。刻石纪功后,朱棣突感身体稍有不适。几日之后,病情猛然加重。永乐二十二年(1424年)七月下旬,朱棣率师达到榆木川(今内蒙古乌珠穆沁附近)时已是气息奄奄,不可救药。他知道自己再不能亲理朝政了,便召英国公张辅入内,嘱咐后命:传位皇太子朱高炽,丧礼一律照父亲朱元璋的遗制办理。言毕,即与世长辞。

在中国历史上,封建帝王率兵亲征的情况时有所见,但没有哪个帝王像明成祖那样接二连三地大规模亲征。尤其是后三次,几乎是马不停蹄地连续亲征,尽管这三次亲征基本上都是无功而返。当时,经过前两次亲征的打击，鞑靼和瓦剌都已无力大举进犯，并不存在对明王朝的现实威胁。因此，当时有许多大臣反对出兵。特别是安南战事尚未完全平息，国内又屡兴大工，财力紧张，但明成祖仍固执己见。这不能不使人想到，其中当有更深层的原因。那么，到底是哪些因素促使明成祖连续出师呢？

一些学者认为，明成祖连续亲征有三个非常隐秘的原因：

首先，明成祖从青年时起就与蒙古势力周旋，几乎是无往而不胜，并且头两次亲征又是凯歌高奏。这种经历使他对金戈铁马的戎马生涯有了一种特殊的感情。这种挥师拼杀的生活，比宫廷生活更充实、更刺激。实际上，即使在平时，他也很少在京师住，而是大都住在称作行宫的北京。迁都北京后，他却又经常率师在外。这自然使人想到，他并不喜欢那索然乏味的宫廷生活，而愿意尽情地到蒙古大草原上去驰骋。

其次，这也与明成祖的生理缺陷有微妙的关系。据朝鲜《李朝实录》载，一个宫人和宦官私通，被明成祖处死。这个宫人骂明成祖道：你自己年老阳衰，宫人与小宦官相好，有什么罪过！这种内容在《明实录》中是绝对见不到的。《李朝实录》的这条记载告诉人们，明成祖晚年体弱，虽难以断言其性能力完全消失，但至少是极大的衰弱。这一点，联系到明成祖子女的情况就可以看得更清楚。明成祖有4个儿子（其中一子早死）、5个女儿，都是在他当燕王时生的。他即位后，尽管后宫嫔妃成群，却没有再生子女。由此可以看出，朝鲜《李朝实录》中的上述记载还是可信的。这种生理的缺陷对人的心理会产生影响。鉴于这种缺陷，所以他不愿意生活在被嫔妃包围的宫廷中，而宁愿率兵在外。

再次，明成祖连年北征，也和他想得到传国玉玺的心理有一定的关系。所谓传国玉玺，相传是中国古代皇帝的信物，由和氏璧雕成。公元前221年，秦始皇灭六国统一中原后获得和氏璧，于是将其琢为传国玉玺，命李斯丞相在和氏璧上刻了"受命于天，既寿永昌"八个篆字。秦二世死后，由子婴把传国玉玺献给了汉高祖刘邦，授之为"汉传国玉玺"。东汉末年各路诸侯讨伐董卓时，率先攻入洛阳城的孙坚，在井中得一宫女之尸，身上有一红色盒子，匣中之物正是传国玉玺。袁术称帝失败后，玉玺归属曹操。

之后，玉玺经过魏、西晋、前赵、东晋、宋、南齐、梁、北齐、周、隋，传到唐朝，至五代后唐末帝李从珂自焚之时，玉玺便失踪了。后晋皇帝石敬瑭入洛阳后又另制一玺。后晋灭亡，此玺落入辽主之手，辽王延禧将其遗于桑乾河上。元世祖时，有人渔而得之，献给元世祖。也有人说传国玉玺是在元顺帝手上再度失踪的，元朝皇室曾有玉玺之记录。明军攻入元大都，"俘获诸王子6人，玉玺两枚，元成宗玉玺一枚，元朝共11个皇帝，其他皇帝玉玺均没有缴获。"据《二十五史纲鉴》载：公元1370年5月，明军横扫漠北直捣应昌之时，缴获元顺帝出逃所带到漠北的一批珠宝。其中既没有元朝的诸帝之玉玺，又没有传国玉玺。由于传国玉玺的下落不明，明、清两朝均没有传国玉玺。因此明朝开国时，明太祖朱元璋有三件憾事，其中首件就是"少传国之玉玺"。

明太祖朱元璋在世时，即接连对蒙古诸部用兵，其中也有想得到传国玉玺的动机。洪武二十一年（1388年），解缙上万言书，就有"何必兴师以取宝为名"的话。如无此事，解缙决不敢妄加评说。洪武二十五年（1392年）十月，太学生周敬心上书，对此说得更清楚："臣又闻陛下连年远征，北出沙漠，臣民万口一词，为耻不得传国玺，欲取之耳。"

朱元璋因耻于未得到传国玉玺而数度对蒙古用兵，朱棣欲得到传国玉玺的心理更为焦急。这是因为，朱棣的皇位是从侄儿建文帝手中夺来的，被正统的封建士大夫视为"篡逆"，这一直是他的一大心病。朱棣的许多重大举措都是为了改变这一形象。如果他能通过北征而得到这方传国玉玺的话，这无疑会提高他天命所归的天子形象。尽管朱棣口头上说"帝王之宝在德不在此"，但他内心却是十分想得到的，这与他连续北征有着隐秘的联系。

总之，朱棣五征漠北，从效果看，确实有力地抵御了蒙古诸部的侵扰，在一定时期内维护了北部边境的安宁。这在头两次亲征中表现得最为突出。经这两次打击，北边鞑靼和瓦剌的兵力受到极大打击，两部在一个相当长的时期内都无力对中原大举进犯。但是，从另一方面看，连续大规模地劳师远征，耗费惊人，对人力、物力造成极大的损失。从征将士动辄50余万，再加上运粮饷的民夫、车辆和牲畜，每次北征都要牵动全国。不算从征将士，仅后勤供给就需要花费巨大的人力和物力。这对全国人民是一种何等繁重的负担，它给全国的经济生活造成了极大的影响，加深了人民的苦难。

第四章 短命之君 仁宗朱高炽

朱高炽（1378—1425年），永乐皇帝长子，明朝第四位皇帝。永乐二年（1404年）被册立为皇太子，永乐二十二年（1424年）登基，次年改年号为洪熙。他的政策和业绩为后世之君守成丰业准备了条件，是位承上启下的皇帝。但他从政不到一年，于洪熙元年（1425年）五月，死于钦安殿。庙号仁宗。葬北京昌平献陵。

1. 兄弟相争，曲折登基

皇位虽然是世袭的，但是玄武门之变却留下了后遗症，使皇位的继承有时充满了血腥味。

明仁宗朱高炽生于洪武十一年（1378年），幼年即读儒家经书，生性仁厚儒雅，沉静好文，言行识度，很早就知儒家治国之道，以聪慧仁德著称，深受祖父朱元璋的宠爱。

据说，朱元璋曾让秦王、晋王、燕王的嫡子同时进京，要考察一番。朱元璋让他们去检阅部队，只有朱高炽回来晚了。问他原因，朱高炽说，天气很寒冷，我想等军士们吃完饭再检阅，所以回来迟了。朱元璋很高兴，夸奖说，"小子知道恤下了！"又有一次，朱高炽奉命批答奏章。批好后，呈报给朱元璋，朱元璋发现奏章里有一些错别字和一些小毛病没有改过来，就问朱高炽是不是没有看到。朱高炽回答说："孙臣以为小过不足以上渎天听。"朱元璋大喜，接着又问他尧舜的时候，老百姓遇到水旱灾害怎么办？朱高炽说，要"恃圣人有恤民之政"。朱元璋很高兴地说："小子异日不可量也。"

美中不足的是朱高炽身体肥胖，行动不便，总要两个内侍搀扶才能行动，而且也总是跌跌撞撞，因此对于一生嗜武的成祖来讲，这个儿子并不讨他喜欢，甚至可以说朱高炽一直没有赢得过他的欢心。

朱棣起兵靖难时，因为朱高炽身体肥胖，不便随军作战，朱棣就命他留守北京。虽然朱高炽生性仁厚，却并不懦弱。奉命居守北平期间，朱高炽团结部下，以万人之军成功地阻挡了建文帝大将李景隆的五万大军，保住了北京城。这一战役对整个靖难具有极其重要的意义，也是朱高炽在靖难中最耀眼的一笔。虽然当时上有母亲徐氏，下有姚广孝、顾成等人相助，但仅以万人坚守孤城，也实属不易，可见其绝非庸懦之辈。

在此期间，建文帝曾遣书信给朱高炽，许以封王，争取朱高炽归顺朝廷。但朱高炽仁孝如一，接到书信之后看也不看，忙派人把建文帝的诏书和诏使一起原封不动地送到朱棣面前，才免却了父子相残的悲剧，建文帝的反间计终告失败。

尽管朱高炽以仁厚儒雅获得了极好的名声，但是他的日子也并不好过，尤其是在通往皇位的路程上更是布满了坎坷。靖难成功之后，朱棣登上了皇位，但在立皇太子的问题上出现了犹豫：朱高炽仁爱、儒雅，深得文臣们的拥戴，而且他是朱元璋亲自为朱棣选择的燕世子，是皇位的合法继承人，这一点是非常重要的；而皇二子朱高煦性格颇像朱棣，英俊武勇，在靖难中曾立下大功，朱棣登基后也曾亲自许愿将皇位传给他。就朱棣本人来讲，希望立朱高煦为太子，因为他觉得朱高炽太过于仁弱，将来会遭人胁迫。而朱高煦在靖难之役中几次冒死救护朱棣，朱棣当时很感动，对他说："世子多病，勉之！"公开许愿要将皇位传给他。朱高煦在军中威望很高，淇国公丘福等高级将领也都拥护他，可是，这个老二却不讨朱元璋的喜欢。朱元璋活着的时候，就很讨厌他，总说这个孙子将来要惹事，等到朱棣即位以后，朱高煦要求兑现承诺。朱棣征求大臣、亲信的意见，大家多数是赞同高炽，不赞成高煦。隆平侯张信是朱棣的救命恩人，朱棣叫他"恩张"，朱棣问他能不能换了太子，张信说这是天理人伦，能随便更改吗？气得朱棣一剑砍掉了张信的两颗门牙。朱棣最信任的大臣道衍和尚、兵部尚书金忠、杨士奇、杨荣、金幼孜等都不同意，朱棣勉强答应再看一段再说。

朱棣登基后没有立即册立太子，对此朝臣多有觉察，于是纷纷上言，请求建储。不少勋臣贵戚都支持立朱高煦为太子,理由不外是"靖难有功"。文臣则大都支持朱高炽,其代表人物是兵部尚书金忠和内阁学士解缙。金忠在朱棣面前列举历代立嫡的故事,劝他册立嫡长子朱高炽。朱棣再去问解缙,解缙说:"皇长子仁孝,天下归心。"朱棣听罢低头不语,解缙知道朱棣平素最喜爱长孙朱瞻基,于是顿首道:"好圣孙。"朱棣终于点了点头。实际上这些文臣们所坚持的不仅是立嫡长的旧制,更重要的还是他们对皇帝的选择。文臣们渴望一个像朱高炽那样"好学问,从儒臣讲论不辍"的仁君。

也许是文臣们不失时机地支持朱高炽起到了一定作用,也许是迫于明朝的内阁制度以及封建社会长幼有序的传统压力,更重要的是朱高炽作为燕世子的时候,确实没有什么重大错误,废之无名,而且朱高炽的长子朱瞻基敏慧异常,深得朱棣的喜爱。朱棣最终于永乐二年(1404年)四月初四正式册立朱高炽为太子。同一天,次子朱高煦、三子朱高燧被封为汉王和赵王。

然而,皇位之争却并没有因为太子之位的确定而平息下来,朱高炽的两个弟弟并不安分,反而变本加厉,陷害朱高炽。

高煦和高燧当太子的梦想破灭后,心中十分恼火,也不甘心就此失败。高煦一方面迫害拥戴皇太子的大臣解缙等人,解缙不久就被害致死;另一方面,则想方设法寻找机会加害于朱高炽。朱棣把高煦封到云南,他以地远为由,不肯就藩。后改封山东青州,他仍赖着不走。朱棣训斥了他一顿,命他必须到封地去,他假意应允却仍不离京。还趁朱棣北征之机,私造兵器,招募士卒3000多人,准备谋反。事情败露后,朱棣将他囚于南京的西华门内,打算废为庶人。当时竟没有一个大臣为他求情,反而是受尽了弟弟陷害的皇太子朱高炽出面讲情。朱高炽不但不落井下石,而是向父亲陈情力救,终于说服了父亲,保住了胞弟的王位。永乐五年(1407年),朱棣把朱高煦封往山东的乐安州,并限令即日启程。

皇二子高煦被封往山东以后,皇太子朱高炽的地位,在朱棣心里虽然已巩固,但三子高燧仍不死心。朱棣因经常有病不能临朝,内外政事都交与皇太子朱高炽来处理。这使朱高燧及其同伙更加心怀不满,不但到处编造谣言,说皇上有意传位给朱高燧,还在暗地里策划了一场宫廷政变。永乐二十一年(1423年)五月,常山中护卫指挥孟贤,纠合羽林前卫指挥彭旭等人,秘密串通朱高燧的心腹太监黄俨,图谋用毒药害死朱棣,并伪造诏书昭示天下,拥立朱高燧为帝。

一切都布置停妥,常山中护卫总旗王瑜——黄俨的外甥,得知此事后,力劝舅父切勿参与这起诛灭九族的勾当,但黄俨不听劝阻。王瑜急速报知朱棣,参与的人全部被处死,一场政变被彻底镇压下去,并搜出了伪造的诏书。朱棣怒气冲冲地质问朱高燧,朱高燧吓得浑身颤抖,不发一言。还是这位仁慈的兄长、皇太子朱高炽再次为三弟解脱,推说都是下面的人干的,与朱高燧无干,从而才保住了他的性命和王位。

永乐七年(1409年)以后,成祖朱棣因北征和筹划迁都,常留北京,命太子朱高炽监国,处理国家日常政务。直至永乐十九年(1421年),才随成祖到北京。监国时期的朱高炽,在父皇多疑、汉王朱高煦与赵王朱高燧的陷害中艰难度日。由于有杨士奇等大臣的大力协助,在处理日常政务及臣属关系、皇家父子、兄弟关系诸方面都适宜无错,再加上汉、赵二王夺嫡野心的暴露,被朱棣贬斥,太子妃张氏和皇孙朱瞻基受到朱棣的宠信,使朱高炽度过了监国时期的危难。

十余年的监国经历,使朱高炽深切地认识到社会上存在的问题,提高了治国的能力,为登基后稳定统治秩序打下了良好的基础。永乐二十二年(1424年)七月,朱棣死于北征归途。做了二十年皇太子的朱高炽,当时已经47岁,在大学士杨士奇、杨荣、尚书蹇义等人的支持下继位,次年改年号为洪熙。

2. 在位一载，开盛世之先河

　　有志不在年高，有功不在于在位时间的长短。仁宗朱高炽在位虽然不足一年，但是在朱氏家族的统治历史上，却起了重要的作用。

　　朱高炽登上皇位后，顺应时代潮流，针对朝政的弊病采取了一系列减轻民困、调整统治阶级内部关系的措施，开始了他的一系列仁政改革。
　　"仁政"对于明初的士大夫们来说，实在显得有些陌生。自从明太祖朱元璋登基称帝，施行的便是"刚猛之治"。那些将功臣宿将诛杀殆尽的大案冤狱，人们还记忆犹新。明太祖死后，建文帝朱允炆登基，这位近于懦弱的青年皇帝也曾想实施"仁政"，但却被燕王朱棣发动战争夺了位。当朱棣从朱允炆手中夺得皇位之后，那些追求"仁政"的士大夫们遭到了空前残酷的迫害，恐怖政治代替了理想中的"仁政"。朱高炽几乎亲眼目睹了这一切，坎坷的经历使他更加认识到了"仁政"的可贵，因而执政之后便从多方面进行改革：
　　首先，在政治上，赦免了建文帝时的旧臣和成祖时遭株连流放边境的官员家属，允许他们返回原籍；平反冤狱，使得许多冤案得以昭雪，如建文朝忠臣方孝孺的冤案、永乐朝解缙的冤案，都在这一时期得到昭雪，此外还恢复了一些大臣的官爵；选用贤臣，削汰冗官，任命杨荣、杨士奇、杨溥"三杨"辅政；修明纲纪，废除古代的宫刑，对于流民一改往常的刑罚，采取妥善安置的做法。

其次，在经济上，处处以唐太宗为楷模，爱民如子，下令停止宝船下西洋，停止了皇家的珠宝采办，以减轻百姓负担；减免赋税，对于受灾的地区无偿给以赈济；开放一些山泽，供农民渔猎。

另外，在思想上，崇尚儒学，褒奖忠孝，并善于纳谏。他曾经给杨士奇等人一枚小印，鼓励他们进谏，因此洪熙朝政治非常清明，朝臣可以各抒己见，皇帝可以择善而行。在科举制度上，为了保证北方人可以考中进士，规定了取中比例为"南六北四"，这一制度一直被沿用至清朝。

朱高炽即位后所推行的仁政，实质上就是一种宽松政治，这也正代表了当时文人士大夫们的利益与追求。因此，在短短八个月里，朱高炽的拨乱反正很受朝野拥戴。连乾隆皇帝都说，如果朱高炽多活几年的话，明朝不会衰落得那么快！尽管朱高炽在位时间很短，但后人却给予了很高的评价，称其"在位一载，用人行政，善不胜书。使天假之年，涵濡休养，德化之盛，岂不与文、景比隆哉"。

3. 暴卒身亡，死因成谜

位高权重导致许多古代帝王要么死于非命，要么被觊觎皇位的贵族所害。不管朱高炽死因如何，皇权并没有旁落，仍然被朱氏家族所掌握着。

洪熙元年（1425年）五月，朱高炽暴卒，享年48岁，葬于献陵。从登基到去世，朱高炽在位时间还不足十个月。去世前三天，他还在日理万机，处理朝政，而从身体不适到"崩于钦安殿"，前后仅两天时间，故明人黄景昉称他"实无疾骤崩"。

壮年天子，登基未足一年，"无疾骤崩"，其中必有缘由。但《明仁宗实录》《明史·仁宗纪》等都只字不提其死因。究竟朱高炽是因何暴卒，已成历史之谜，多年来，人们对此有下面两种不同的看法：

一种观点认为，朱高炽死于嗜欲过度。朱高炽的贪欲好色人所共知，大臣李时勉在他即位不久就曾上一奏疏，其中有劝他谨嗜欲之语。他览奏后，怒不可遏，当即令武士对李时勉动刑，李时勉险些因此丧命。直至垂危之际，他仍难忘此恨，说"时勉廷辱我"。由此可见，朱高炽确实纵欲过度，李时勉奏疏触及其痛处，否则不会如此耿耿于怀。宣宗朱瞻基即位后曾御审李时勉："尔小臣敢触先帝！疏何语，趣言之。"李时勉叩首答曰："臣言谅阁中不宜近妃嫔，皇太子不宜远左右。"朱瞻基叹息，称李时勉"忠"，复其官职。

第四章 短命之君 仁宗朱高炽

可见，朱瞻基对仁宗嗜欲之事也是一清二楚。朱高炽因纵欲过度而得不治之症，在明人陆釴《病逸漫记》中有记述："仁宗皇帝驾崩甚速，疑为雷震，又疑宫人欲毒张后，误中上。予尝遇雷太监，质之，云皆不然，盖阴症也。""阴症"之说出自朱高炽时一太监之口，应当有一定可信度。限于当时的医疗水平，治疗此等"阴症"恐无特效良药，这使一些奸佞之徒有机可乘。对此，《明史·罗汝敬传》中曾有记载，"……先皇帝（仁宗）嗣统未及期月……献金石之方以致疾也。"由此看来，导致他死亡的直接原因，可能是服用治"阴症"的金石之方而中毒不治。

另一种观点认为，朱高炽是被其长子朱瞻基，即继他之后登基的宣宗害死的。朱高炽生性温厚懦弱，嗜欲享乐，朱棣生前对他大为不满，只因礼教和祖训的关系，才立他为太子，但朱棣一直有废朱高炽储位之心。

朱高炽长子朱瞻基刚好与其父相反，善骑射，谙武事，热衷权力，工于计谋。朱棣在世时，朱瞻基深得祖父赏识。朱棣死后，朱高炽即位，虽立朱瞻基为太子，但已察觉他非安分之辈，故屡次劝诫于他。可是，朱瞻基迫不及待地为自己早日登位筹谋，为此不顾亲情。洪熙元年（1425年）三月，朱高炽命朱瞻基南行祭陵（凤阳的皇陵与南京的孝陵）。朱瞻基于四月十四日离京。随侍朱高炽的宦官海涛是朱瞻基亲信，按预先密谋，于五月十三日加害朱高炽。

朱瞻基离京后，却没有按既定日程行进，而是直奔南京。但在离开南京前，南京城中就有传言"仁宗上宾"。要知道，当时北京还未发丧，也没有如今现代化的传播工具，可见朱高炽"上宾"是在一些人的预料之中。当时，朱瞻基还说："……予始至遽还，非众所测。"显示他有人们难以想象的重大安排。他匆匆北返，在途中等待赍诏而来，于六月三日抵北京。一到北京，就有大臣劝诫：人心汹汹，不可掉以轻心。朱瞻基答曰："天下神器非智力所能得，况祖宗有成命，孰敢萌邪心！"显示一切都在自己的掌握之中，流露出其对弑父谋位活动的自信和自得。

　　当然，这仅仅只是一种猜测而已。朱高炽死后，其子朱瞻基继位，是为明宣宗，明朝由此步入了一个辉煌时期，朱氏家族也步入了鼎盛时期。

第五章 守成之君 宣宗朱瞻基

　　明宣宗朱瞻基（1398—1435年），明仁宗长子。永乐九年（1411年）立为皇太孙，数从成祖北巡、征讨。仁宗即位后立为皇太子。洪熙元年（1425年）即位，年号宣德。元年（1426年）平定汉王朱高煦叛乱。二年，听从阁臣杨士奇、杨荣等议，停止用兵交阯。他在位期间重视整顿吏治和财政，继续实行仁宗为政以宽的措施，史称"仁宣之治"。卒葬于景陵。朱瞻基是朱家王朝中一位比较称职的皇帝。

1. 又一出叔侄相争

　　皇位，不同姓氏的家族之间要争，同一姓氏家族中不同的家庭之间也要争，同一家庭中的成员之间还要争，因为皇位只有一个，皇帝宝座上也只能坐一个人。宣宗朱瞻基与汉王朱高煦的皇位之争是朱氏家族内部的纷争，最后以宣宗朱瞻基的胜利而告结束。

　　据说在朱瞻基出生的那天晚上，当时还是燕王的朱棣曾经做了一个梦，梦见太祖皇帝朱元璋将一个大圭赐给了他，大圭上镌着"传之子孙，永世其昌"八个大字。在古代，大圭象征着权力，太祖皇帝将大圭赐给他，说明要将江山传给他。朱棣醒来以后正在回忆梦中的情景，忽然有人报告说皇孙朱瞻基降生了。朱棣马上意识到难道梦中的情景正印证在孙子的身上？他马上跑去看孙子，只见小瞻基长得十分像自己，而且脸上有一团英气。他非常高兴，这件事对以后朱棣下决心发动靖难之役也有很大的作用。

　　永乐九年（1411年）明成祖朱棣册封朱瞻基为皇太孙，并亲自挑选当时的著名文臣担任其老师，还多次指示，皇孙是个可造之才，一定要尽心竭力教诲，同时成祖朱棣也不忘亲自教导。永乐中期以后的远征蒙古漠北，成祖朱棣总是将皇孙朱瞻基带在身边，让他了解如何带兵打仗，锻炼他的勇气，这对后来明宣宗朱瞻基的亲征有非常大的帮助。每次远征归来经过农家，明成祖朱棣都要带朱瞻基到农家看看，让他了解农家的艰辛，让他以后做一位爱民的好皇帝。成祖朱棣对皇孙朱瞻基的精心教导，对朱瞻基以后成为著名的守成之君有着极其重要的意义。

在很大程度上，朱高炽被立为太子是沾了儿子的光，因此父子俩就成为皇二子朱高煦等人的眼中钉。青年时期的朱瞻基也被卷入了这场争斗，但是凭着祖父对他的喜爱，凭着他的勇气与睿智，他总是能够帮助父亲化险为夷，最终使世子朱高炽登上了皇帝的宝座。但皇位还没有坐热，十个月之后仁宗就暴病去世了。

当时朱瞻基正在南京，闻讯后当日即动身北归。曾听说他的皇叔、汉王朱高煦要在半途截杀他，然后自立为帝。左右都劝他整顿兵马以作防范。朱瞻基说："君父在上，谁敢如此胆大妄为？"依然轻身出发，日夜兼程赶到北京。当时汉王朱高煦还没有派人设伏，他没有料到朱瞻基会来得如此之快。回到北京之后，他一方面妥善处理了父皇的后事，一方面加紧北京城的戒备，防止有人伺机作乱，然后从容登基，改年号为宣德，是为大明宣宗皇帝，自此开始了他的帝王生涯。

朱瞻基登基之后，摆在他面前的最大问题就是太祖皇帝留下的外藩问题。这个问题在明建文、永乐、洪熙三朝都没有得到根本解决。朱瞻基即位之后，马上着手整顿军务，准备迎接来自强藩的挑战。他的皇叔朱高煦在靖难之役中就战功赫赫，很会带兵打仗，明永乐朝被封乐安之后，就从没有放弃武力夺取政权的野心。机会终于来了，明仁宗病逝，宣宗即位，国家动荡，皇帝年轻，正是谋反的好时机。经过精心的准备后，朱高煦也像他的父亲一样扯起了"清君侧"的大旗，矛头直指五朝老臣夏原吉。早已准备就绪的宣宗皇帝在大臣杨荣的建议下御驾亲征，在声势上一下子就压倒了叛军，以前同意与汉王朱高煦共同起兵的几路兵马见如此阵势，也都按兵不动，明军很快包围了乐安城。汉王朱高煦见大势已去，只得弃城投降。这次战役以明军大获全胜，生擒汉王朱高煦而告终。群臣都劝朱瞻基将汉王朱高煦正法，朱瞻基念其是藩王而网开一面，没有杀他，只是将他废为庶人，软禁在西安门内逍遥城。

御驾亲征得胜回到北京后，朱瞻基马上传诏给另外一个皇叔朱高燧，暗示他交出兵权（当时的亲王都有自己的军队，称作卫）。朱高燧并没有反抗，乖乖地交出了三卫兵马，就这样，明朝的藩王问题在宣德朝终于得到了彻底解决。

2. 甩开包袱，撤兵安南

量力而行，有利于朱氏家族的江山稳定和长久。从撤兵安南这件事来看，宣宗的确是一个高明的皇帝。

成祖曾经兴兵8万征讨安南，将其并为明朝的一个省，并设置官吏，加以统治。然而安南并未臣服于明廷的统治，起兵反对明朝的战争时有发生。成祖曾多次派兵镇压简定、陈季扩、黎利等人的反抗。成祖死后，安南的情势更加不稳定，而明朝连年派兵攻打，也消耗了大量的人力、物力、财力。仁宗时期，朝廷改变了成祖一味剿灭镇压的政策，以招抚为主。宣宗则主张剿抚并用的政策，派兵征讨黎利，其实他内心里更想息兵安南。

宣德元年（1426年）四月，宣宗就曾与蹇义、夏原吉、杨士奇和杨荣四人商议，他"反复思之，只欲如洪武中、永乐初，使（安南）自为一国，岁奉常贡，以全一方民命，亦以休息中土之人"。这种想法是要改变直接统治安南的做法，恢复安南为附属国的地位。杨士奇和杨荣持赞同和支持的态度，而蹇义和夏原吉却反对，担心"若以二十年之勤力，一旦弃之，岂不上损威望，愿更思之"，因此宣宗的这个想法并没有立即实行。其实宣宗是在等待一场军事上的胜利，然后才好招抚、谈判，以体面地从安南撤兵。

宣德二年（1427年），明军击败了黎利，斩首万余人。九月，黎利上书明廷，声称找到了陈氏后人（当年成祖起兵的名义就是为原国王陈氏报仇复国），请求明朝罢兵，册立陈氏后人为君。宣宗有意答应，但是英国公张辅等人认为明廷如果没有合适的借口就答应，天下人会以为朝廷软弱。宣宗召见杨士奇和杨荣，寻求对策。他们二人赞同宣宗的想法，认为这是体恤民情，没有示弱。宣宗在杨士奇等人的支持下，欣然同意，并派特使恢复陈氏政权，宣布撤兵。然而黎利推说陈氏后嗣已死，请求明廷册立自己。宣宗没有理会，派人继续寻找陈氏后人。

宣德三年（1428年），黎利再次进献贡物，请求册封，宣宗仍不理会。宣德六年（1431年），黎利再次请封。宣宗考虑到陈氏后人已经无从找起，黎利署理国事已成事实，就同意了他的请求，册封黎利为国王。这样，安南再次独立，脱离了明朝的直接统治，但仍然是明朝的附属国。从此到明朝末年，明朝和安南再也没有发生过大规模的军事行动。放弃安南，免除了连年战争给人民带来的痛苦，也为明朝节省了大量的开支，除去了一个沉重的包袱。

3. 宠爱贵妃，逼妻退位

皇帝虽然有三宫六院七十二妃，但是与百姓一样，他也有不如意的时候。有时，为了子嗣，为了江山社稷，不得不逼妻退位。

朱瞻基的第二任妻子孙皇后，原籍邹平，她天生丽质又聪明伶俐，小小年纪已经名动一城，很多人都对这个小女孩的美丽赞不绝口，最后传到了仁宗张皇后（这时还只是太子妃）的母亲彭城伯夫人的耳里。在好奇心的驱使下，她让人将小孙氏带到了自己的面前检视，一看果然名不虚传。

喜欢管闲事的彭城伯夫人立即想到了自己的外孙——皇太子朱高炽的儿子朱瞻基。虽然眼前的这个小姑娘尚未长成，但是美人难得，又是自己的同乡，彭城伯夫人认定她与自己的外孙正是天造地设的一对，就不遗余力地向女儿女婿、乃至明成祖朱棣及掌宫王贵妃等人推荐小孙氏为太孙妃。

明成祖听了彭城伯夫人的话，也不禁好奇，决定召小孙氏入宫。看过之后，成祖对小孙氏确实非常满意，只是鉴于她的年龄太小，成祖便做出了将她"养于宫中"等待成年的决定。小孙氏从此成为仁宗张皇后的养女，与自己未来的丈夫宣宗朱瞻基一起长大。

但不知道怎么回事，明成祖忽然改了主意，决定仍然要另行为孙子朱瞻基选妃。经过一番挑选，济宁人胡善祥成为朱瞻基的嫡妃，而朱瞻基一心想要迎娶的"妹妹"孙氏却只能充当姬妾，成为"皇太孙嫔"。

不用说，在这桩婚姻里，朱瞻基眼里的胡善祥不但是可有可无的人物，更是一个从一开始就注定了被丈夫讨厌的人物。婚后不久她就明白了所有的前因后果，从此在丈夫的冷淡中抑郁寡欢，并因此而久病难愈。

8年后，明成祖和明仁宗先后去世，28岁的朱瞻基终于成为大明王朝的皇帝。宣宗登基后的第二个月，便着手册立皇后。如果按照他自己的心意，当然是要册立孙嫔，然而胡善祥是成祖钦定的太孙妃、仁宗钦定的太子妃，是毋庸置疑的原配嫡妻。宣宗没有别的选择，他只得将皇后的凤冠戴到胡善祥的头上，将心爱的孙氏封为"贵妃"。

按照明初的定制，册封皇后时，授皇后以金印金册；皇贵妃以下只有银册印章而没有金宝。然而在册封孙贵妃的时候，宣宗坚决要赌这口气，一定要让孙氏享有与皇后同等的待遇。宣宗的母亲张氏这时已成为太后，孙氏自幼由她抚养长大，对于宣宗和孙贵妃之间的情形，没有谁比她更清楚。这位被称之为"女中尧舜"的太后，在理政时恪守先朝规制，但在这件事上终于没有忍心让儿子难过，她答应了宣宗的要求。

于是，大明王朝施行了几十年的舆服规制到这里发生了变化，孙贵妃成为明朝第一位得到金册金宝的皇妃。

朱瞻基的子嗣一直不旺，胡皇后没能为他生下一个皇子，孙贵妃虽然也没能生子，但她想出了一条偷梁换柱的计策。她派人在宫中四处打探，看哪位宫女被皇帝临幸后怀有了身孕，就将找到的宫女藏在秘室之中，与外界隔绝，派专人送饭、照看。然后买通御医，对外号称怀孕，并伪装了许多怀孕的迹象。由于当时孙贵妃深得朱瞻基的宠爱，因此没人敢透露半点风声。等宫女产子后，孙贵妃马上派人将孩子抱到身边，秘密处死了宫女，然后派人立即通知朱瞻基，自己则装出一副产后非常虚弱的样子。就这样，这个小男婴就成了孙皇后的亲生儿子，而这个小孩就是后来的大明英宗朱祁镇。孙贵妃也因此得以正位后宫。

接下来，宣宗决定快刀斩乱麻，立即确定孙贵妃之"子"的地位，好让孙贵妃母凭子贵。于是宣宗亲自到坤宁宫，暗示胡皇后主动上表请立皇长子为太子。胡皇后万般无奈，只得主动上表，请求宣宗"早定国本"，尽快册立皇太子。

宣德三年（1428年）正月，宣宗大祀天地，随之而来的二月初六，他下诏册立皇长子为皇太子。这位皇太子是明朝最小的皇储，入居东宫时虽然号称是"两岁"，并且确实过了一个新年，但实际上仅有两个月零二十五天。因为他实在太小了，所以就连太子册宝都是由他人代领的。

在册立了这位皇太子之后，宣宗废除胡皇后的心情越发迫切。他再次向胡善祥提出了主动请辞后位的要求。胡善祥万万没有想到，自己的一让再让，最终将自己逼到了这般境地。然而身为万乘之尊的丈夫一定要偏心，她又能有什么办法呢？她只得公开上表，请求逊位，宣宗当然立即同意。在册立皇太子一个月之后，宣宗发布诏书，废胡皇后，册孙皇后。

胡氏成婚十年，为后两载，处处礼让谦恭，从没有做过任何有违规矩的事情，因此她的被废实在是很冤枉。这一点即使是宣宗的亲生母亲、一手将孙贵妃抚养长大的张太后，也忍不住要为胡氏抱屈了。

胡氏被废后，张太后经常将她从别院召回，将她安排在自己的清宁宫居住。除了国家典礼以外的朝宴仪礼，张太后都将胡氏的位置安排在孙皇后之上。孙皇后没想到把自己养大的婆母在这件事上却一定要帮胡氏出头，自己做了皇后却仍然像当初做姬妾时那样处于胡氏之下。孙皇后心里自然很不是滋味，但是在彼此相见时她仍然执礼甚恭，不曾违拗张太后的意旨。总之，在张太后的主持下，胡善祥总算是没有陷入其他废后所经历过的那种难堪境地。

然而这一点却成了朱瞻基人生的一个污点，也对他的儿子执政产生了一些不良的影响，或许这是他万万没有想到的。

4. 蟋蟀天子，开朱家盛世

与普通人一样，皇帝也有自己的爱好，有时有些爱好甚至是稀奇古怪的。宣宗朱瞻基喜欢斗蟋蟀，当然他并没有因此而不务正业。宣宗朱瞻基在位期间，政治稳定，经济发展繁荣，出现了著名的"仁宣之治"的盛世局面。

朱瞻基自幼喜欢斗蟋蟀，并且达到了极为痴迷的程度，因此被称为"蟋蟀天子"。上行下效，斗蟋蟀一时间在全国风行起来，使得蟋蟀的价格扶摇直上。后来宣宗觉得北京的蟋蟀不好，便派太监四出采办。相传苏州的蟋蟀特别好，宣宗为此还特意敕令苏州知府况钟协助本监采办1000只蟋蟀。上命下达，摊派给了当地的百姓，弄得鸡犬不宁。虽然宣宗爱好斗蟋蟀，但他却不失为一个有作为的君主，他将明朝推入了被称为"仁宣之治"的黄金时代。

朱瞻基周围有一批著名的大臣，文有"三杨"（杨士奇、杨荣、杨溥）、蹇义、夏原吉；武有英国公张辅，地方上又有像于谦、周忱这样的巡抚，可谓人才济济。

朱瞻基深知"水能载舟亦能覆舟"的道理，因而注意体恤民情，爱惜民力，实行与民休息的政策，尤其重视农业，力劝农桑，鼓励垦荒。因此，在他统治期间，百姓安居乐业，生产生活都有所保障，商品生产程度得到很大提高，手工业相应发展，商路增辟，国内外贸易不断活跃，社

第五章 守成之君 宣宗朱瞻基

会财富迅速积累起来，时称"宇内富庶，赋入盈羡"，是明王朝财力最雄厚的时期，出现了继文景之治、贞观之治、开元盛世之后著名的"仁宣之治"的盛世局面。谷应泰说："明有仁、宣，犹周有成、康，汉有文、景。"这样的评论是有一定道理的。朱瞻基有一句名言，叫做"清心乃省事，省事可省官"，应该说这也是他为政治国的指导思想。

宣德五年（1430年）三月，朱瞻基路经一处农田时，看见路旁有耕作的农民，于是下马询问农作物的生长情况。他兴致盎然，取来农民耕田的农具，亲自犁地。没推几下，他便停下来，回头对身旁的大臣说，我只是推了三下就有不胜劳累的感觉，何况农民终年劳作。说完就命人赏赐农民钱钞。回到宫廷后，宣宗有感而发，亲作一篇《耕夫记》，勉励自己与群臣要时刻关心黎民百姓的疾苦。宣德七年（1432年）九月，他又作《织妇词》一篇，并命画师将词中的情景绘成图画悬挂宫中。他对朝臣说："朕非喜好辞章，然农桑之苦，朕深忧之。为国君者有责任告诫儒者，激励后世，朕所以作词，意在于此。"

宣宗对农民的生活和处境是非常了解的，因此能够在制定政策时考虑到他们的利益。有一年，京畿地区发生了蝗灾，宣宗派遣官员前去指挥消灭蝗虫。他仍不放心，就特意谕旨户部，告诫他们往年负责捕蝗的官员害民一点也不比蝗灾小，因此要严禁这种事情的再次发生，还做有一首《捕蝗诗》颁给臣子。宣宗比较注意爱惜民力，反对向百姓强征暴敛以供王室享乐的奢靡之风。在他统治的十年间，曾多次下旨为民解困。宣德元年（1426年）七月，罢湖广采木。宣德五年（1430年）二月，罢工部采木。宣德三年（1428年）十一月，锦衣卫指挥钟法保请采珠东莞，宣宗不但没有同意，还认为他是想用这种扰民的事情为自己谋求利益，将他逮捕入狱。他还多次蠲免税额、积欠柴炭草，免除在京工匠中年老残疾和户内无丁力者的匠籍。有一个工部尚书奏请，宫中御用器物不足，需要到民间采办，宣宗制止说："汉文帝服御帷帐无文彩，史称恭俭，朕饮食器用，当从简朴。"遂命人从宫中的库藏器物中取用，不再重新购买。有一个和尚自称要修寺庙为宣宗祝福长寿，宣宗认为这是扰民之举，将其痛斥了一顿，赶出宫去。

减免田税，开仓赈粮，这是宣宗对受灾地区人民经常采取的救济办法。史书载：河南有一个知县，没有经过上报和请示，就发放了一千余石库粮救助灾民。朝廷有规定，私自动用皇粮是犯杀头之罪的，宣宗得知后不但没有降罪，反而赞扬这个知县办事机敏果断，是个能够胜任的父母官。

朱家王朝传到宣宗手里的时候，离建国已经半个世纪了，稳定的政局，相对完善的机构和法律，使被元末战争破坏的生产力得到了恢复和发展，政治经济繁荣，朱家王朝进入了最鼎盛的时期。

第六章 转折之君 英宗朱祁镇

明英宗朱祁镇（1427—1464年），明宣宗朱瞻基长子，明朝第六位皇帝。宣宗死后继位，年号正统。英宗即位时年仅9岁，宦官王振专权擅政。正统十四年（1449年），蒙古贵族瓦剌犯明，英宗亲征，王振不懂军事，在土木堡战败，王振死，英宗被俘。在京监国的英宗弟朱祁钰被于谦等大臣拥立为帝，是为代宗。不久，于谦率军战败瓦剌军。1450年，英宗被释，代宗尊他为太上皇，闲居南宫。1457年，英宗复辟，改年号天顺。1464年，病死于文华殿，终年38岁，葬于裕陵。

朱祁镇开启了明朝宦官专权的先例，使整个有明一代由早期的强盛转向中期以后的衰败。朱祁镇当政时，始则宠信王振，后则重用石亨、曹吉祥，不仅导致了严重的祸乱，而且给以后的皇帝们形成了极为恶劣的示范影响，由此朱家天下开始走下坡路。

1. 幼年登基，延续盛世

历史是有一定惯性的。英宗在位期间，"仁宣之治"的盛事在延续着，朱氏家族的统治也在延续着。

朱祁镇继位时只有9岁，朝臣们明白年幼的皇帝还无能力执掌皇帝的大权，便纷纷上书请求太皇太后垂帘听政。在明朝历史上，尚无太后垂帘的先例，而且开国皇帝朱元璋在《皇明祖训》中，对母后临朝也做了明确限制。张氏不愿落下败坏祖制的恶名，她拒绝临朝，并对施政大略作了三条指示："悉罢一切不急务，时时勖帝向学，委任股肱。"所谓不急务，是指并非军国急需、主要供皇室享用的物品的采办活动，诸如采买绸缎、烧造器皿、打捕鸟兽等，停止这类活动可以减轻百姓的负担。勖帝向学，是指要加强对幼年天子的教育培养。委任股肱，是指要依靠历事永乐、洪熙、宣德三朝的老臣处理国事。

正统初年的一天，张氏御便殿，传谕英国公张辅、大学士杨士奇、杨荣、杨溥、礼部尚书胡濙朝见，朱祁镇在张氏一侧站立，张氏教导朱祁镇说："此五人先朝所简贻皇帝者，有行必与之计，非五人赞成，不可行也。"朱祁镇应声受命。这样，就确定了五大臣辅政的局面。在这辅政的五大臣中，张辅是一介武夫，不熟悉政务，胡濙虽自成祖以来就很受信任，但见识浅陋，发挥不了决策作用。真正处理国家政务的，还是内阁中的杨士奇、杨荣、杨溥，合称"三杨"。

第六章　转折之君　英宗朱祁镇

在施政方针上，三杨基本上是沿袭洪熙、宣德时代的政策，期望让"仁宣之治"延续下来。对于宣德末年的弊政，也在一定程度上进行了清理革除。宣德后期，宫廷生活奢靡，到宣宗去世后，释归教坊乐工3800余人，遣回朝鲜国妇女53人，放还添财库夫役2640余人，减厨役6400余人，各寺法王、国师、喇嘛等也减数存留。此外还对各类临时征派、采办也蠲免、停罢了许多。正统初期的施政方针收到了预期效果，朱家天下的繁荣在继续。这期间还有一件值得一提的大事，那就是解决了长期悬而不决的定都问题。

明朝开国，定都南京。成祖夺取皇权后，一来考虑到加强北部边防的需要，二来北平是他的龙兴之地，决定迁都北平，改名北京。永乐十八年（1420年）北京宫殿建成，次年便将首都正式北迁于此。不料迁都还没到一百天，奉天、华盖、谨身三大殿就遭火焚毁，一时间朝廷内外议论纷纷，不少人要求还都南京。成祖力排众议，坚持定鼎北京，但未重修三大殿。仁宗即位后，因他长期在南京监国，对那里颇有好感，便以省免南北转运的浩大费用为理由，下令仍以南京为首都，北京称"行在"。迁都之令尚未实施，仁宗就"龙驭上宾"。继立的宣宗采取中庸态度，仍称北京为"行在"，以示不违仁宗迁都之令，但也不迁回南京，继续以北京为实际首都。正统改元，下令兴修北京城门工程，至正统四年（1439年）完成。这是继永乐之后对北京的再次大规模营建，标志着朝廷已决心彻底解决定都问题。次年春，又开始了重建三大殿与乾清、坤宁二宫的浩大工程，至六年（1441年）十一月竣工。于是颁诏大赦天下，宣布定都北京。几十年悬而未决的定都问题最终得到解决。

而在这期间，朱祁镇的主要任务是接受教育，履行皇帝必须躬行的各项礼仪，并没有起到决策作用。然而太皇太后张氏和大臣们为他准备的"四书""五经"让一个孩子学起来十分厌烦。相反，太监王振为小皇帝准备的游玩项目则深深吸引了他，从而深受小皇帝的信赖，为日后的专权打下了基础，朱家王朝的隐患在盛世中滋生起来。

2. 宠信太监，皇位易主

唐朝宠信宦官的历史再次重演，英宗朱祁镇宠信宦官，不但丢掉了皇位，而且成了俘虏。还好，英宗朱祁镇的性命没有丢，皇权没有旁落，仍然掌握在朱氏家族的手中。

朱祁镇登位后，延续了"仁宣之治"的统治，社会稳定，经济也有所发展。然而，随着太皇太后和重臣"三杨"的相继去世与引退，后宫宦官的势力急剧上升。著名的大太监王振就是正统朝宦官专政的代表人物，英宗对他言听计从，他也依仗皇帝的威严排除异己，树立朋党。大臣下狱者不绝，正统朝的政治日趋腐败，土地兼并日益严重，激起了叶宗留、邓茂七等起义。

而当时的元朝余部（即北元）在漠北的势力已经一分为二，瓦剌与鞑靼两个部落互相征伐。到了英宗时期，瓦剌日渐强大起来，不断骚扰明朝北方边地，瓦剌部当时的实权掌握在太师也先的手里，他经常派人以向朝廷进贡为名，骗取赏赐。当时明朝对进贡国家的使者，无论贡品如何，总有非常丰厚的赏赐，而且是按人头派发。也先正是看中了这一点，派出的使臣不断增加，最后竟达到3000多人。王振对此忍无可忍，下令减少赏赐，也先以此为借口对明朝发动战争。英宗年少气盛，想御驾亲征，王振也想耀武扬威，名留青史，于是极力撺掇英宗亲征。尽管当时明廷的主力都在外地作战，一时难以调回，而朝中大臣也都竭力劝阻，但最后还是没能改变英宗的主意。于是从京师附近临时拼凑了50万大军，在英宗的指挥下浩浩荡荡开始北征。正统十四年（1449年）八月，明军抵达大同，也先佯败，诱明军深入后重创其先头部队。王振因前方败报踵至，力劝英宗撤兵。但是王振的老家在蔚州，离大同非常近，他决定大军绕道蔚州撤退。王振的提议立即遭到群臣的反对，认为这样会耽误撤退的时机，但是王振哪里听得进去，加上英宗也希望给王振衣锦还乡的机会，于是大军开始朝蔚州方向移动。这时，王振又心血来潮，怕大军经过会踩坏家乡的庄稼，自己就会背上骂名，就建议按原路撤军，这样，宝贵的时间被耽误了。当大军行到怀来附近时，由于辎重还没有赶到，王振下令原地驻扎等待。如果这时英宗能够进怀来城驻守，那么历史将被改写。不过历史就是历史，没有那么多的假设。就在怀来城外的土木堡（今河北省怀来县以东20里处），明军被也先军赶上并包围。也先切断了明军的水源，明军被困死地。也先假意议和，趁明军不备之时，发动总攻。明军全军覆没，英宗被俘，王振被明将樊忠杀死，英国公张辅、兵部尚书邝野等大臣战死。这就是著名的"土木堡之变"。英宗自此开始了他一年的北狩生活。在京监国的英宗之弟朱祁钰，被于谦等大臣拥立为帝，是为代宗。

3. 重新登位，杀戮功臣

英宗朱祁镇宠信宦官，结果吃了败仗，成了俘虏。重新登位后，又杀戮功臣，使朱氏家族的统治走向了下坡。

英宗被俘后，也先也觉得非常难办，是杀是留无法断定。其弟伯颜帖木儿认为英宗奇货可居，劝也先留下英宗，英宗才得以保全性命。英宗被俘的最初一段时间，也先总是带着英宗到处招摇撞骗，但都遭到了明朝边将的回绝。不久之后，孙皇后与朝廷重臣立成王朱祁钰为帝，年号景泰，这样朝廷上下都安定了下来。同时皇帝明发诏谕，不许私自与也先联系。这样，也先想靠英宗大捞一把的希望就破灭了，于是气急败坏的也先率领瓦剌精锐骑兵浩浩荡荡地杀奔北京，明朝方面早已做好了准备，北京军民在兵部尚书于谦的带领下给也先军以沉重的打击，也先率队败回蒙古。

与明朝的战争不仅使也先损兵折将，而且从此使他失去了明朝的赏赐以及与明朝交易的机会。当时的瓦剌是一个游牧部落，如果失去了明朝的生活必需品，部落民众的生活将是异常艰苦的。在北京大败之后，也先开始着手与明朝讲和，并宣称"迎使朝来，大驾西去"，可是当时景泰帝已经坐稳帝位，不想派人迎回英宗，但在众大臣的不断建议下，只得派遣使者先去探听情报。第二次派往瓦剌的使者名叫杨善，他变卖家产买了许多奇珍异宝，并靠着他的巧舌如簧，硬是在没有圣旨的情况下迎回了英宗。英宗皇帝终于结束了他一年的北狩，回到了北京。

第六章 转折之君 英宗朱祁镇

英宗回到北京后，并没有受到应有的礼遇，短暂的仪式之后英宗就被软禁在南宫，开始了他7年的软禁生活。即便如此，景泰帝还是不放心，他将南宫的大门上锁并灌铅，加派锦衣卫看守，食物由一个小洞递入，就是这点食物有时还被克扣，英宗原配钱皇后不得不自己做一些女红，派人带出去变卖了以补家用。景泰帝为了避免有人与英宗联系，还派人将南宫的树木全部伐光。英宗就在惊恐与饥饿中，渡过了7年的软禁生活。

景泰八年（1457年）正月，景泰帝得了重病，但是储嗣的问题还没有确定下来，众大臣决定在第二天上朝时进谏，请求皇帝早建储君。谁知就在这天夜里爆发了"夺门之变"，原来五清侯石亨、徐有贞、宦官曹吉祥等人密谋帮助英宗复辟，希望成功后能够飞黄腾达。事又凑巧，当时北边传来了瓦剌骚扰边境的战报，于是石亨借机以保护京城安全为名调兵进城。这时忽然天上乌云密布，伸手不见五指，众人以为遭到天谴，都非常害怕，徐有贞站出来劝大家不要退缩，众人继续前进，很顺利地进入了皇城，直奔南宫，石亨派人撞开了宫门，并请英宗登辇。这时乌云突然散尽，月明星稀，众人的士气空前高涨，簇拥着英宗直奔大内。守门的军卒本想阻拦，这时英宗站了出来，表明了自己的身份。守门的兵卒傻了眼，众人兵不血刃进入了皇宫，朝皇帝举行朝会的奉先殿而来，并将英宗扶上了宝座。这时已是天色微亮，众朝臣已经等在午门外准备朝见，听到钟鼓齐鸣，众人按序走入奉献殿，可眼前的一切使他们目瞪口呆，宝座上的皇帝已经不是景泰帝了，而是8年前的正统皇帝。正在众人犹豫之际，徐有贞站出来大喊"上皇复辟了"，众朝臣见此，只好跪倒山呼万岁，英宗就这样又重新坐上了皇帝的宝座。景泰帝正在后宫梳洗，听到这个消息后险些瘫倒在地，心知一切都已经完了。

英宗复辟后，改元天顺。随着英宗重新登基，一场政治屠杀也开始了，夺门有功的徐有贞、石亨必欲将于谦置之死地而后快。他们唆使党羽，弹劾于谦、王文等人，谓其图谋迎立襄王朱瞻墡之子入京即位。在庭审时，王文辩白说："召亲王须用金牌信符，遣人必有马牌，内府、兵部可验也。"于谦则冷笑着说:"石亨等欲害我们,辩白又有何用。"经过查对,金牌信符都在内府,徐有贞却说:"虽无显迹,意有之。"主持审讯的人员阿附徐有贞、石亨,竟以"竟欲"定案,判处于谦、王文谋逆,当凌迟处死,籍没家产。案子上奏后,英宗颇为迟疑,说:"于谦实有功。"徐有贞说:"不杀于谦,此举为无名。"英宗决心遂下。大理寺卿薛瑄奏请从轻处置,英宗令将二人处斩。于谦赤心为国,在国家危急存亡之际,力定大计,使社稷转危为安,一代功臣,竟惨死刀下。于谦无辜被杀,天下冤之。杀害于谦,是英宗复辟后最大的一个失误。此后军备废弛,边警不断。一天,英宗忧形于色,在一旁的恭顺侯吴瑾说:"使于谦在,当不令寇至此。"英宗去世后,其子宪宗才为于谦平反昭雪。

一朝天子一朝臣。为了自己的利益,对皇帝来说,没有什么不能舍弃的。在这个时候,个人的利益远远要高于家族利益、国家利益,只是可怜了那些忠臣良将。

4. 诛杀曹石，朝政清明

在迫不得已，又有能力杀掉宦官的情况下，英宗朱祁镇还是杀掉了宦官曹吉祥等人，使朝政清明，朱氏家族的统治得以巩固。

英宗再度登基后，大行封赏。石亨在景泰时已封侯，晋封为忠国公。张𫐄封为太平侯，其兄张辊封为文安侯。曹吉祥升为司礼监太监，总督京军，其嗣子曹钦得授都督同知。杨善封为兴济伯。徐有贞于夺门之变当天即入阁，次日晋升兵部尚书，仍不满足，石亨将他的心意转告英宗，遂封为武功伯。这些人还纷纷为自己的亲属和手下邀取官爵，以致未过多久，以"夺门功"晋升者已达3000余人。与此同时，景泰朝大臣则横遭排陷打击，刑部尚书俞士悦、工部尚书江渊、吏部左侍郎项文曜等发辽东铁岭卫充军，大学士萧镃、商辂、兵部右侍郎王伟等罢职为民，吏部尚书王直、礼部尚书胡濙、大学士高谷等致仕，户部尚书张凤、左都御史萧维桢等改任南京，一时阁部为空。而这些空出来的职位大多都被徐有贞、石亨的亲信占据。

英宗认为徐有贞富有才干，对他十分信任。经过几番折腾，政治局面总算安定下来，应该集中精力解决那些困扰着朝廷的经济、军事问题了。然而，"夺门"功臣们并没有把国家大事放在心上，只为自己的功名利禄着想。没过多久，他们就为了权力展开了一系列钩心斗角的斗争。结果是弹劾曹、石的言官尽被谪戍，徐有贞遭曹、石陷害，被发往云南金齿卫为民,直到天顺四年(1460年)才被释放回原籍苏州。

曹吉祥、石亨在这次与徐有贞的较量中,大获全胜,于是更加肆无忌惮地专权乱政。二人一掌外朝,一掌内廷,权倾天下,朝野侧目。虽然英宗复辟时动用的全部军人不足一千,可石亨弟侄家人,部曲亲故,以"夺门功"升迁者已多达4000余人。石亨又公开卖官鬻爵,渐渐地,石亨对英宗也缺乏人臣应有的恭谨,每日进宫,肆意干预政事,英宗对他所请之事偶然加以拒绝,他就立即怫然不悦。

曹吉祥、石亨的专权跋扈,使英宗越来越感到难堪和不安,但他为人优柔寡断,不知道怎么对付他们才好。一天,英宗私下问李贤:"此辈干政,四方奏事者先造其门,为之奈何?"李贤回答:"陛下唯独断,则趋附自息。"

于是英宗就采用李贤的办法来对付曹、石,并开始暗中着手清除曹、石的同党。石亨之侄石彪骁勇善战,景泰年间积功升至都督佥事。英宗复辟后,升都督同知,以游击将军赴大同备敌,因屡立战功,先封定远伯,晋为定远侯。石彪自恃功高,对部下骄横,连上司总兵官李文也不放在眼里。李文等人便传播流言,说石彪在大同拥精兵,怀异志。英宗果然对石亨、石彪内外掌握重兵产生了疑心。天顺三年(1459年)三月,因黄河解冻,蒙古军不易越河内犯,英宗召石彪回京,但石彪直到七月才抵达京城。他还指使千户杨斌等50余人来京向皇帝乞请让石彪镇守大同。英宗产生怀疑,将杨斌等下狱,他们供出是受石彪指使,这更增加了英宗的猜忌。在英宗的授意下,科道官们纷纷弹劾石彪欺君罔上,罪大恶极。英宗便于八月一日下令将石彪逮捕,命令锦衣卫、兵部、都察院、刑部等衙门严加审讯。石彪私置绣蟒龙衣和违禁寝床、强奸良家妇女、欺侮藩王、禁死军士等一系列罪状逐步被揭露出来。在审讯的同时,还对石氏党羽进行了清查,因阿附石氏得以升迁的文武官员也分别受到革职、贬官、充军等处罚。

石彪下狱,朝臣们也就摸到了英宗对石亨的态度,于是陆续上章弹劾石亨。不久，英宗下令逮捕石亨。石亨下狱仅21天，便于二月十六日瘐死。又过了4天，石彪亦被处决。

石亨、石彪败亡，曹吉祥及其嗣子曹钦顿时惊惧不安。自英宗复辟，曹氏飞黄腾达，此时曹钦已被封为昭武伯，曹吉祥则一直总三大营，军权在握。曹吉祥的其他几个侄子也都官至都督，掌重兵。曹家藏有大量器械甲杖，门下厮养着上千名精悍的蒙古军人。石亨一败，曹吉祥就觉得同样的命运也快降临到自己头上了，决定孤注一掷，发动军事政变。没想到事前有人将消息透露给了英宗，英宗立即借故召见曹吉祥，将其逮捕，并命令紧闭皇城与京城诸门。

曹钦知事情有变，不待凌晨，便率众提前行动，然城门紧闭，不得入，途中与恭顺侯吴瑾相遇，吴瑾战死。孙镗投疏告变后，便去召集军士，至太平侯张瑾家，张瑾恐惧不敢出，孙镗又奔至宣武街，派两个儿子孙辅、孙辄帮他召集西征士卒得2000人，孙镗立即率众去攻打曹钦。工部尚书赵荣也召集到数百人前来助战。此时天色渐渐放明，叛军士气随之瓦解。各城门早已紧闭，曹钦冲突不出，只能率余众奔回家中拒战。孙镗督兵攻入，曹钦投井自尽，满门皆被斩杀。3天后，曹吉祥被处以磔刑。

石曹之变后，英宗对李贤的信任有所增加，以李贤为首的阁臣们也尽心辅佐，朝政很快就恢复了正常。不久，他释放了从永乐朝就开始被囚禁的"建庶人"（建文帝的儿子），恢复宣德朝胡皇后的称号，下旨停止帝王死后嫔妃的殉葬制度，使得明朝帝王以活人殉葬的残酷习俗得以结束。他的这些举措被史学界称为"盛德事可法后世者矣"，也算是做了件大好事。

天顺八年（1464年）正月，朱祁镇病逝于文华殿，享年38岁。朱祁镇就这样走完了他复杂的人生之路。

第七章　救时之君　代宗朱祁钰

明代宗朱祁钰（1428—1457年），宣宗次子，明朝第七位皇帝。宣德十年（1435年）封王。正统十四年（1449年）土木堡之变，英宗为瓦剌所俘，奉皇太后命监国，一月后即皇帝位，年号景泰，遥尊英宗为太上皇。他任用于谦主持军事，加强北京守御，击退瓦剌军于京郊，于危险之中保全了朱家天下。八年（1457年），英宗复辟，他被废为王，死于西宫。成化十一年（1475年）复帝号，谥景帝。

1. 临危受命，力保天下不失

大明江山临危之时，天上掉下"皇帝宝座"这张大馅饼。明代宗朱祁钰以闪电般的速度，毛发无损地登上了皇帝宝座。他重用于谦，挽大明江山于既倒。

朱祁钰是明宣宗的次子，生于宣德三年（1428年）八月初三，比他的异母兄长朱祁镇小9个多月。他的生母姓吴，是江苏丹徒人，在宣宗为太子时选入宫中。生下朱祁钰后，被封为贤妃。宣宗子嗣不昌，就只有朱祁镇和朱祁钰两个儿子。由于只有这一个弟弟，朱祁镇对他比较关爱，所以朱祁钰虽到了成年，朱祁镇一直没有为他选择封地，建立王府，朱祁钰也就在京城一直居留下来。如果不是事出意外，朱祁钰终有一天会离开他的母亲和兄长，在远方的王府中悠闲度日。

然而，土木堡之变改变了他一生的命运。正统十四年（1449年）八月十六日，京师接到怀来守将连夜送来的战报，知明军已于昨日在土木堡全军覆没，英宗被俘，蒙古人索要金帛。这一天，朱祁钰听政刚好一个月。皇太后孙氏、皇后钱氏打算先封锁住消息，尽力筹措金银珠宝、文绮彩缎，把英宗赎回来。可坏消息总是传得很快，朝臣们次日就听到战败的风声，齐集到阙下，私相告语，愁叹惊惧。土木堡之役中侥幸逃脱的士卒，也陆续奔回京师。疮残被体，血污狼藉，更增添了京城的恐惧气氛。孙太后知道这件事瞒不住了，只得于十八日召集百官，宣布了败报，并命朱祁钰监国。皇太后没有提及英宗下落,但朝臣们从太后命朱祁钰监国,旋又下诏立英宗之子为太子这一系列举动中,已猜到皇帝被俘的传言属实。

孙太后和朱祁钰让朝臣们商议对策,朝臣们却只知大哭,不知所为。这时,翰林院侍讲徐珵急忙出班,借言天象示警,鼓噪只有尽快南迁才能避开劫难。兵部侍郎于谦见人心危疑,站出来大声说:"建议南迁的人应该斩首。京师是天下的根本,根本一动,则大势去矣!大家都想一想宋朝南迁的惨痛教训吧!"

于谦的激昂陈词,立即博得吏部尚书王直、内阁学士陈循等大臣的响应,一些心存犹豫的朝臣也觉得于谦说得有道理。徐珵被太监金英叱退,跟跟跄跄地走出左掖门。在主战派朝臣们的激励下,孙太后和朱祁钰也消除了心中的疑惧,下定抗战决心,并把战守重任托付给于谦。于谦毅然受命,朱祁钰对于谦也全力支持,让他放手备战。在于谦等人的建议下,朱祁钰在短短的十几天中发布了一系列命令:调集外地部队赴京防守;任命政府各机构的主要负责人,其中于谦被任命为兵部尚书;派遣武将分镇宣府、居庸关、紫荆关等要隘;发动京师百姓、军士及文武官员有运输工具的前往通州,将存放在官仓中的储粮运进京城。

土木堡之变发生时,京师"所余疲卒不及十万,人心震恐,上下无固志"。经过于谦的悉心整顿,防卫力量得以加强,京城有了粮食储备,各地勤王军又陆续开到,人心这才逐渐安定下来。

皇帝是中枢决策机构的核心,缺少了这个核心,政令的贯彻执行就会受到阻碍。朱祁钰虽奉皇太后命以监国身份总理国政,但毕竟不是真正的皇帝,也难以像真皇帝那样发挥作用。而且,英宗掌握在也先手中,也先借此要挟,对明廷也很不利。朝臣们普遍感到,君位不可久虚,现在最急迫的是要立一位新皇帝。英宗的儿子虽然已被册立为太子,但年方3岁,无法担当军国重任。合适的人选,就只有英宗唯一的弟弟、正在监国的朱祁钰了。九月一日,群臣联合上奏孙太后,谓"国有长君,社稷之福",请立朱祁钰为皇帝。太后审时度势,觉得也只有这样做才能利于国家安定，遂下懿旨批准。朱祁钰接奉懿旨，颇为惊惧，再三逊让，还退避到自己的府邸。于谦正色对朱祁钰说："臣等诚忧国家，非为私计。"群臣也纷纷劝进，说："祖宗神器不可虚，圣母有命不可违。"当时恰好都指挥岳谦出使瓦剌回京，带来英宗的信，称可由其继承帝位。朱祁钰这才接受懿旨，并于九月初六日祭告天地、社稷、宗庙，正式即皇帝位，遥尊英宗为太上皇，改明年为景泰元年，颁诏大赦天下。

在国家危难之际，朱祁钰被扶上皇位，明朝又有了一位年富力强的君主，坚定了军民抗战的信心，也使也先无法利用英宗进行要挟。

朱祁钰登上帝位后，更是全力倚任兵部尚书于谦，终于取得了举世瞩目的北京保卫战的胜利，挽救了朱家王朝的命运。

2. 贪恋皇位，贿赂大臣立太子

"皇帝宝座"这张大馅饼有谁会吃够呢？可惜的是，明代宗朱祁钰没能看住"皇帝宝座"这张大馅饼，"皇帝宝座"还是飞走了。还好，朱家江山并没有改姓。

朱祁钰在危乱之中登上了至高无上的皇帝之位，或许在他接位之时是不情愿的，然而随着在位时间的加长，他对皇帝的宝座愈加爱不释手，再也不愿意将皇位还给自己的兄长了。

英宗是大明帝国十多年的主宰，对于他的被俘，上至文武大臣，下至草野村夫，无不觉得是奇耻大辱，希望他能尽快返回。但是，此时坐在皇帝座位上的朱祁钰，对此却不热心，内心深处，他倒希望英宗像宋朝的徽宗和钦宗那样，终老于漠北。他本能地感到，英宗对亿万臣民仍有感召力，一旦回还，会对他的地位构成威胁。还是于谦站了出来，他保证上皇归来不会影响皇帝的位子，希望皇帝能遣使去迎接上皇，景泰帝终于被说服，但是他只是派出使者打探消息，并没有提出迎接。谁知派去的使臣杨善随机应变，竟将上皇迎回。生米煮成熟饭，景泰帝也只好接受了这个事实，但即便如此，在迎接的礼仪上，朱祁钰也减了又减，将英宗迎回北京后，就软禁在南宫内。

英宗回京之后，朱祁钰派人严加看管，果然如于谦所说，英宗的回归没有影响到朱祁钰的帝位。但朱祁钰并不以此满足，他不仅自己要做皇帝，而且还希望自己儿子朱见济，也能够取代英宗的儿子、太子朱见深成为皇位的合法继承人。当年朱祁钰即位之时，由皇太后发布懿旨册立英宗之子朱见深为太子。这一举动说明，由朱祁钰即皇帝位是因为大敌当前，国不可无长君，是从国家安危的角度考虑的，而并非出自私人原因；册立朱见深为皇太子，表示朱祁钰百年之后仍由英宗子朱见深嗣位，从而维护了明朝皇位传承的正统性。

随着时间的推移，朱祁钰改立太子的想法越来越强烈。但他知道，此事不能从自己口中说出，且不能操之过急，只能待机行事。

为了试探一下身边内侍对改立太子的态度，一天，他对太监金英说："七月初十日是东宫生日。"金英听了一愣，因为他清楚记得，七月初十日是朱祁钰的儿子朱见济的生日。他急忙顿首说道："东宫生日是十一月初二日。"朱祁钰听了，默然不语，心里对金英生出恼恨之情。不久，有人弹劾金英纵家奴多支官盐、杖死船夫等罪，朱祁钰遂借机将金英禁锢，其家人则分别处以死刑或充军之刑。

转眼两年过去了，朱祁钰仍找不到改易太子的理由，皇后汪氏又再三劝他打消这个念头，这使他越来越苦恼。太监王诚、舒良为朱祁钰出谋划策，劝他先收买阁臣和其他一些大臣，给他们一些好处，堵住他们的嘴。于是，一出皇帝贿赂大臣的闹剧登场了。左都御史王文与王诚有私交，王诚向他一透实情，他就表示赞同，于是在景泰三年（1452年）正月，朱祁钰将王文和掌鸿胪寺事左都御史杨善都加太子太保衔。四月初一日，又分赐内阁大臣陈循、高谷白银各100两，吏部左侍郎兼翰林学士江渊、礼部左侍郎兼翰林学士王一宁、户部右侍郎兼翰林学士萧镃、翰林学士商辂白银各50两。

正当朱祁钰有步骤地笼络大臣，为易储做准备时，发生了广西土官都指挥使黄𬘩上疏事件，把易储问题公开化了，从而加速了易换太子的进程。

黄𬘩，广西浔州守备都指挥，因袭杀广西思明府知府而被捕入狱。为求自救，他派下属进京上奏请求易改东宫。朱祁钰抓住这个机会，将奏疏发给朝臣讨论。大臣见事已至此，没有人出来反对，王文等人先后签名同意。景泰三年（1452年）五月，朱祁钰册立自己的儿子朱见济为皇太子，改朱见深为沂王。

谁知，天不遂人愿，朱见济早夭，朱祁钰也因此在精神上受到了沉重打击。于是，立皇太子的问题马上又成为朝中议论的中心。由于朱祁钰再没有儿子，必须立别人的儿子为太子，很多大臣就重新想到朱见深。御史钟同、礼部仪制郎中章纶先后上疏请求重新立朱见深为太子。章纶在奏章上说："太上皇帝君临天下十四年，陛下宜率群臣每月朔望及岁时节旦，朝见太上皇于延安门，以极尊崇之道。而又复皇后中宫，以正天下之母仪；复皇储于东宫，以定天下之大本。"

对朱祁钰来说，恢复朱见深皇太子的地位，就如同请太上皇复位一样，是讳莫如深的事。章纶的这番话，说得他勃然大怒，立即下令把钟同、章纶关进锦衣卫大狱，严刑拷打。结果，钟同被活活打死，章纶也被打得遍体鳞伤，奄奄一息。为了便于监视朱祁镇，朱祁钰下令将南宫附近的树木全部伐去。时值盛夏，朱祁镇平时经常倚树休息。树木伐去后，他得知其中的原因，更加恐慌。废立太子的风波，使朱祁镇和朱祁钰兄弟之间的矛盾更加明朗化了。

不过好在朱祁钰还在壮年，子嗣的问题对他来讲还不用非常发愁。可是景泰八年，朱祁钰突然得了重病，建储的问题又成了热点问题，并被摆上了朝堂。可众大臣的意见也并不统一，有的主张复立沂王，有的主张立襄王，此时内宫传来朱祁钰病体好转的消息，于是众大臣准备第二天上朝与朱祁钰商议。但是朱祁钰由于大病初愈，第二天早上起床后不久就又睡着了，这一觉竟改变了朱祁钰的一生，也改变了大明王朝的命运，更改变了历史车轮的走向。就在这天夜里，爆发了著名的夺门之变，英宗复辟。第二天，朱祁钰被废为亲王，软禁于西内，不久死于永安宫。他生前为自己营建的陵墓寿陵，被英宗下令拆毁。于谦、王文被杀，明朝历史上朱祁钰的统治时期就这样结束了。

朱祁钰死后，于成化十一年（1475年）才被恢复帝号，被谥为景帝，庙号代宗。明代宗朱祁钰支持于谦反对南迁，取得北京保卫战的胜利，重用正统朝被迫害的忠直大臣，挽狂澜于既倒，并对明朝战后的恢复作出了贡献，对整个家族的贡献也是很大的。但在对待迎回英宗的问题上他过于小气，同时在太子问题上又显得得寸进尺，最后他的一生以悲剧告终。

第八章 专情皇帝 宪宗朱见深

明宪宗朱见深（1447—1487年），英宗长子，明朝第八位皇帝。英宗死后即位，年号成化。在位期间，重用宦官，宠幸贵妃，而且与民争利，是一个典型的败家皇帝。明朝在他统治期间，吏治腐败，朝纲混乱。1487年八月，宪宗病死，在位23年，葬于茂陵。

1. 储位动荡，皇路曲折

明代宗朱祁钰得到皇帝宝座，像天上掉馅饼一样容易。可是，明宪宗朱见深却正好相反，其皇帝之路是非常曲折的。

朱见深是英宗朱祁镇的长子，当时与次子见清、三子见湜均为庶出。"土木堡之变"英宗被俘，考虑到瓦剌的进攻和要挟，英宗的母亲孙太后命朱祁钰监国，令文武群臣，凡合行大小事务，均听其发落。对于人心不稳的时局，孙太后此举受到朝野上下的拥戴。可是仅隔一天之后，这位皇太后忽然又下圣旨，欲立英宗长子朱见深为皇太子，举朝毫无准备，众大臣都瞠目结舌，礼部有关册封皇太子仪式的意见尚未提出，太后就正式颁布诏令："迩因虏寇犯边，毒害生灵，皇帝恐祸连宗社，不得已躬率六师，往正其罪，不意权留虏庭，尚念臣民，不可无主，兹于皇庶子三人之中，选其贤而长者曰见深，正位东宫。仍命郕王为辅、代总国政。"孙太后何以在此时急于立不满两岁的朱见深为太子？此乃事出有因，孙太后原为宣宗的贵妃，而皇后为胡氏。后来宣宗以胡氏多病无子为由，废胡氏而立孙氏为皇后。宣宗第二个儿子，即英宗唯一的弟弟，便是郕王朱祁钰，生母是贤妃吴氏。

对孙太后来说，儿子祁镇被蒙古人掳去，生死难测，如吴氏之子祁钰监国，一旦祁镇有意外，祁钰做了皇帝，母以子贵，那太后岂不是吴氏？岂能让吴氏压过自己？如立自己的孙子见深为太子，即使英宗死于蒙古，那么继承皇位的不应是郕王,而是自己的长孙见深。经孙太后的这般苦心安排,年幼的朱见深便成了合法的皇位继承人。

太子是皇位的法定继承者,但是朱见深的储位却是不安稳的。正统十四年(1449年)八月十一日,即朱见深被立为皇太子后的第六天,在京百官联名上疏,说圣驾北狩,皇太子幼冲,国势危殆,人心汹涌。国不可无长君,为安社稷,请郕王即皇帝位。面对群臣的联合行动,孙太后万般无奈,只得违心地作出让步,于是郕王朱祁钰即皇帝位,是为代宗景泰皇帝。前文已说过,朱祁玉当上皇帝之后,便想方设法立自己的儿子为太子。没想到造化弄人,太子早亡,而朱祁玉又没有其他的儿子,太子之位便空着。虽然朝中大臣们有的想复立朱见深为太子,但朱祁玉一直没有同意。

英宗复辟,再次登上了皇帝的宝座,朱见深复立为太子,这是顺理成章的事。但从当时的实际情况来看,朱祁钰病重无子,他死后朱见深会顺乎自然地继承皇位,而英宗复辟反而使朱见深晚坐了7年的皇位,多当了7年的太子。

天顺元年(1457年)三月初六日,英宗颁诏天下,册立见深为太子,但这份诏书又出了问题,把见深写成见濡,群臣莫名其妙,猜测不已,以为储位又出了问题。《明宪宗实录》说:"上初名见深,至是改名见濡。诏书失写其故,颁行天下,人皆惊相问曰:'此非向所太子乎?何名之不同也。'"原来宪宗此前名见深,至此改名见濡,人不知其故,所以又是一场虚惊。从表面上看朱见深已经成为皇位的合法继承人,不会再出什么问题了,但是英宗对自己的这位庶出长子实际上并不满意,所以病重期间,便"有问东宫于帝者"。此时英宗除见深外还有六位皇子,大有选择的余地。英宗为此曾召见大学士李贤商量此事,但李贤已不愿皇储再起风波而影响朝政,力劝英宗三思。英宗问道:"然则必传位太子乎?"李贤乘机将此疑问语变为肯定语而答曰:"宗社幸甚。"这样,朱见深的储位又一次渡过了险情。英宗遂命召见太子见深,李贤急扶见深拜倒在英宗脚下，朱见深抱着病重父亲的双脚痛哭失声，英宗见到自己的亲骨肉如此，也声泪俱下，父子间的隔阂在这瞬间已经烟消云散了。至此，朱见深储位的动荡才告结束。

由于幼年卷在皇位之争的漩涡中，精神压力非常大，因此朱见深留下了口吃的毛病，这也为他以后的执政留下了隐患。天顺八年（1464年），英宗皇帝去世，朱见深继承了皇位，成为了明朝第八位皇帝，第二年改年号为"成化"。

2. 任用奸佞，朝政荒废

皇帝治事在于用人，会用人则成事，不会用人则败事。明宪宗朱见深任用奸佞，称得上是一个败家子。

宪宗即位后，平反了于谦冤狱，恢复了于谦之子的官职。又不顾明代宗曾废掉自己的太子之位，以德报怨，恢复代宗帝号，重修代宗陵寝，博得了朝野上下的一片称颂之声。朱见深任用李贤、彭时、商辂等人，可谓是人才济济，朝政也比较清明。

但以明君形象出现的朱见深只是昙花一现。随着明朝土地兼并的日趋严重，官吏对百姓的压榨越来越严重，致使许多农民流离失所，并且这种情况还在不断恶化。百姓终于忍无可忍，荆襄爆发了刘千斤起义，广西爆发了少数民族起义。虽然这些起义最终都失败了，但已经为朱家的统治敲响了警钟。更值得一提的是广西的少数民族起义虽然被镇压住了，但是它的影响却非常"深远"。因为成化朝最显眼的两位人物都是这次战斗的俘虏，一个是孝宗皇帝的生母纪氏，另一个就是一手遮天的大太监汪直。

汪直，广西人。明宪宗成化初年，他家乡人民起义抗暴，明政府派兵镇压，汪直被明军俘获。官员见他长得机灵，便将他阉割，送入宫中，派他到万贵妃昭德宫中服役。万贵妃是个城府极深、善于玩弄权术的女人，虽然比宪宗年长近二十岁，但她很会迎合宪宗，很得宠爱，还被册封为贵妃。汪直入宫后，一直在万贵妃身边服侍，他事事小心，处处讨好，万贵妃和宪宗对他十分满意。汪直本来就很聪明，再加上宫中争权夺势生活的磨炼，从万贵妃玩弄心机的耳濡目染，渐渐地他也学了一肚子的阴谋诡计。

汪直刚被提升为御马监太监不久，宫中发生了一起阴谋刺杀宪宗未遂事件。为了加强防范，及时了解官民的动静，宪宗进一步强化了特务统治，不断派出心腹四处侦探。成化十二年（1476年），汪直接受宪宗密旨，乔装打扮，穿戴成老百姓的模样，开始了一年多的侦探活动。他行踪诡秘、侦察细密，上自朝中大臣，下至平民百姓；从议论国事，到街谈巷议，全都被他搜入情报，定期直接向宪宗面奏。宪宗对汪直的卖力表现极为赞赏，对他更加宠信。次年正月，宪宗设立了嫡系特务机构——西厂，命汪直主管。汪直当上西厂特务头子后，为向宪宗表示其忠心，以骗取更大的信任，便指挥手下如群狗般出动，四处捕捉猎物。正巧，南京镇守太监覃力朋为非作歹，骚扰州县，殴打典吏，滥杀无辜，激起民愤。汪直得到这一消息后，想趁机为自己捞取资本，立即下令逮捕了覃力朋，拟处斩刑。通过这次事件，汪直的名声大振，被视为执法如山、秉公办案的忠良义士，得到宪宗进一步的倚重。

为了扩大自己的势力，汪直拉帮结伙，大力培植亲信，铲除异己。他与御史王越、锦衣卫百户韦瑛等人臭味相投、结为心腹，策划阴谋、制造冤狱、滥杀无辜，然后谎报给皇上，邀功请赏。

成化十三年（1477年），从二月到五月，短短几个月的时间里，汪直纵容手下特务张口定罪、举手杀人，制造了十多起冤狱；并派爪牙四处肆无忌惮地抓人、杀人，闹得全国上下鸡犬不宁、人人自危。二月，在汪直制造的杨泰、杨晔父子冤案中，杨晔惨死狱中，杨泰被处死刑，礼部主事董屿、兵部主事杨仕伟及不少人都连坐遭贬。三月，汪直指使西厂特务开展了遍及全国的"捕妖言"运动，特务们上行下效，设置圈套，诱使百姓"犯法"，然后加以"乱民""要犯"的罪名逮捕入狱。无数生灵蒙冤而死，特务们却邀功领赏、升官进阶。后来，有人上疏告发西厂为害百姓、乱杀无辜，宪宗明知西厂弄虚作假，骗取赏赐，但并不追究，这就更加纵容了汪直一伙。四月、五月，汪直唆使韦瑛罗织了几起大案，将礼部郎中乐章、刑部郎中武清、浙江布政使刘福、御史黄本等人或逮捕入狱，或革职为民。

随着地位的上升、权力的扩大，汪直越来越不可一世。每次出行，前呼后拥，排场十足。只要他走在路上，其他行人，不论官民，都要下马回避，主动让路，否则将会大祸临头，轻者遭受皮肉之苦，重者性命难保。即使是朝中命官，对这个无赖也只得忍让三分。倘若与他路遇，大都慌忙改道回避，唯恐惹出是非，蒙受不白之冤。兵部尚书项忠在朝中也是地位较高的重臣，一天早朝，路遇汪直，项忠没有主动让道，从而得罪了汪直，汪直当场破口大骂，并指使爪牙围住项忠百般凌辱。

汪直倚势欺人、骄横跋扈，使得朝廷内外一片乌烟瘴气，激起了朝中大臣的强烈不满。大学士商辂等大臣联名上疏，参劾汪直，列举了十一条大罪。宪宗仍然执迷不悟，商辂等人又当廷力谏，据理力争，太监怀恩、兵部尚书项忠一齐响应，终于迫使宪宗下诏撤销西厂，将汪直调回御马监，放逐了汪直的心腹干将。

西厂被撤、汪直受挫，但他并没有所收敛，反而咬牙切齿地暗恨群臣，虎视眈眈地伺机报复。他向宪宗进谗言诬告跟他作对的朝臣，矫旨斥逐了黄赐、陈祖生，革除了项忠的官籍。

西厂被撤仅一个多月，宪宗下诏又将其恢复，并仍委任汪直掌管。汪直变本加厉地打击异己，明目张胆地报复，并大力安插亲信，似一股卷土重来的阴风，使全国又一次笼罩在恐怖之中。

汪直的行为终于引起了宪宗的反感，加上东厂的头子尚铭暗中挑拨，宪宗开始慢慢疏远汪直。成化十七年（1481年），宪宗命汪直和王越往宣府御敌。敌退后，汪直请班师回京，宪宗不许，命其徙镇大同，诸将还京，独留汪直和王越，汪直久不得还，其宠也渐衰。内阁大学士万安等趁机纷纷劾奏汪直苛扰，请罢西厂。于是宪宗调汪直为南京御马监，罢除西厂。不久又降汪直为奉御，并褫逐其党王越、戴缙、吴绶等。韦瑛也坐事被诛，中外欣然，人心大快。西厂罢后，尚铭仍专东厂，"闻京师有富室，辄以事罗织，得重贿乃已。卖官鬻爵，无所不至"，宪宗发觉后，谪尚铭南京净军，"籍其家，辇送内府，数日不尽"。

汪直走后，朝廷并没有因此而安定下来，宪宗皇帝开始宠信佛道，任用奸佞。大批贤能之士或被贬逐或罢官或去世，朝廷中难有直臣容身。许多社会无赖、骗子得以混进宫中，而朝廷的重要官吏也腐败到了极点。当时百姓就有"纸糊三阁老、泥塑六尚书"的说法，将这些朝廷的蛀虫贬得一钱不值。这些大臣不但贪赃枉法，而且为了取悦宪宗，经常以房中术进献，明朝政治出现了前所未有的混乱。其政治昏暗，奸臣当道，王室奢侈而官吏贪污盘剥，再加上连年的水、旱灾，人民处于饥寒交迫、水深火热之中。

3. 遍设皇庄，毁坏王朝经济基础

为了一己私欲，宪宗朱见深遍设皇庄，疯狂地搜刮百姓，这是在破坏朱氏家族的统治基础。

"皇庄"之名，始于宪宗朱见深。天顺八年（1464年），他没收宦官曹吉祥在顺义的田地，设为"皇庄"。但是，明代皇庄的出现，可能比这还早。例如，仁宗朱高炽就曾有仁寿宫庄、清宁未央宫庄，英宗朱祁镇为诸子设立东宫、德王、秀王庄田。而朱见深的这种做法，无疑使皇庄的设立名正言顺，从而使皇室搜刮土地的风气进入一个高潮阶段。

不过，皇庄并不单是皇帝一个人的庄田，而是包括皇帝本身、后妃、皇太子及在京诸王的庄田。也就是说，是皇帝及其妻、子的庄田。因此，皇子若分封后离京去了封地，在封地取得的田地，就不算作皇庄了。

皇帝的庄田是由皇帝委派太监经营的"自行管业"的土地。收入的皇庄子粒或皇庄子粒银，都由管庄太监直接掌管，由宫廷自行支配。皇太后的庄田又名宫庄。在明代史籍中大多称为仁寿、清宁、未央三宫庄田。每年所收子粒银称三宫子粒银。所占土地数量也相当多。皇太子庄田即东宫庄田。天顺三年（1459年），英宗将昌平县汤山庄、三河县白塔庄、朝阳门外四号厂官庄赐给东宫（即后来的宪宗）。宪宗时也赐太子东宫庄田，计五庄。

皇庄土地的来源较多，其中主要有原属国家官田的牧马草厂地，夺还勋戚的庄田，侵占的民田，"奸民"向管庄太监投献的部分官民田地，未就藩的王府辞还地等。皇庄所占土地的数目在史上没有完整记载。弘治二年（1489年）户部尚书李敏言，畿内之地，皇庄有五，共地一万二千八百余顷。正德九年（1514年）所设皇庄，占地达三万七千五百余顷。皇庄内部的管理人员大多由宫廷直接委派管庄太监管理，另有官校、庄头、家人等数十人。管庄太监倚仗权势，对农民进行残酷剥削，引起京畿地区农民的不断反抗。

嘉靖期间，明世宗派夏言查勘皇庄后，将一部分皇庄改称官地，同时还撤回自行管理的皇庄管庄人员，由户部派州县官取代，即"有司代管"。但实际上由太监征收皇庄子粒或皇庄子粒银的办法，一直维持至明末也没改变。

皇庄的设立，其实是开了明代土地兼并的先河。土地兼并不但激化了社会矛盾，而且在皇庄内，土地所有权与司法权、行政权相结合，皇庄的管理非常混乱。一般的皇庄，都是派宦官去掌管的。宦官带着一旗校，再豢养着一帮无赖，"占土地，敛财物，污妇女"，无所不为。由皇庄引发的社会问题，得到一些官僚士大夫的注意。嘉靖初年曾在表面废止皇庄，改称官地，但不过是换汤不换药。因此，宪宗设置皇庄的做法，无疑在与民争富，是在毁坏王朝统治的经济根基。

4. 违背祖制，随意任用官员

不会用人则败事。宪宗不会用人，使当时国家奸臣横行，百姓遭殃，国力衰退，大明王朝走向衰落。

吏制是一个国家政治制度的晴雨表。吏制清明，国家则昌盛；吏制腐败，国家则衰败。吏制腐败是一个国家最严重的腐败，直接影响着国家的发展和兴亡。在明朝初期，朱元璋就亲自制定了一系列的制度规定，目的是永保朱家江山。朱元璋对官吏的任用要求经过科举或吏部考察推荐，再由皇帝任命，有着一套严格的聘用程序。明朝第八位皇帝宪宗朱见深登基后，就推行了违背祖制程序的"传奉官"。

"传奉官"是当时人们称呼那些不经吏部考察，不经选拔、廷推和部议等选官的正常渠道，而是由皇帝直接批授，中宫太监传旨任用的官员。这种违反程序的用人现象，使许多奸佞之人，通过贿赂皇帝宠爱的嫔妃和太监获取了官职，使卖官鬻爵在历史上达到一个顶峰。当时以皇帝名义任命的传奉官多达数千人，动辄一次任命数百人，竟然出现了"文职有未识一丁，武阶亦未挟一矢"的荒唐现象。

对用人制度的破坏性举措，带来了三个恶果：一是皇帝视官爵为私物，只要自己喜欢，便可随意任用官员。这样一来，就破坏了皇帝与官僚士大夫之间的平衡。二是既然传奉官可以直接由皇帝任命，也就说明其中大部分人不是通过正常渠道获得官职的，从而造成官员队伍庞杂，素质低下，极大地败坏了吏治。三是由于传奉官是由宫中旨意直接传授，不需经过吏部复核，因此，宫中掌权的嫔妃及太监就能"凭借皇帝的名义"大行私利，胡作非为，从而助长了宦官专权、卖官鬻爵的政治弊政。

明宪宗这样的作为，既违背了祖制，还将官爵由"天下公器"变成了皇帝的"人主私器"。用人不当，极大地破坏了政治制度，使当时国家奸臣横行，百姓遭殃，国力衰退，大明王朝向灭亡之地迅速滑去。

5. 宠爱宫女，差点绝嗣

古有帝王不爱江山爱美人，而宪宗朱见深却爱美人不爱后代。宪宗不但是个败家子，而且还差点儿绝后。

在婚配年龄上，中国自古以来都以"丈夫年长于妻子"这一模式占主流，即使妻子年纪稍大，一般也是在三两岁之间。然而在明朝的深宫大院里，曾经出现过完全相反的事情。一个比皇帝年长十九岁的母亲辈女人，高居专宠之位，甚至凌驾于皇后之上。更令人称奇的是，皇帝对这个中人之姿、脾性粗俗、扰乱朝政内宫、被世人恨之入骨的女人不但专宠，甚至到了生死相随的地步。她就是明宪宗的万贵妃。

常言道，没有无缘无故的爱，也没有无缘无故的恨。万贵妃能得到皇帝这样的宠爱，也是有原因的。

万贵妃乳名"贞儿"，生于宣德三年（1428年），原籍诸城人（今山东诸城），她的父亲叫万贵，本来是县衙里的一个小小"椽史"。由于亲戚犯法株连，万贵一家被迫离乡，流放到了霸州。

霸州在现在的河北境内，明王朝的宫婢一般也就在这个范围内选取。在万贞儿4岁那年，由于家境贫困，她也参加了宫女之选。从此踏进了深幽的紫禁城。

万贞儿本来就聪明伶俐惹人喜欢，家境和生活也逼使这个小小年纪的女孩子格外乖巧。她既善于察言观色，又从不偷懒怕累。于是在训练之后，女官将她分配到了宣宗皇后的宫里听差——这位皇后，就是第一个以贵妃身份得到金册金宝的、之后又晋升为正宫的孙氏。

万贞儿很快就得到了孙皇后的喜爱。在她7岁那年，明宣宗驾崩，孙皇后成为皇太后，万贞儿也就成了皇太后最喜爱的小宫女。她紧跟在孙太后的身边，既学了书画文墨，又极深地接触到了宫闱内外种种争斗的内情，更对主人尊崇的太后地位羡慕不已。也许就从那时起，她心里就暗暗下定了要出人头地的决心。

土木堡之变后，年仅两岁的朱见深被立为皇太子。朱见深的生母周氏身份低微，贵妃之位还是英宗复位后才得到的。当此局势变乱之际，皇帝（代宗）又不是太子的生身父亲，孙太后对于孙子不能不格外小心，她决定从自己贴身的宫女中选一个老练可靠的人去照顾朱见深。最后她选中了万贞儿。21岁的万贞儿就这样由太后的贴身宫女变成了皇太子的贴身宫女。她比这个小男孩大整整19岁，和他的母亲年龄差不多。

万贞儿对朱见深的保护和照顾，可以说是尽职尽责的。作为一个情窦初开却无法拥有正常婚姻的少女，她把自己所有的希望都寄托在了自己所照看的这个孩子身上。这时的万贞儿还是很不错的。尤其是到了景泰三年（1452年）以后，万贞儿对于朱见深的意义就更为重要了。

这一年，帝位稳固的景泰帝开始变脸，想要将自己的皇位一劳永逸地传给自己的儿子。这年夏天，朱见深由太子被废为沂王。

这时候的朱见深才只有五六岁年纪，亲生的父母被囚禁在南宫，疼爱他的婶婶汪皇后又被叔父皇帝废掉，只有一个皇太后奶奶，也是顾了这头顾不了那头。宫里宫外到处都是景泰帝的眼目，宫女太监们没有谁愿意也没有谁敢对他表示丝毫的关怀。这个小孩子不但生活得艰难孤独，而且周围还充满了看不见的恶意和危险。只有万贞儿寸步不离地守护在他的身边，对他的衣食住行亲力亲为，保障他的安全。

天顺元年（1457年）正月，英宗走出了南宫，复辟为大明皇帝。10岁的朱见深在三月又重新成为大明王朝的皇储。

第八章 专情皇帝 宪宗朱见深

朱见深这一次当皇储，和上次大不一样，当时的皇帝是他的叔父，而现在换成了他的父亲。可以想象，有多少马屁精拼命地往上凑，他身边多了很多各方面都很出色的新进宫女。然而五年废太子生涯，已经使他和万贞儿分不开了。其他侍女永远也无法达到万贞儿在他心中的分量，他的贴身宫人仍然是万贞儿。不过，这时万贞儿与自己所侍奉的小主人之间的关系，也已经开始变味了。

朱见深在渐渐长大。按照一般的惯例，宫廷不但不反对青春期的皇子皇孙们在正式婚姻前与女人发生关系，而且还会在这方面给他们提供多种便利。那些精心挑选的各种类型的宫娥都承担着这种义务。一般说来，日久生情，皇子们的第一个女人一般都在这些小宫娥里面。但由于出身太低，她们除非生下儿女，否则是得不到任何名分和认可的。

万贞儿这时已经30出头了，不过她毕竟身在宫廷，保养得宜，比起天真稚气的小宫娥来说，还多了一些成熟的风韵，而她也非常明白，只有朱见深才能改变她的人生。于是，这个惯例在朱见深这里打了个转：他日久生情的对象不是小姑娘，而是一手将他养大、对他了如指掌、他从小依靠的万贞儿。他甚至从心底希望能够让万贞儿做自己的妻子。

然而除了朱见深的偏爱之外，万贞儿本人实在不具备做未来皇后的资格。她的年纪足以做太子的母亲，而且相貌平平、身材宽阔、性格泼辣，非但没有什么淑女气质，反倒是胆大声洪，喜欢出头露面，很像一个管家婆，对朱见深的所有事情都要管（也算是习惯成自然）。

万贞儿造成了明朝第一个外戚乱政的局面，他的亲戚在她的庇护下到处抢占民田，而且许多官吏也通过贿赂她而得到了提升。不过万氏对于朝廷的控制，比其对内宫的控制就可谓小巫见大巫了。她紧紧笼络住成化皇帝，使得后宫无人敢触犯她的势力。成化皇帝的正宫皇后吴氏，就是由于与万贵妃发生口角，并动手打了万氏，才被打入了冷宫。新皇后王氏也只好曲意逢迎，才得以保住皇后的位子。由于万贵妃的亲生子早夭，为避免失宠，她开始控制被皇帝临幸的宫女。一旦发现宫女怀有身孕，不是强迫打胎，就是致死，险些使朱见深断了子孙。

成化二年（1466年）正月，37岁的万贞儿终于如愿以偿，为18岁的宪宗生下了儿子。这个孩子是皇长子，在皇后没有嫡子的情形下，他就是未来的大明皇帝。宪宗兴奋不已，立即派使者遍祀国内诸多名山大川，为皇子祈福。随即又为万贞儿赐了尊号。

在之前明王朝只有贵妃之位，到万贞儿这里却多出了一个字，成了"皇贵妃"。万贞儿终于达成了自己的第一个目的，不但因子而贵，而且还超过了自己的旧主人孙氏——当年孙氏不过是"贵妃"，万贞儿所得到的称号比旧主人还多了一格。

然而万贞儿得意得太早了。尽管官员们四处祈福，老天仍然没有站在她这一边。皇长子连名字都还没来得及取，就夭折了。

或许是老天帮忙，宪宗终于有一个儿子在危机四伏的后宫中生存了下来，他就是未来的明孝宗——朱祐樘。

在成化元年春天，广西就曾经发生过瑶民动乱，当时刚即帝位的宪宗派赵辅为总兵官前往平叛。民乱平息之后，按"罪及妇孺"的原则，明军将一些所谓的"罪人妻女"带回了北京，其中一部分姿色较好的则被没为宫婢送进大内。其中，一个来自贺县的小姑娘成了王皇后宫中的侍女。

这个小姑娘年纪还小，此前从来没有离开过家，父母家人也在平乱中被杀，她对有关家乡的记忆都已经很模糊了。入宫后，她被称为"纪氏"。王皇后看她身世可怜，又伶俐可爱，对她特别地关照。

明宫习俗，要选年长知书的内官教宫女读书习字。宫女若学业有成，会被评为女秀才、女史，直至女官正。明宫中设六局二十四司，共有女官一百八十七人，女史九十六人，她们都有官印，在工作期间都有俸禄。若立下功劳还能在年轻时便被送归父母听凭婚嫁，即使年轻时没有出得了宫，年长退休后也不一定留在宫中等死，而是可以选择出宫颐养天年。而纪氏就在王皇后的关照下得到了这样的机会，她首先是在内官的教导下很快掌握了大量知识，随后由于"敏通文字"，她又被升为宫廷预备女官，到皇宫内库去任"女史"之职。

成化五年（1469年）的夏天，宪宗偶然来到内库，对谈吐闲雅的纪女史一见动情。这样一次极偶然的机会，就使纪女史怀上了身孕。大概是因为内库众宫女都是纪女史的下属，她被皇帝召幸有孕的事情被一直隐瞒了下来，直到怀孕中期以后肚腹已经涨大得无法遮掩，才被万贵妃的耳目探知。

万贵妃对于纪女史在自己眼皮底下竟能怀孕到如此明显的地步，气得大喊大叫，立马就命宫婢拿烈性堕胎药去给纪氏吃。宫婢来到内库，看见纪氏怀孕已久，肚腹已经隆起，若是此时强行堕胎，纪氏一定性命不保。想到那个已经成形的胎儿，看着惊恐万分的纪氏，宫婢实在不忍心做这样的恶事。她只给纪氏服了少量堕胎药——这自然不足以打下胎儿。于是这名宫婢便回报万贵妃，说纪氏其实是"病痞"。痞，是中医形容病症的常用字眼，但是并不固定在哪种病上，猜想在此处很有可能是说她肚里长了瘤子之类的异物。总之一句话，纪女史"没有"怀孕。万贵妃听了回报也懒得详加追究，就此罢手，只是下令将纪氏立即移居安乐堂而已。

安乐堂是收容老病宫女的地方，就在这个恶劣的生存环境下，纪氏于成化六年（1470年）七月生下了一个非常瘦弱的男婴。这位皇子刚出生的时候，头顶竟有超过一寸的地方没能长出胎发。这也许是因为营养不良，更有人说是因为被强行灌下的少量堕胎药所致。

对于后宫女人来说，能为皇帝生下儿子，而且还是排行最靠前的儿子，无疑是一件皆大欢喜的事情。然而纪女史在知道自己生下了儿子之后，却是惊恐万状。她害怕这件事一旦被万贵妃得知，自己和安乐堂中所有的人都要性命不保，而婴儿也一样只有死路一条。想来想去，她只能流着眼泪把孩子交给太监张敏，求他替自己把婴儿弄死。张敏对皇帝忠心耿耿，纪女史的决定使他大惊失色："皇上到现在还没有儿子，怎么能把这个孩子放弃了呢！"他冒着生命危险，将婴儿藏到一处密室，每天拿一些面食蜜糖来喂养。

万贵妃虽然相信了宫婢的回报，但是多少还有些放心不下，时常派人去安乐堂察看纪女史的情况。由于婴儿刚一出生就被张敏抱走，所以察看的人始终没有得到确切的消息。时间长了，万贵妃也就相信了纪氏"病痞"之事，对她不再过问。

废后吴氏所居的"西内"住所，靠近安乐堂的位置，她很快就知道了纪女史生皇子的消息。吴氏确实不愧于当年英宗对她"足以母仪天下"的评价，虽然皇帝对她负心薄幸，但她却始终为皇帝无子一事而忧虑。不久，吴氏冒着生命危险，每天往返于西内和安乐堂之间，精心地照料皇子朱祐樘。等到风头过去之后，吴氏又将纪女史母子都接到自己的住处一起生活。在她的悉心照料下，朱祐樘终于艰难地长大了。由于不敢让更多的人知道他的存在，直到五六岁都不曾为他剪过胎发。

当宪宗知道之后，不久就将朱祐樘立为太子，大明江山终于后继有人了。成化二十三年（1487年）春天，万贞儿因为生气，一口痰涌上她的喉咙，顷刻之间就要了她的性命。

宪宗得知这个消息，哭得死去活来，如丧考妣。他宣布为万贵妃罢朝7日，以皇后的礼仪将她下葬在天寿山西南，并给她上了一个上好的谥号："恭肃端慎荣靖皇贵妃"。朱见深也因悲伤过度于数月后去世，为太子朱祐樘留下了一个千疮百孔的江山。

在明代皇帝的一夫多妻制等级家庭中，皇帝拥有多位妃子，但真正谈得上爱情关系的却极少。皇帝的爱情等感情纠葛与家庭结构中的诸多矛盾也导致明代历史的许多戏剧性变化。如朱元璋和朱棣，对正宫皇后感情甚笃，因而在皇后去世之后再也不重立皇后，这是对夫妻感情的一种尊重。明宪宗与长他19岁的妃子万贞儿感情甚好，以致拥有一生的宠幸，生了皇子后马上晋为贵妃，并且这宠幸不因万贞儿的年龄和胡作非为而衰减一分。宪宗当朝，"纸糊三阁老，泥塑六尚书"，朝政紊乱，甚至护不了自己儿子的生死，但从他对一个女人持久的感情来说，还算得上是至情至忠。

第九章 中兴之君 孝宗朱祐樘

  明孝宗朱祐樘（1470—1505年），明宪宗第三子，1487—1505年在位，年号弘治。即位后努力扭转宪宗时朝政的腐败状况，驱逐奸佞，任用贤能，勤于政事，重视司法。执政期间，社会矛盾有所缓和，统治阶级内部亦较稳定，外患平定，史称弘治中兴。弘治十八年（1505年）五月七日逝于乾清宫，享年36岁。

1. 勤政爱民，延缓衰败步伐

唐太宗李世民和唐玄宗李隆基都能勤政爱民，从而出现了贞观之治和开元盛世。孝宗朱佑樘勤政爱民，使弘治一朝，政治清明，经济发达，号称太平盛世。

成化二十三年（1487年）八月，宪宗死去。九月，18岁的皇太子朱佑樘继承大统，大赦天下，以明年为弘治元年。孝宗登基后面临的形势相当严峻，宪宗时期朝政日趋混乱，社会矛盾日益尖锐。在这种情况下，孝宗改良政治，大力整饬吏治，以振兴王朝。

斥逐奸邪。太监梁芳为人"贪黜谀佞"，为取悦于宪宗和万贵妃，"日进美珠珍宝"。不少奸佞如李孜省、僧继晓等，都是通过梁芳的门路而得到重用的。他们勾结起来，作奸犯科，谋取私利，通过梁芳直接取旨授官（名为传奉官）的就有数千人之多，有白衣而至太常卿者。对于这伙奸佞小人，孝宗即位第六天就采纳六科、十三道御史的建议，贬梁芳为南京少监，谪李孜省等戍边陕西。同年十一月，又下令逮捕梁芳、李孜省下狱。李不胜拷打，死于狱中，梁芳亦"卒废以死"。弘治元年（1488年）十一月，作恶多端的僧继晓也被处以死刑，接着其他奸邪也相继被罢斥，其中包括在成化年间只知献媚取宠的内阁首辅万安。而最大的举措，是孝宗下令汰传奉官，将右通政任杰等两千余名罢免，同时还罢遣此类禅师、国师、真人等一千几百人。经过这番清洗，先朝留下的奸邪小人几乎所剩

第九章 中兴之君 孝宗朱祐樘

无几。

选贤任能。在罢斥奸邪的同时,孝宗还大力选拔贤才,委以重任。王恕、马文升、刘大夏、刘健、李东阳、谢迁等都先后当朝辅政,一时出现了"朝多君子"的盛况,这对孝宗改良政治起了组织上的保证作用。

王恕,陕西三原人。成化年间就以敢直言进谏而著称。当时他曾先后应诏陈言21疏,疏论朝政39次,"侃侃论列无少避""以直声动天下"。每当朝廷政事委决不下时,廷臣们总是寄希望于王恕,说,王公为什么不发言呢?随之,他们又很自信地说,王公的奏疏就要来了。果然,王恕的奏疏不久就递上来了。时人有歌谣称赞说:"两京十二部,唯有一王恕。"如此直臣自然会遭到一些近幸显贵的怨恨,昏庸的宪宗"亦颇厌苦之",成化二十二年(1486年)竟迫其致仕。孝宗即位后,廷臣推荐因事而被罢官家居的大臣,王恕名列首位。孝宗即召用王恕为吏部尚书,直到弘治六年(1493年)闰五月休致为止,王恕始终担任这一宫廷要职。孝宗推心委用,王恕也慨然以天下为己任,尽心辅佐。他还大力引荐贤才,其所荐用的耿裕、彭韶、何乔新、周经、李敏、张悦、倪岳、刘大夏、戴珊、章懋等都成了一代名臣。

马文升,钧州人,文武全才。成化二十一年(1485年)升任兵部尚书,第二年,因被李孜省进谗言改任南京兵部尚书。成化二十三年(1487年)十一月,被孝宗召入京师,任命为左都御史。弘治二年(1489年)再任为兵部尚书,兼督团营。其时军政废弛,边境防御空虚。马文升上任后,考核将校,罢黜贪诈、怯懦将帅三十余人。这些被罢者十分怨恨,有的手持弓箭,伺守在马文升家周围,企图行刺;还有的书写匿名信诽谤他,用箭射入东长安门内,造谣惑众。孝宗闻讯后,立即命锦衣卫逮捕这些不法之徒,同时还派12名骑士专门保护马文升。皇帝的信任,使马文升更加尽心朝政,在屯田、马政、边备等诸多方面,提出许多有价值的建议。王恕致仕后,马文升改任吏部尚书,虽已年近八旬,修髯长眉,耳有重听,但议政时仍侃侃而谈,风采不减当年。

刘大夏，华容人，初任职方主事，后升为郎中。他熟知兵事，深得兵部尚书余子俊的赏识，"倚之若左右手"。弘治二年（1489年），迁为广东右布政使，弘治六年（1493年）以吏部尚书王恕荐，擢右副都御史，弘治十五年（1502年）正式就任兵部尚书。任职期间，刘大夏屡上章疏，提出了许多改良朝政的好建议，孝宗也倾心相听，多有采纳。一次，孝宗召见刘大夏问道："卿前言天下民穷财尽，但祖宗朝征收赋税皆有定额，为什么会弄到如今这个地步呢？"刘大夏答道："这是因为政府征敛没有定额的缘故。如朝廷每年向广西征采铎木，又向广东索取香药，动辄耗资数以万计，其他的就可想而知了。"孝宗随后又问询士兵状况，刘大夏直言不讳地说："士卒同百姓一样贫穷。"孝宗不解地问道："士卒居有月粮，出征又发行粮，怎么会穷呢？"刘大夏答曰："虽是规定这样，但将帅层层克扣剥皮，到士卒手中的实际还不到规定的一半，怎么会不穷呢？"孝宗听后，感慨万分地说道："朕即位这么久，竟然不了解天下军民的穷苦情况，怎么做万民之主呢？"随即下令革除弊端。

刘健、李东阳、谢迁等都是孝宗为太子时的讲官。刘健，洛阳人。孝宗即位后，被提拔为礼部右侍郎兼翰林学士，入阁参预机务。弘治十一年（1498年），代徐溥为内阁首辅。他学问精深，直言敢谏，办事精明果断，人称贤辅。李东阳，茶陵人，弘治八年（1495年）以礼部右侍郎兼侍读学士入阁，后加衔至太子少保、礼部尚书兼文渊阁大学士。朝政每有缺失，李东阳都尽心力谏，每每切中要害。谢迁，余姚人。孝宗即位后，仍为经筵讲官。每次进讲前他总要做好充分准备，进讲时言辞恳切，寓规劝于讲解之中。孝宗称赞不已。后迁少詹事兼侍讲学士，弘治八年（1495年）与李东阳同时入阁，后加官至太子太保、兵部尚书兼东阁大学士。谢迁遇事头脑清醒，分析问题深刻透彻。时人评论他与刘健、李东阳："李公谋，刘公断，谢公尤侃侃"。

严格考核官吏。孝宗认为要保证选贤任能方针的实施，对官员的考核审察就是十分必要的。弘治元年（1488年）三月，孝宗让吏、兵二部把两京文武大臣、在外知府、守备以上官员的姓名抄录下来，贴在文华殿的墙壁上，以便随时观览，还将其为官实迹记录在姓名之下，以备升迁罢黜。弘治八年（1495年）四月，孝宗还指示吏部、都察院要注意调查，掌握官员为政的实际情况，以便做出公正的评语，"今后考察、黜退官员，各从公询访，必得实迹，不可轻信偏听，以致枉人。"（《明孝宗实录》卷九）

为提高考察的实效，孝宗还对官员考核制度予以完善和改进。首先，扩大考察范围。弘治元年（1488年）正月，孝宗下令考察武职镇守等官，"凡有疾者、戴罪待问者、年老政声无闻者、不惬人望者，皆罢之；年及六十者，令致仕"（《明孝宗实录》卷九）。在此之前，各处参将等武官都不在考察之列，以致他们中间的某些人贪赃枉法却无人过问。这次，兵部会同科道官考察武官，罢免了镇守宁夏东宁伯焦俊等15人（《明孝宗实录》卷九）。

与此同时，孝宗还命两京五品以下的官员，包括钦天监和太医院官员都参加考察。弘治元年（1488年）八月，一次就黜退钦天监天文生及阴阳人等108人。九月，孝宗又命王府辅导官也加入被考察行列。按明朝的旧制，王府官员是不参加考察的，而孝宗则规定"令巡抚、巡按官会同考察奏闻"。

除扩大考察范围外，孝宗还对考察时间做了一些完善和改进。他规定"外官三年千朝觐，以辰、戌、丑、未岁，察典随之，谓之外察"。对京官考察则由十年一考，改为六年一考。弘治十四年（1501年），南京吏部尚书林瀚上言，在外司府以下官俱三年一考察，两京及在外武职官，亦五年一考选，唯两京五品以下官，十年才一考察，法太阔略。孝宗认为此议对加强京官的考察力度很有利，遂于弘治十七年（1504年）六月正式颁令，"两京吏部各会同都察院并各衙门堂上官从公考察，今后每六年一次，著为令"。考察制度的完善，大大提高了惩处贪残和不称职官员的力度，对吏治的整饬十分有利。弘治三年（1490年）、九年（1496年）、十五年（1502年）经吏部考察后，老疾者致仕，疲软无为者冠带闲住，贪酷者为民，均达到两千多人。而特别贪酷者则受到严厉处罚，福建邵武知县高迁侵盗官库银500余两，纳贿1000余两，与家属一起被发配广东海南卫充军。

为使吏治清明，孝宗还广泛接受臣下建议，停开纳粟事例。成化末年，因陕西、河南等省连年发生严重饥荒，宪宗诏开纳粟事例，凡捐米粟入官者许为监生、吏、典等。弘治五年（1492年）十一月，吏部尚书王恕上疏抨击这一制度说：永乐、宣德、正统年间，天下也有灾荒，各边也需军饷，当时没有纳粟之制，并没听说过粮食不足、军民贫困。近年来，一遇灾荒就行捐纳，其结果一方面使正常仕途阻塞，有的人候选十五六年方才得到一官半职，及至上任，鬓已斑白，早已无心从政；另一方面则是官以财进者，上任之后都贪财害民，致使官场日趋腐败。孝宗认为他讲得很对，立即下令停止纳粟事例。

虚心纳谏开言路。成化年间，言路阻塞，直言敢谏之人屡遭罪罚。孝宗即位后，为及时纠正朝政缺失，就千方百计地疏通言路。他首先对前朝因言事获罪的官员进行甄别和平反。成化二十二年（1487年）十月，还将带头弹劾李孜省等奸邪的给事中韩重、王质等12人晋升了职务。同时，下令科道官有空缺者，悉数增补，充实言官队伍。这些举措不仅解除了人们心中的顾虑，而且很快就形成了人人踊跃上言的好风气，"上更新庶政，封章旁午，言路大开"。孝宗即位之初，因其祖母、太皇太后好佛事，就赐给大慈延福寺六百多顷地作为香火田。御史纷纷上疏谏止，孝宗接受了众人的意见，将地收回，召民佃种。还有一次，孝宗准备在万岁山上建一棕棚，以便登高望远。太学生虎臣得知这个消息后，立即上疏劝谏。当时任国子监祭酒的费圈十分惊恐，害怕孝宗怪罪下来，自己受牵连，于是就将虎臣戴上枷锁，捆绑在树下。过了不久，官校传令虎臣到左顺门听旨。大出人们意料的是，孝宗在谕旨中不但没有责备虎臣，反而大加奖慰说："你说得对，棕棚已经拆了。"费圈闻讯羞愧难当，而虎臣却因此名闻天下，不久还被任命为知县。更为难能可贵的是，孝宗能倾听逆耳之言，虚怀若谷。吴一贯一案是孝宗亲自审理的，拟定为"大辟"罪。刑部尚书闵珪不同意，认为至多只能定为徒刑。二人为此争执不下，左都御史戴珊进行调和，孝宗令闵珪重新拟罪。不料，闵珪仍按己意奏上。孝宗很是生气，召刘大夏商议。刘大夏说："刑官执法是其职责，不可加罪。"孝宗默然，终于还是按闵珪的意见来处理了。

兴修水利。位于山东的黄河堤坝每年都会决口引发洪水，那里正是黄河和大运河相交的地方，不仅危及大批人的生命，也中断了运河的运输。1493年，当时在地方上任职的高级官员刘大夏经吏部尚书王恕推荐，负责这项水利整治工作。

刘大夏研究了河流管理工程的历史，招收了地方上所能找到的最有经验和技术最佳的人，采取了著名的前辈，特别是14世纪中叶伟大的水利工程学家贾鲁使用过的技术，经过长达两年多的劳动，终于治愈了因黄河水泛滥而带来的水患。从离裂口很远的上流（几乎远及河南的开封）开始，刘大夏堵塞了通过今河北南部和山东西部流向东北的黄河的几条支流。这样就使主河道转向东南，流向江苏北部的徐州，进而流向淮河的主渠道入海。改变了黄河的主流，使它在山东半岛南部流动，这一改变一直延续至19世纪中叶。

在明代的诸多皇帝中，孝宗最为仁慈。他对于救荒的工作非常重视，要求各级官府都要设立常平仓，以应付灾荒。在刑罚方面，他要求慎重施刑。在他的这种要求下，一些素以残酷闻名的特务机构如锦衣卫都发生了改变。所以，弘治一朝，政治清明，经济发达，文化上则出现了李东阳的茶陵诗派、邱濬的理学，史称太平盛世。

2. 宠爱皇后，包庇外戚

皇帝也难做，由于他没有将"小家"与"国家"平衡好，所以他只能是两头受气。

明末清初的思想家黄宗羲曾写过一篇专门批评专制君主的文章《原君》，其中有"离散天下之子女，以奉我一人之淫乐"一句。大概中国古代的成年皇帝，很少有不淫荡的，大都三宫六院，嫔妃成群，明代的皇帝尤其如此。但有一个明代皇帝例外，那便是孝宗朱祐樘。有人说，他可能是中国皇帝中唯一实行一夫一妻制的帝王。在他的一生中只有一个皇后，而且没有其他的嫔妃。皇后张氏，兴济（今河北沧州市北）人。按照明代中期以后选后的制度，皇后一般都出身于平民之家。张氏的父亲张峦，原只是一个秀才，以乡贡的名义进入国子监。也就是说，从地方学校保送进了国立最高学府读书，成为国子监生。张氏出身于这样的读书人家庭，家教自然很好。成化二十三年（1487年）二月初六日，张氏与时为皇太子的朱祐樘成婚。

同年的九月，张氏被正式立为皇后。张皇后在弘治四年（1491年）的九月二十四日生下了皇长子朱厚照，即后来的武宗。朱厚照一生下来，面貌非常清秀，"粹质比冰玉，神采焕发"，举止非常。因此，孝宗对这个儿子非常疼爱，对于张皇后自然更是宠爱。晚明学者黄景昉说："时张后爱最笃，同上起居，如民间伉俪然。"皇帝、皇后像民间的夫妇一样，每天一同起居。这在封建皇帝的私人生活中，是极为罕见的。

真是"一人得道，鸡犬升天"。朱祐樘登基后，张皇后的父亲张峦被封为寿宁伯。张峦死后，加赠昌国公，张皇后的弟弟张鹤龄袭封侯爵，另外一个弟弟张延龄也被加封。朱祐樘对张氏一家非常好，但张氏偏偏是那种得寸进尺、贪得无厌的人，而且她的这两个弟弟比姐姐更加贪婪。张氏兄弟仗着自己外戚的地位，到处为非作歹，兼并了大量的土地，设立皇庄，使得许多农民流离失所。张氏兄弟还倒卖官盐，当时的盐是由国家垄断的产品，是国家税收的重要来源，张氏兄弟以此牟利，极大地影响了国库的收入。张氏家族的许多堂兄弟、叔伯、养子和结拜弟兄都加官晋爵，整个明代没有其他外戚享受过这样的待遇。

弘治十年（1497年），朱祐樘听说张氏兄弟在北京南部强夺农户的田地，便派刑部侍郎屠勋和宦官萧敬前去调查。屠勋和萧敬如实地报告了情况，并要求将田地归还给受害者。张皇后知道后勃然大怒，而据《明史》记载，"帝亦佯怒"。朱祐樘进退两难的心情由此可见一斑。但是他后来还是采纳了屠勋和萧敬的大部分建议，而且私下对萧敬说："汝言是也。"并赐给礼物作为他直言不讳的赏赐。

弘治十八年（1505年），朱祐樘去世前的两个月，年轻的户部郎中李梦阳应诏上书，陈"二病、三害、六渐"，奏疏长达五千多言，批评了朝廷许多方面的弊端，极论得失。李梦阳在给朱祐樘的奏疏中特别指出了张鹤龄赤裸裸的滥用职权给朝廷造成的长期损害，在奏疏的最后说："寿宁侯张鹤龄招纳无赖，罔利贼民，势如翼虎。"

张鹤龄发现李梦阳的奏疏中有"陛下厚张氏"的话，立即向他的姐姐张皇后告状，说李梦阳竟敢称呼皇后为张氏，论罪当斩。张皇后愤怒地向朱祐樘要求杀李梦阳。朱祐樘深感为难，最后还是妥协了，下令将李梦阳投入狱中。但私下里却认真地垂询几个大臣的意见，问他们该如何处置李梦阳。一个大臣说李梦阳的言词"狂妄"，该杀；但另一个则说李梦阳是"赤心为国"。朱祐樘爱惜李梦阳的才华，只罚了李梦阳三个月的俸禄，然后释放。

张皇后对朱佑樘的这种做法当然很不高兴，左右太监都劝朱佑樘廷杖李梦阳，以泄皇后的心头之恨。朱佑樘不同意，对兵部尚书刘大夏说："若辈欲以杖毙梦阳耳，吾宁杀直臣快左右心乎！"经此一事，李梦阳名声鹊起，成了朝廷和百姓心目中的英雄。不久后，李梦阳在路上遇见寿宁侯张鹤龄，李梦阳当面责骂张鹤龄，并打落了张鹤龄的两颗牙齿，这事后来居然不了了之。

也许，在孝宗看来，张氏兄弟虽然有过错，但他们毕竟是皇后的弟弟，所以一般的小过错能宽免就宽免了。当然，他也知道放任张氏兄弟的后果，所以希望通过自己的教诲来使二人收敛。有一次，皇帝游幸南宫，皇后、太子、皇后的母亲金夫人以及张氏兄弟陪同。席间，皇后、太子及金夫人离席，孝宗便将张鹤龄单独叫来。人们远远地看到张鹤龄摘下乌纱帽向皇帝叩头。从此以后，张氏兄弟的行迹较为收敛。张氏兄弟，后来在正德朝和嘉靖朝之交接期间，因为拥护世宗登位，曾经非常受世宗的宠幸。但是，二人最后的命运却让人嗟叹：张鹤龄被关在狱中死去，张延龄被杀于西市。这固然有世宗忘恩负义的因素，但二人的骄横无法，无疑是授人以柄。

3. 溺爱独子，权力传纨绔

朱佑樘虽是个还算开明的皇帝，但他教子无方，在他死后，将大明王朝交给他那浮夸和玩世不恭的儿子朱厚照，注定了明王朝的衰落。

朱佑樘的身体很不好，在他统治的后期，常常不得不因病而不上朝，但他不能摆脱朝政。在朱佑樘统治的18年间，自然灾害显得异常频繁和严重，尤其在他生命的最后几年。史书记载朱佑樘对黎民的苦难深为不安。各地的奏疏雪片一样地飞来，催促朱佑樘作决定。

弘治十六年（1503年）一月，大学士们上书责备朱佑樘，因为他的拖延，耽误了救济南京涝灾。但这时朱佑樘已经精疲力尽了，他只在表面上对大学士们的建议表示感谢。

朱佑樘继续虔诚地信奉道教，道士们定期在皇宫内举行斋醮仪式。大臣们上书劝谏，认为朱佑樘这类背离理想帝王准则的行为，将会造成天灾，比如旱、涝、瘟疫和饥荒等，但朱佑樘却置之不理。

弘治十七年（1504年），朱佑樘封道士崔知端为太常寺卿（相当于礼部尚书的荣誉官衔）。这在朝廷中引起了一片反对声。朱佑樘统治的后期，李广事件唤醒了那个沉睡多年的励精图治的孝宗皇帝，朱佑樘开始了生命中第二个、也是最后一个勤政时期。他任用刘大夏、戴珊等人，重新整顿朝政，并亲自告诫张氏兄弟收敛他们的恶行。但是这段昙花一现的时光随着朱佑樘的驾崩被带走了，终明一朝再也没有回来。

朱佑樘的统治时期被史学家们认为是明朝回光返照的时期。大明王朝就好像一个人，在成化年间已经得了重病。经过朱佑樘的治理，这个病人精神为之一振，然后随着朱佑樘的驾崩，病人的病情急剧恶化，一步一步走向了死亡。他给王朝留下的最坏遗产，就是他的继承人。

朱祐樘临终时，在病床上召见他自认为最重要的大臣——李东阳、刘健、谢迁，把他唯一的儿子托付给他们，并对他们说："东宫聪明，好逸乐……"

太子这时才15岁，先天后天，都跟他大不相同。先天有四分之一的瑶人血统，从小茁壮非凡，活泼过人。后天是中宫皇后所出，又成独子，谁不视如稀世奇珍？皇后溺爱，不在话下，皇帝朱祐樘则想到从小有如孤儿孽子的那种凄凉岁月，要将自己的缺憾在儿子身上弥补，所以明知纵容为非，却无法自制，也变得溺爱不明了。如今大限将近，朱祐樘想到太子是个特等纨绔，双料顽童，难肩重任，后悔平时欠于教导，愧对祖宗臣民，然而为时已晚！唯一的希望，只有寄托于顾命大臣："知子莫若父。东宫很聪明，但是年纪太轻，好玩、好奇，诸位先生一定要辅之以正道，才能有望做个明主。"

他的儿子朱厚照，即正德皇帝，后来以浮夸和玩世不恭的态度，藐视他父亲弘治皇帝朱祐樘的一切真挚的儒家理想主义，抛弃了他父亲树立的样板。其方式比18年前朱祐樘苦恼地摆脱自己父亲（宪宗朱见深）的榜样更为直截了当。朱家的天下在他的手中开始迅速滑向深渊。这样的后果，孝宗的责任是不可推卸的。

第十章 性情皇帝 武宗朱厚照

明武宗朱厚照（1491—1521年），明孝宗朱祐樘长子，孝宗病故后继位。在位16年，正德十五年（1520年），武宗在南巡游乐中翻船落水，回北京后于第二年三月故于豹房。葬北京昌平康陵，庙号武宗。由于武宗没有子嗣，皇位不得不落于皇室旁系之手，明孝宗一脉从此结束。武宗在位期间，随心所欲，吃喝玩乐，宠信太监，朝政荒废，成为朱家王朝最腐败的皇帝。

1. 高贵血统，承继大统

有明一代，能以嫡长子身份继承皇位的只有武宗一人，这样的高贵血统当然由不得别人怀疑，制造谜案者自然要被处死灭口。

武宗是孝宗和皇后张氏的嫡长子，像他这样既为嫡子又是长子的情况，在封建礼法社会中是天然的皇位继承人。此前三朝，皇帝皆非皇后嫡出。明朝十六帝中，以嫡长子身份承继大统的也很少见。朱元璋确立了明代的嫡长子继承制度，本来要传位于长子朱标，但朱标在朱元璋称帝前就去世了。继位的建文帝朱允炆是其长孙，而后夺得皇位称帝的成祖朱棣是朱元璋的第四子。即使是长子，但出生时母亲尚未被册封为皇后，在"嫡"字上还要打一点折扣。英宗朱祁镇是长子，生母孙氏时为贵妃。景帝朱祁钰是英宗的弟弟，宣宗的次子，生母为吴妃，既非嫡子又非长子，在位8年终因"夺门之变"失去皇位。宪宗朱见深是英宗的长子，生母为周贵妃。孝宗朱祐樘是第三子，生母纪氏当时只是宫人。世宗朱厚熜以藩王入继帝位。穆宗朱载垕是世宗的第三子，母杜康妃。神宗朱翊钧是穆宗的第三子，母李贵妃。光宗朱常洛为神宗长子，母王恭妃，在位仅一个月。熹宗朱由校，光宗长子，母李选侍。思宗朱由检为光宗第五子，以藩王的身份即帝位，母刘贤妃。这样算来，明代十六帝中，只有武宗一人是真正以嫡长子的身份登临大位的。就宗法社会的明代而言，在关系到皇位继承的大事上，这具有极其重要的历史意义，可以说武宗从一出生就注定要做皇帝。孝宗欣喜异常，取其名为朱厚照，希望他以后能照耀后世，5个月后就将其册封为皇太子。

朱厚照的出生不论是对于国家社稷还是孝宗、张皇后都意义非凡。孝宗和张皇后的感情非常好，一直没有选嫔妃，只有几个级别很低的夫人，这在明代皇帝中是绝无仅有的。要知道，朱元璋除马皇后外还有19个妃子。封建社会中，有无皇子关系到皇权的顺利承继和国家的安定，而不是简单意义上的传宗接代。张皇后婚后4年没有生育，当时朝臣上书请求选置嫔妃，孝宗并不理会。当然，孝宗不选妃还有另外一种说法，有人认为张皇后是个妒妇，不许孝宗再宠幸其他的女人。但无论如何，张皇后生了皇子朱厚照，孝宗就更加宠爱了。

据说朱厚照孩提时"粹质比冰玉，神采焕发"，性情仁和宽厚，颇有帝王风范。8岁时，在大臣的请求下，朱厚照正式出阁读书，接受严格的教育。朱厚照年少时以聪明见称，前天讲官所授之书，次日他便能掩卷流利背诵。数月之间，他就将宫廷内繁琐的礼节了然于胸。孝宗几次前来问视学业，他率领宫僚趋走迎送，娴于礼节。孝宗和大臣们都相信，眼前的这位皇太子将来定会成为一代贤明之君。

武宗的生日也很特别。他的生年月日时为弘治四年九月廿四日申时，用干支表示是这样的：辛亥年甲戌月丁酉日申时。如果按照时、日、月、年的顺序读，就与地支中的"申、酉、戌、亥"的顺序巧合，在命理上称为"贯如连珠"，主大富大贵，据说明太祖朱元璋的生辰与此有相似之处。而且当年张皇后梦白龙入腹而生朱厚照，按照传统的说法，白者乃主西方，为兵象。武宗生而好动，自幼贪玩骑射。孝宗一心想把他培养成为太祖朱元璋一样文武兼备的旷世圣君，所以对武宗骑射游戏颇为纵容，这也养成了武宗日后尚武的习气。孝宗也注意到了这一点，恐武宗玩物丧志，在病逝前一天，特意把大学士刘健、谢迁、李东阳等召至乾清宫暖阁，委以托孤的重任："东宫聪明，但年尚幼，好逸乐，先生辈常劝之读书，辅为贤主。"

与前文所述不同的是，这个受到上天眷顾的真命天子的身世还有一些隐情，从武宗出生的那一刻起，关于他生母不是张皇后而另有其人的说法就不胫而走。张皇后在成化二十三年（1487年）选为皇太子妃，孝宗即位后被册立为皇后。张皇后婚后4年没有生育，心理压力非常大。大臣们纷纷上书请求皇帝选妃以广储嗣，孝宗不听，但心里也是有些着急，就和张皇后在宫中斋醮求子，一连几个月。弘治四年（1491年）九月，宫中传出喜讯，张皇后的皇子诞生了！举国欢庆之余，各种流言也随之纷起，许多人猜测这个皇子不是张皇后亲生的。因为张皇后生下皇子的消息过于突然，事先竟然一点消息都没有，而且婚后4年没有生育，难道这次真的是感动神灵而得子吗？有人怀疑张皇后自己不能生育，就抱养其他宫人所产之子为己子，这样既避开了人们的指责，又可以巩固自己的地位。这些流言或许有些事实依据，或许只是反映人们的一种态度。其实怀疑张皇后没有生育能力是没有根据的，事实上3年后她又生育过另外一个皇子朱厚炜（后来夭折了）。但是流言并没有就此停止，犹如长了腿一般传播到全国各地，并引发了一个轰动一时的大案。这个案子发生在弘治年间，称为"郑旺妖言案"。

郑旺，是武成卫的一名士兵，家境贫寒。他有个女儿，叫郑金莲。金莲12岁时被卖给别人做婢女，听说后来进了宫。郑旺通过关系，与太监刘山交往，时常托他将一些时鲜水果等物送入宫中女儿手中，郑金莲也托刘山送些衣物给郑旺。郑旺拿着宫中的衣物四处炫耀，吹嘘女儿得皇帝的恩宠。别人讨好他，就称他为"郑皇亲"。张皇后生下皇子后不久，就有流言说皇子其实是郑金莲所生，并被张皇后强行抱了去。这件事闹得满城风雨，却没有人去追究，这是不同寻常的，有人认为实际上是孝宗已经默认了这种说法。谁知十几年后，即弘治十七年（1504年），孝宗考虑到这种说法会影响到朱厚照的政治地位，遂命人将郑旺、刘山等人捉拿到宫中。然而孝宗没有让司法机关插手此案，而是御审，这又是不同寻常之事，难道是孝宗怕外臣知道宫中的秘密？御审的结果是刘山以干预外事的罪名被处死，郑旺以妖言罪、冒认皇亲罪被监禁，郑金莲被送入浣衣局。案件的结果也有几处不寻常之处：这个案件中只有太监刘山被杀，被认为是杀人灭口；而比刘山罪情更重的郑旺却只是监禁，武宗即位后又被释放出来，此中似有隐情。据翰林院王瓒的记载，他在司礼监教太监识字时，见两个太监将一个女人押入浣衣局。浣衣局的看守见到来人，肃立两旁，态度十分恭敬，可见来人非同一般。至于这个人是不是郑金莲，可惜王瓒没有看清楚。

然而案情随着孝宗的去世和武宗的即位又有了新的发展。正德二年（1507年），被释放的郑旺仍然坚持他的女儿生了皇子，因而谣言再起。他的同乡王玺打通关节，闯到东安门，声称上奏当今天子"国母"被囚禁的实情，郑旺、王玺因此而被捕入狱。

审判之时，郑旺多次声称自己无罪。最终，他以妖言罪被判为死刑。为何两次都是妖言罪，结果却大相径庭呢？第一次审判时，孝宗与张皇后的关系紧张，因此判罚宽松，似乎有意保全郑旺；第二次审判时，孝宗已经驾崩，武宗刚刚即位，而且嫡长子身份又是何等神圣的光环，对于自己的政权十分重要，因此即使武宗为郑金莲所生，他又怎会去相认？毕竟这对于自己、对于孝宗、对于张皇后乃至于对整个明廷而言，都不是一件光彩的事情。关于武宗身世的"郑旺妖言案"就这样无声无息地结束了。

摆脱了身世问题的困扰，武宗以嫡长子的高贵血统，名正言顺地坐在高高的皇帝宝座上，享受着皇权带来的种种特权。

2. 借助太监，巩固权力

> 武宗朱厚照借助宦官来巩固权力，犹如找只老虎来做伴。如此看来，朱氏家族的江山可真够危险的！

朱厚照登基时，明朝的政治以内阁的三位顾命大臣为主导，他们统帅着外廷臣僚。但是在新皇帝的身边，正凝聚着一股力量，他们是一群经常围绕在皇帝身边的太监。明朝的大臣很看不惯太监，一有太监冒出头就会全力打压，所以他们挑出这群太监里最重要的八个人，称呼他们为"八虎"，比较著名的有刘瑾、谷大用、张永、丘聚等人。大臣们觉得皇帝应该是由自己来控制的，不应该有别的力量对皇帝进行干扰，所以必欲除掉"八虎"而后快。

刚继位的朱厚照绝对是尊重并且听命于顾命大臣的。三位大臣，时人评价"李公谋，刘公断，谢公尤侃侃"，意思是李东阳比较能出谋划策，刘健善于决断，而谢迁善于提意见。然而不久，顾命大臣和皇帝之间的矛盾就开始显露出来。开始时，他们和皇帝的矛盾主要在经筵上。所谓经筵，是明朝皇帝的一项日常活动，就是经常要在某个地方（一般是文华殿）召开一个群臣向皇帝讲经说道的活动，如同给孩子上课一样。朱厚照勉强能做到每天按时早朝，但是对那个经筵就实在没什么兴趣了，大臣们的劝谏书不停地飞往台前，三位顾命大臣又坚持力请。无奈之下，正德元年（1506年）二月，朱厚照只好开经筵，过他"痛苦"的明君生活。

第十章　性情皇帝　武宗朱厚照

同年九月，朱厚照和大臣的矛盾终于爆发，这件事情是由太监崔杲奏讨盐引引起的。九月二日，被派往江南督造龙衣的太监崔杲以筹措经费为由，向户部要求奏讨往年支剩的盐12000引，但是户部拒绝了他的要求。户部尚书韩文认为，祖制规定，盐的收入应该用于军饷，不能挪作他用。其次，皇家的支出不应该由户部拨款。事实上这些理由有点牵强，因为虽然祖制规定了盐政收入在用途方面的限制，但是明朝早有不遵守祖制的情况出现，往往有些事情已经形成了一些默认的惯例，现在却突然把祖制拿出来压人，难免不引起朱厚照的愤怒。

大臣们抓住了这个机会开始和皇帝进行斗争，要求停止奏讨盐引的事情。天真的朱厚照没有意识到文官们的力量，对大臣们的奏疏不予理睬，这引发了更大规模的抗争，几乎所有的言官都参与进来。朱厚照并没有畏惧，他摆出一副强硬的姿态，公开发表自己的意见说："盐引的事情我已经下了旨，你们如果再来奏扰，必定严惩不贷！"可是，内阁也不甘示弱，内阁大臣同样对外公开表示，如果皇帝坚持意见，那么给予批准的特准盐引敕书，内阁将拒绝撰写，所以要求皇帝收回成命。

一时间谁也不让谁，夹在中间的户部难以做人，只好提出了一个折中的办法，只给奏讨盐引的一半，就是6000引。这更引起了朱厚照的愤怒。因为从户部的决定上可以看出，既然户部能给，那说明盐引是可以给的，即证明自己并没有错。但是现在大臣们却在这个事情上如同做生意一样与自己讨价还价，难道自己不是皇帝吗？

当时的朱厚照还很天真，以为事情可以按照所谓的道理来做，而大臣们则认为这些道理在具体的实际中根本无法施行，大家就一直在这里分歧着。但是大臣有一点意思朱厚照还是明白了，就是他们从心底里鄙视太监，对太监做事根本不放心，认为他们带盐引出去，就必定会私自买卖，谋取私利。这种歧视性观点让朱厚照非常厌恶，他带着怒火批评三位内阁大臣说："难道天下的坏事都是宦官做的吗？"

三位内阁大臣并不理会皇帝的怒火，依旧拒绝执行皇帝的命令，朱厚照也不退让。于是三人回去后使出杀手锏，写了一篇联合奏疏，集体要求辞职，这大大地将了皇帝一军。奏疏送进去过了半天之后，朱厚照终于投降，传出手敕，说看了先生们的奏疏，我心顿悟，盐引就给十分之五吧。

通过这一次斗争，大臣们逐渐认识到皇帝不像以前那么好控制，于是他们很自然地把目光放到了皇帝的身边，对于那些不和大臣一路但是能影响到皇帝的人，只有把这些人除掉，才能使皇帝绝对地听文官的话。朱厚照身边和大臣站在对立面的，就是所谓的"八虎"，"八虎"这个词，其实是一个政治攻击的名号，朱厚照身边并不只有这八个人，而这八个人的地位也不是最高的，带皇帝游玩作乐的也并不只是这八个人，而且他们也不算是一个什么小团体。为什么要把他们挑出来呢？其根本并不是因为他们为非作歹得太厉害，而是他们站错了队，竟然站在了朝臣的对立面。

内阁大臣联合九卿集体向皇帝上疏，弹劾谷大用、张永、马永成、刘瑾、丘聚、罗祥、魏彬、高凤八个太监，说他们在平时用各种游戏诱惑皇帝不理朝政，要求将他们"明正典刑"，这个奏疏在内廷获得了司礼监掌印太监王岳等人的大力支持。

这些太监们都是一直陪着朱厚照长大的，皇帝对他们毕竟是有感情的，所以处死他们实在是朱厚照无法接受的。他多次向内阁表示希望可以把他们立即发配到南京闲住，而内阁态度很强硬，除了处死不做他议，朱厚照只好拖着，慢慢想办法。

外廷和内廷这个时候联合起来，准备绕过皇帝直接逮捕并处死八虎，事若能成，皇帝也只能被动地同意他们的意见了。但是，历史就有很多的意外发生。这个时候，大臣里面却出现了分化力量，吏部尚书焦芳对谢迁十分不满，于是他把这个密谋计划告诉了"八虎"，这八个太监听说之后都大惊失色。本来如果将他们发往南京，也许他们也就接受了这样的命运安排，但是一定要将他们处死，反倒激发了他们求生的欲望。

朱厚照本来就隐隐觉得朝臣在这件事情上做得有失偏颇，现在一想，确实如此。再联想到以前他被那些大臣们弄得身不由己，无话可说，也认为确实应该整肃一下自己身边的政治环境，否则这个皇帝基本就算白当了。

这个时候的朱厚照已经丝毫都不在乎了，内阁的辞职请求在他看来正是时候。按照惯例，大臣的辞职请求要经过几次申请才能获得皇帝的批准，有一个拉锯的过程，所以辞职往往成为大臣和皇帝讨价还价的工具，但是朱厚照在这个时候显示了他的个性，立即批准刘健、谢迁辞职回家，独独否决了李东阳的辞职申请。

这是正德初年一场没有公开流血的政变，孝宗皇帝留下的辅政体系在这场政变后宣告完结，朱厚照巩固了自己的权力，也由此变得更加成熟。他在大臣的权力对自己产生威胁的时候，毅然选择了太监作为平衡大臣的工具，从而将皇权牢牢地掌握在自己的手中。而刘瑾凭借着自己超强的政治能力，开始走上明朝的政治舞台，他在皇帝的允许下，控制内廷，交结外廷臣僚，很快获得了执政的话语权，开始了他三年零十个月的对明朝政府有着巨大影响力的政治生涯。

3. 奴才欺主，"立皇帝"伏诛

　　武宗朱厚照成了"傀儡皇帝"是小事，皇帝没掉脑袋，朱氏家族的江山幸好没丢才是大事。

　　明朝的司礼监权力相当大，所有奏事，都要先报司礼监。司礼监还控制着特务机关东厂、西厂，集行政监察权于一身。做了司礼监首的刘瑾还不满足，他要自己发号施令。他深知小皇帝最怕在他玩得高兴时，别人来打扰他，他就大兴土木，给皇帝提供玩乐场所，在宫中建造了奢华的太素殿，在太液池建造了天鹅房船坞，又觉得宫内玩起来不方便，就又在宫外建造了一座极奢侈的"豹房"，在豹房中设置美女、妖僧、幻术士、摔跤手等，天天侍候皇帝玩乐。

　　刘瑾专门在皇帝玩得高兴时，捧来奏章要皇帝批示，终于引出了自己盼望已久的一句话，"以后这样的事，你看着办吧，不要再来问我。"从此以后，刘瑾可以堂而皇之地自己权衡一切了。

　　刘健、谢迁等前朝重臣，因反对刘瑾而被迫辞职后，朝廷中的许多忠贞之士都不断地为他们伸冤，并冒死犯颜直谏。他们历数刘瑾等人的罪行，引经据典，向皇帝指出历朝历代宦官专权的危害。大权在握的刘瑾当然不肯放过这些人，他把53位反对者都列入奸党，并大肆逮捕，施以酷刑。刘瑾为惩治反对他的官员，还独出心裁地违制使用新的刑具。明律规定套在犯人脖子上的"枷"，最重不能超过13公斤，而刘瑾发明的枷竟然重达75公斤,不少官员当场就被枷死。

刘瑾排斥异己的同时,极力扶植自己的势力。奸猾之徒纷纷投靠刘瑾之流,借阉党之势,青云直上,作威作福。阁臣焦芳即是刘瑾最得力的人,他为了取谢迁而代之,卖身投靠刘瑾,以学生自居,对刘瑾直呼千岁,最终得任尚书并授文渊阁大学士,与刘瑾互为表里,作恶甚多。刘瑾为了扶植同党,大量提升投靠之人,所委派的官吏数不胜数,都指挥使以下的官员请求升迁者,只要投靠到刘瑾的门下,刘瑾草写一张纸条,上写授官人名称及所受官职,吏部即照准。用这种方式,使刘瑾所绘制的阉党网遍及天下,势力无所不及。当时,朝廷内外曾有传言说武宗是"坐皇帝",刘瑾是"立皇帝"。

刘瑾的专权削弱了明朝的统治。正德五年(1510年),安化王以诛杀刘瑾为名,举兵造反。武宗重新起用了都御史杨一清、太监张永为总管,讨伐叛军。其中,杨一清因不依附刘瑾而多次受到刘瑾迫害,辞职后还被刘瑾诬告而入狱。张永则因刘瑾在宫中专横跋扈而与其多有嫌隙。杨一清认为,只有像张永那样能随意接近皇帝的人才可能相机劝谏皇帝铲除刘瑾。因此,杨一清晓以大义力劝张永道:"公公也是皇上宠信的人,这次讨伐叛贼的任务不交付他人而交付公公,就是最好的证明。如今功成奏捷,请您在汇报军情时,乘机揭露刘瑾奸情,极力陈说由于刘瑾擅权使海内愁怨、人心思变的严峻形势。皇上英明,必定能听从您的意见,诛杀刘瑾。刘瑾被诛杀,公等用权,全部矫正以往的弊政,施惠天下,收买人心,历史将记载您的功德。"听了这一番话,张永慨然许诺。

张永首先需要做通武宗的工作。昏庸的武宗竟然不了解大臣们为什么要弹劾刘瑾,当他看罢张永弹劾刘瑾的奏章后,糊里糊涂地问:"刘瑾要干什么?"张永回答:"刘瑾要的是大明天下。"武宗又说:"就将天下给他好了。"张永应答:"将天下交给刘瑾,把陛下放在什么位置上呢?"

张永的话并非危言耸听。有位术士曾预言刘瑾的子孙日后会位极人臣，对占卜星相之说深信不疑的刘瑾由此产生了非分之想。他秘密地赶制了龙袍、玉带，私刻了玉玺，并确定了发动宫廷政变的时间。有所觉醒的明武宗亲自率兵搜查了刘瑾的住宅，从中搜出了一批违禁物品，把气焰嚣张的刘瑾关进了监狱。

　　刘瑾下狱后，朝中大臣纷纷上书，要求诛杀刘瑾。刘瑾集团内部也发生了分化，部分见风使舵的人也起来揭发刘瑾。最终武宗下令把刘瑾碎尸万段，其族人和党羽也多被处死。不可一世的权宦终于得到了应有的下场。

　　然而，没有了刘瑾，武宗后来又宠信奸佞丝毫不下刘瑾的江彬、钱宁等人，朝野继续乌烟瘴气。一直到武宗驾崩后，这些人才被诛除。

4. 宁王造反，家族内部起纷争

因为只有一个天子，所以不只外人窥觎，就连自己的家人也时刻在寻找机会。宁王造反，朱氏家族内部又起纷争。

宁王一系是皇室近亲，第一代宁王朱权是朱元璋的第十七子。在太祖诸子中，"燕王（朱棣）善谋，宁王（朱权）善战"，两个人都不是省油的灯，但宁王本来的封地在喜封口以外的大宁，朱棣起兵篡夺时，设计挟制了这位十七弟。称帝后，朱棣便把这位善战的弟弟改封于江西，让他远离边陲，无法再发展。同时，朱棣还对藩王进行了严格的限制，特别严禁他们拥有武装力量，以免他们仿效自己昔日之举重新上演"靖难"篡夺大戏。天顺年间，当时的宁王多有不法之事，连护卫亲军也被削夺，改为南昌左卫。

由于刘瑾收贿后"通融"，宁王朱宸濠得以把南昌左卫军又变回为自己王府的护卫军，终于得到了一支像样的武装。三年后，刘瑾倒台，兵部又把宁王护卫改为南昌左卫。如此倒腾，宁王朱宸濠异心更炽。

正德十年（1515年），感觉超好的宁王因江西都指挥戴宣惹怒他，竟然命手下人把戴宣当场打死。这事闹大了，明朝的王爷再嚣张，也不能擅自杀掉朝廷委派的地方官员，时任江西按察司副使的胡世宁马上奏了他一本，"（朱）宸濠颇惧，委过近属以自解"。但朝中有钱宁等人帮衬，宁王本人不仅没事，他还反诬胡世宁"离间皇亲"，使得当时已升任福建按察使的胡世宁被捕入锦衣狱，拷掠几死。

朱宸濠诸多异常，一般人不敢明说，但巡抚江西的都察院右副都御史孙燧，与巡抚南赣等地的都察院右佥都御史王守仁早就看在眼里。特别是孙燧，由于他本人就驻派南昌，深知大变将作，就均征赋，饬戒备，实仓储，散盐利，渐次削除不利于朝廷的赋税，侦逮奸党送狱，以削剪宁王的羽翼。因为有胡世宁的前车之鉴，孙燧只能暗中行事，不敢明奏朝廷宁王要造反。

到了正德十二年（1517年），宁王府中的官员又有几个人上奏朱宸濠不法之事。又是通过京中的钱宁，宁王把这些人发配的发配，下狱的下狱，并因怀疑属官周仪告密，派人屠灭周仪一家，杀六十多人。

同时，朱宸濠加紧了造反前的物质准备工作，招募巨盗数百人，四处劫掠军民财货物资，收买皮帐，制作皮甲，私制刀枪，赶制佛郎机（火铳）等火器，"日夜造作不息"。为了能取得广泛支持，他派人秘密联络漳州、汀州以及南赣一带的少数民族，约好起事时群起响应。这年年底，太监毕贞被朝廷派来监抚，此人乃钱宁一伙，到江西后与宁王臭味相投，附之为逆。宁王以进贡方物为名，派出多人驰往京城，沿途设置健步快马，限十二日把京中之事报知自己，侦伺京城动静。

江西巡抚孙燧日夜忧心宁王突然造反，便以防盗为名在进贤、南康、瑞州等地修建新城，并在九江兵家重地增设防备，各设通判官，加以防备。为避免宁王起兵时抢劫南昌武库，孙燧又以讨贼为名，把卫城兵库内的武器皆调派到外地。他曾对手下人讲："宁王造反，即使我灭不了他，他也会因为我现在的安排而最终为朝廷所灭。"

宁王一伙人本来还有耐心，准备等明武宗哪天出游时摔死，或在豹房玩乐时被虎豹咬死后再趁机举事。但是，北京方面，太监张忠、江彬等人与钱宁争权，又都知道宁王与钱宁私下不法勾结，就想趁揭露宁王逆谋之事把钱宁搞下去。东厂太监张锐、大学士杨廷和先前曾收受了宁王的大批金宝，但得知这位王爷有造反之心后，怕日后事发牵连自己，也落井下石,一起进奏朱宸濠"包藏祸心,招纳亡命,反形已具"。

明武宗见有这么多人说宁王造反,立刻派太监赖义及驸马崔元等人携带敕书赶往南昌,警告朱宸濠,并削其护卫。由此,宁王朱宸濠只得提前造反。

最早声讨宁王罪恶的,是当时正提督南赣军务的王守仁。而他这次所以能幸免于南昌之难,未与孙燧、许逵等人一起被杀,还是因为当时的兵部尚书王琼有远见。王琼知道宁王早晚要反,恰值福州有三卫军人发生小规模叛乱,就把王守仁暂时派往福州处置此事。王琼对手下讲:"福州军人乱,本是小事,不足烦王守仁如此大才之人去平定。但他可以借此掌握一军,又有敕书在手,以待他变(指宁王随时可能的造反)。"

结果,王守仁果然因外出,未被宁王在南昌宴会时逮住。宁王于六月十四日正式造反,王守仁在丰城知道消息后立即往江西赶。临江知府欢喜无限,忙把他迎入城中商议对敌之策。

王守仁虽为文臣,但通晓兵法大略,他说:"宸濠若出上策,会直捣京师,出其不意,则社稷可危;若出中策,直趋南京,则大江南北一时会尽为其所据;如只据守江西省城,则出下策,可一举擒灭之!"

于是,他立即派人在通往北京、南京的要害处设置疑兵,又伪造朝廷早就派兵严备的假公文,故意让宁王的手下人捡到,造成各处皆有准备的假象。宁王朱宸濠果然中计,没敢立即出兵击袭。由此,就给了王守仁非常多的调动和喘息时间。

王守仁与吉安知府伍文定会兵后,商议道:"兵家之道,急冲其锋,攻其有备,皆非上计。我们现在假装在各个城府自守不出,宁王不久就会集大兵自南昌出发。到那时,我们再尾随蹑追。依我之计,宁王兵出,我等应该立刻发兵收复省城南昌。他闻老巢被收,肯定回救,我们正好集结兵力在他回军途中袭击,此乃全胜之道。"

侦知江西王守仁等人据城不出,宁王朱宸濠的胆子越大了,仅留数千人守南昌,他自己则与刘养正、李士宝等人率领六万人,号称十万人,出击安庆。

王守仁得知宁王出南昌的消息，知道一切皆在预料之中，便与伍文定在临江樟树镇会兵，不久，宁王被擒。

而这时的武宗正兴奋地借亲征之名，率军南下。大队人马刚到达涿州，就接到王守仁平叛得胜，生擒朱宸濠的捷报。武宗得知后，怕失去亲征的借口，悄悄将捷报收起，命令不许声张，大军继续前进。至十二月初，才抵达扬州。

武宗在江南一带尽情玩乐。荒唐的是，他为了显示自己平乱的本领，竟命太监张忠传令王守仁放掉朱宸濠，以便自己亲手活捉叛贼。王守仁未敢遵命，而是将朱宸濠等叛军首领，交给了太监张忠。

武宗到达南京，因没有亲自捉到朱宸濠，心中总是感到不满足。于是在正德十五年（1520年）八月，搞了一场极为可笑又非常滑稽的受俘仪式。武宗命人在一个广场上，竖起一面威武大将军的大旗，指挥士卒擂鼓鸣金，并去掉朱宸濠身上的枷锁。武宗身着戎服，手持利剑，冲进场去，将朱宸濠抓获，然后接受献俘，以演出一场"生擒"叛首的闹剧而告终。

这次南巡，武宗以"亲征"为名，实为游乐。在江南各地巡游长达一年多的时间。武宗亲自"活捉"叛贼的闹剧结束以后，随从的大学士梁储、蒋冕等人一再苦苦相劝，武宗才有回师之意。十二月，车驾到达通州，遂赐朱宸濠自尽，并焚尸扬灰，亲属10人被斩首。宁王之乱，终于尘埃落定，朱家又渡过了一次易位危机。

第十一章　中材之主　世宗朱厚熜

明世宗朱厚熜（1507—1566年），其父为明宪宗朱见深的第四子，明孝宗朱祐樘的胞弟，被封为兴王。正德十六年（1521年），武宗朱厚照驾崩，无子继位。按照"兄终弟及"的祖训，朱厚熜承统，为世宗皇帝，年号嘉靖，时年14岁。嘉靖执政前期，为了缓和社会矛盾，采取厘革缩弊、振兴纲纪等改革措施，下令退还一些被侵占的民田，汰除军校匠役10万余人，开创了嘉靖年间的"新政"时期，得到朝野上下的拥护。然而，到了后期，朱厚熜迷信道教，祈求长生不老，二十余年不敢回大内，置朝政于不顾，使贪赃枉法的首辅严嵩横行乱政20年，有识的官员不能为国出力，甚至惨遭屠戮。另在宫内外兴建大量宫殿庙宇，加重了百姓的负担，使得国家财政危机日益深重，朱家王朝在下坡路上越走越远。

1. 伦序当立，兄终弟及

如果皇帝一夫一妻的话，朱氏家族至此就该断子绝孙了，朱氏家族的江山也该改姓易主了。

明世宗朱厚熜是宪宗的孙子，孝宗的侄子，武宗的堂弟。那么，皇帝之位是如何传到他手中的呢？

正德十六年（1521年）三月十四日，武宗在豹房寿终正寝。武宗临终前心中似乎有所悔恨，断断续续地对身旁的人说："国家治理成这种样子，都是误在我的手中。"看着病榻上衰弱不堪的皇帝终于醒悟，大臣们相继进言，宽慰了一番。武宗自知来日无多，命司礼太监转告皇太后："天下大事，顺与内阁大臣审议处置。"武宗荒淫一生，竟没有留下一个儿子，谁来继承皇位成了一个大问题。皇太后张氏派太监张永、谷大用到内阁与阁僚们议论迎立皇帝事宜。大学士杨廷和从袖子里拿出《皇明祖训》，昭示于众说："拥立皇帝的大事，应以祖训为本，兴献王长子入继大统，顺理成章。不知众位以为如何？"在座的阁臣梁储、蒋冕、毛纪等一致赞同迎兴献王长子朱厚熜入京登极。当然，杨廷和的决策并非是他对朱厚熜有什么偏爱，而是执行传统宗法制度的必然结果。

所谓宗法制，主要是指西周以来为了维系统治集团的内部秩序而制定的一种继承制度，它的核心是"嫡长子继承制"。具体表现为"立嫡以长不以贤，立子以贵不以长。"再就是大宗小宗之别。西周时，周天子自称是上天的长子，在政治上是天下的"共主"，在宗法上是家族的"大宗"，王位由嫡长子世袭，世世保持大宗的地位。嫡长子之诸弟受封为诸侯，对周天子而言是小宗，但在其封国则又为大宗，君位仍由嫡长子世袭。诸侯的余子受封为卿大夫，对诸侯而言是小宗，在其封邑之内则又为大宗，君位仍由嫡长子世袭，其余庶子为士。士与庶人的关系也都可照此类推。所谓嫡长子就是由明媒正娶的嫡妻所生之长子，只有他才有资格承袭王位，妾媵所生之子即便年长，如遇正妻有子，也不具备承袭的资格。在宗法制度下，大宗要比小宗尊贵。嫡长子要比其他诸子尊贵，只有嫡长子才能被立为太子，世袭君位，由此形成了一套父死子继的继承原则。同时宗法制又和等级制相配合，在宗法原则上是以兄统弟，在政治原则上是以君统臣，这就起到了抑制统治集团内讧、巩固贵族的等级统治的作用。为了弥补父死没有嫡长子继承的缺陷，又有相应的兄终弟及的规定作为补充，但仍然以嫡母所生为其继承的依据。西周的这一套宗法制度为历代统治者所继承，并且广泛深入到民间，形成悠久的宗法文化传统。朱元璋建立明王朝以后，特地在《皇明祖训》中规定："凡朝廷无皇子，必兄终弟及，须立嫡母所生者，庶母所生虽长不得立。"这就是按照宗法制而制定的一套继承法。

但是，朱厚照和朱厚熜之间的皇位继承却有些特殊，它超出了朱元璋《皇明祖训》中"须立嫡母所生者"的规定，却仍属于"兄终弟及"的原则。杨廷和在这里采用了一种上推法，即武宗是孝宗的独子，没有办法执行"嫡母所生"这一原则，就只好上溯到宪宗。宪宗的长子、次子早死无后，三子即位为孝宗，四子即是兴王朱祐杬。按照"兄终弟及"的原则，兴王朱祐杬应该以孝宗长弟的身份继承皇位。但是此时兴王朱祐杬已经去世，如果他没有儿子，就要在宪宗十四子中再往下推，可巧的是兴王还真留下了这么个儿子。按照宗法制的推断，"立嫡以长"，朱厚熜就以兴王嫡长子、宪宗"嫡长孙"的身份获得了皇位继承的资格。

朱厚熜是幸运的，正是这"伦序当立"的宗法原则，最终使他登上了皇帝的宝座。

2. 礼仪之争，皇权至尊无上

　　登上了皇帝宝座理应执掌皇权，谁愿意坐在皇帝宝座上当摆设呢？朱厚熜在长达20余年的时间里把精力都投入到嘉靖礼上，绝不仅仅为其父母争夺皇考及皇太后的空虚名位，其真正目的在于加强皇权、冲破内阁制约。就其实质而言，嘉靖大礼之争实为皇权与阁权的争斗。

　　朱厚熜被确定为皇帝继承人之后，皇宫派去接他的人也到了，他还来不及品味这从天而降的喜悦，便随着接驾的车队出发了。四月二十一日，朱厚熜的车驾千里迢迢来到京郊良乡，礼部官员迎候多时，长史袁宗皋呈上礼仪状，告知进京后的典礼仪式，请朱厚熜过目，没想到朱厚熜勃然而怒："我是遵照大行皇帝遗诏继承皇帝位的，不是做皇子来的，为什么制定这样的礼仪？"

　　是什么样的礼仪惹得他这么不高兴呢？礼部在制定礼仪前也曾争论过，有的主张用天子之礼奉迎朱厚熜入京，有的主张用太子继位的礼仪。杨廷和最后裁决，朱厚熜一行从东安门入皇城，暂居文华殿，等到群臣三次上笺劝进之后，再举行登基大礼。这显然是太子继位的礼仪。朱厚熜坚决不同意，固执地驻扎在城外行宫，不肯入京，并请长史袁宗皋回报杨廷和："我不是皇子，不能容忍这样的礼仪。"

　　杨廷和寸步不让，坚持礼部的安排。皇太后怕双方僵持不下无法收场，便下令群臣到郊外迎接，在行殿上笺劝进。朱厚熜这才接受了百官的觐见，当日中午从大明门直入奉天殿，登基做了皇帝，史称世宗。杨廷和等草拟了即位诏书，奉上龙案，只见上面写着："奉皇兄遗命入奉宗祧。"朱厚熜凝视良久，一语不发。最后勉强批发了诏书，第二年改元嘉靖。

朱厚熜即位的第六天，指示礼部商议如何崇祀自己的父亲兴献王与上尊号的问题。礼部尚书见事关重大，不敢自作主张，便去请示大学士杨廷和，杨廷和引经据典说："从前汉成帝无子，立定陶王之子刘欣为嗣，而以楚王的孙子刘景继承定陶王位。当今皇帝入继大统，可以益王之子朱崇仁继承兴献王位。至于尊崇的事，也有宋英宗的事可做参照。称孝宗为皇考，改称兴献王及王妃为皇叔父母，凡祭告兴献王及上笺王妃则称侄皇帝某某就可以了。"

礼部官员照此意见上书皇帝。朱厚熜阅过后大怒说："亲生父母的称呼，难道可以轻易地改变吗？"责令群臣们退出去再行商议。礼部尚书孔澄召开会议，廷臣们再次上书，维持原议。朱厚熜又一次驳回。就这样五次三番，从五月到七月，君臣之间为尊崇兴献王称号，你来我往各持己见。

皇帝与内阁之间的气氛日益紧张。有个叫张璁的观政进士看准了时机，力排众议，上疏皇帝，称言：廷臣援引汉、宋故事不能成立。今陛下以天伦之序立为皇帝，不必指为孝宗的后嗣，陛下作为兴献王的长子，哪能断绝父母之义。建议在京师特立皇考庙，表达圣上尊亲的美德，同时尊崇兴献王后为皇后。

入京两个月，朱厚熜郁郁不乐，深感势单力薄不能制服内阁势力，忽然得见张璁的奏疏，不禁大喜，说道："张卿议论一出，我们父子得获恩义两全了。"

皇帝亲自手书诏旨，命杨廷和、蒋冕、毛幻等追尊自己的生父为兴献皇帝，母亲为兴献皇后，祖母为寿安皇太后。诏书传下，杨廷和等内阁大臣坚持不让，索性将诏书封还皇帝。给事中朱鸿阳、御史王湊等纷纷上书极力弹劾张璁。朱厚熜气愤难平，按下弹劾表章，不做处置。

一波未平，一波又起。九月二十五日，朱厚熜将生母蒋氏从湖北安陆接到通州。如何举行奉迎的仪礼又成了激烈争论的中心。内阁建议兴献王妃蒋氏等经由内城崇文门进入东安门到达皇宫，朱厚熜不答应。礼部只好做了修正，改为由正阳左门入大明东门。朱厚熜还是不答应。

为什么朱厚熜一点也不肯含糊呢？因为内阁拟定的全是外藩王妃进入皇宫的礼仪，沿途走的都是偏门。滞留通州的兴献王妃听说朝廷争论欲以孝宗为皇考，愤愤地说："怎么能把我的亲生儿子，当作他人之子！"转过身来又指着前来迎接的朝中官员们说："新皇即位，你们都荣宠披身，为什么兴献王的尊称却迟迟确定不下来？"兴献王妃哭哭啼啼发了一通火，干脆坐住通州，不打算东进一步了。

朱厚熜在金殿上得报说母亲在通州痛哭流涕伤心不已，便启禀皇太后，坚决请求退避皇帝位，亲自奉送母亲回归湖北安陆。朱厚熜这样做，是廷臣们无论如何也没有想到的，朝廷中引起一阵躁动，唯有杨廷和不为所动，坚持原议。进士张璁孤注一掷，他知道自己的举动博得了皇帝的赞赏，于是冲破内阁的拦阻直接上书左顺门，为皇帝尊崇兴献王寻找理论根据。朱厚熜在孤立无援之际对张璁的支持万分感动，将奏疏留在了身边。

老谋深算的杨廷和为了防止内阁与新立皇帝的冲突无限扩大，以皇太后的名义传诏礼部，追尊兴献王为兴献帝，兴献王妃为兴献后。这样既暂时缓和了矛盾，又充分表明了内阁的立场。

拖到十月初四，朱厚熜的母亲兴献后才姗姗由大明中门进入皇宫。照朱厚熜的意愿，兴献后进谒奉先、奉慈二殿后，又要拜谒太庙。内阁大臣又站出来抬出祖训："妇女不得进太庙"，给坚决制止住了。

不知不觉，朱厚熜做皇帝已经八个多月了，所谓的大礼之争才暂时平息下来。坐在龙案前的朱厚熜皇帝与朝廷大员们着实较量了一番，双方似乎各有胜负。朱厚熜最不能容忍的是做臣子的那股咄咄逼人的气势。这年

第十一章 中材之主 世宗朱厚熜

年末，朱厚熜又传下谕旨，又要在兴献帝和兴献后的尊称上再加个"皇"字，好像不如此就不够名正言顺。内廷杨廷和等自然不同意，又一次采取了封还诏书的强硬做法。杨廷和等再三再四封还御札，几乎使朱厚熜无法下台。按照汉唐以来的制度，内阁对于皇帝的诏旨敕令，凡认为不合时宜的都有权封驳。但是像杨廷和内阁这样屡次三番违忤圣意，在明代历史上还是极其少见的。朝堂上即将掀起一场轩然大波。

嘉靖元年（1522年）正月，清宁宫后殿烧起无名大火。杨廷和不失时机地上书，声言："宫殿披火，恐与兴献帝、后加称有关。天意示儆，不可不慎！"

这一派危言耸听的说辞，再加上大小官员随声附和，弄得素来迷信天道的嘉靖皇帝也不得不有所收敛，暂时将加称号的事情搁置起来。随着朱厚熜阅历的增长，他越来越感到以杨廷和为首的内阁像是一副枷锁，捆绑着自己的手脚。大礼仪之争，让小皇帝与内阁之间的矛盾日趋尖锐。

一直密切注视着朝廷动向的张璁看破了此中的奥秘。自从前次张璁上书支持朱厚熜被杨廷和打发到南京以后，耿耿于怀，伺机报复。张璁年轻时七次应考都名落孙山，直到47岁那年才考中进士步入仕途。为了平步青云，他独树一帜，把晋升的希望全部押在皇帝身上。嘉靖二年（1523年）十一月，张璁与南京刑部主事桂萼合谋，再次上书北京，攻击杨廷和等内阁官员，建议朱厚熜循名求实称孝宗为皇伯考，称兴献帝为皇考，并单为兴献帝在皇宫内立庙祭祀。奏疏呈上，果然博得朱厚熜的欢心。但是施行起来，杨廷和仍然是个障碍。朱厚熜假借事端向杨廷和频频施加压力。杨廷和别无选择，只好在嘉靖三年（1524年）正月，辞去了内阁的职务。

张璁、桂萼因为议礼一事，力排众议迎合皇帝，建立了功勋。因此朱厚熜特意把他们召回京师，擢升翰林学士。从此，张、桂二人有恃无恐，刻意谋划。嘉靖三年（1527年）七月，在左顺门当着皇帝的面，突然抛出指责内阁官员欺君罔上的13条罪状，咒骂他们朋党为奸。朝廷官员们被激怒了，纷纷上书抗争。朱厚熜针锋相对，所有上书一律扣留，不予答复。

朱厚熜朝罢之后，回归文华殿歇息。杨廷和的儿子杨慎在金水桥南，拦住散朝的官员们，振臂高呼："国家供养文人武士一百五十余年，今天是需要我等仗节死义的时候了！"

二百余名官员返身回转左顺门，纷纷跪倒。更有一些激情难耐的官员痛哭疾首，大呼"高皇帝""孝宗皇帝"。中官传话到文华殿，朱厚熜毫不理会，传下圣谕，只说请诸位先行退去再说。

左顺门前群情激昂，丝毫没有退却的迹象。朱厚熜没想到自杨廷和罢官而去，朝廷官员依然如此不识时务。盛怒之下，令锦衣卫动手逮捕为首的八名官员。杨慎眼睁睁看着八名官员被绑架出去，奋不顾身抢上左顺门，被守门卫士强行拦住。杨慎手抚大门失声痛哭。台阶下二百余名官员也呜呜咽咽伏地悲鸣。刹时间，紫禁城内哭声震天。文华殿内朱厚熜也大发雷霆，传下圣旨，门下强谏的官员一一录下姓名，一百九十余名朝廷大员全部逮捕入狱。数日之后，杨慎等为首的官员远配戍边，余下的一百八十余人棍棒之下惨遭辱打，编修王相等十七人被活活打死。

议礼反对派哭左顺门的悲壮义举，被朱厚熜一顿大棒打得烟消云散。皇权是唯一的胜利者。但是这件事并没有就此结束，直到嘉靖七年（1528年）三月，议礼的余波依然未平，朝廷一纸发文，追究当年参与议礼的官员的罪责。首当其冲的杨廷和，尽管官职已无，朝廷念其迎立朱厚熜有功，免去了死罪，但仍指定他为罪魁，削籍为民。其余内阁官员，不论死去或健在，一律严厉处置。

接下来，嘉靖皇帝又开始琢磨着将自己的父亲称宗祔庙。按照封建宗法的规定，只有生前在位的皇帝，死后才可以有庙号，称祖或者称宗。在古代帝王的世系中，一般是始祖称祖，继祖者称宗。朱厚熜的父亲生前没有做过皇帝，虽然已经追尊为皇帝称号了，但根据宗法原则，称宗入太庙则完全不行。嘉靖皇帝再一次打破了常规，将自己的父亲称宗祔庙，嘉靖十七年（1538年）九月十一日，朱厚熜率领群臣给太宗朱棣上尊号为"成祖启天弘道高明肇运圣武神功纯仁至孝文皇帝"，给兴献帝尊号为"睿宗钦天守道洪德渊仁宽穆纯圣恭俭敬文献皇帝"。十三日，奉兴献皇帝的神主进入太庙。二十一日，在大内的玄极宝殿举行了明堂秋享之礼，以睿宗配祭。

到了这个时候，持续18年之久的大礼议之争，才最后宣告结束。大礼仪由仪礼之争发展成政治斗争，是封建宗法制和君主专制制度的必然产物。

"大礼议"的起因和表面目的是世宗的父母该如何称呼，先皇孝宗及其皇后又该如何称呼，以及相关的一系列礼仪称谓问题。朱厚熜主张给予自己过世的父母以一般皇帝的父母的崇高待遇，应该把其生父兴献王追封为"恭睿献皇帝"，而孝宗的一些旧臣，以首辅杨廷和为代表，则力主视世宗为孝宗的继子，以维持皇家血统的大宗地位。其根本原因在于对封建宗法制度和皇位继承制度的理解不同。议礼反对派以宗法制中的大宗、小宗为根据，力图维护封建纲常和朱明皇统中大宗为主的地位；议礼派则主要以封建礼制中的"孝道"为根据，认为圣人之治国当以"孝敬"为先，"圣人之孝尊亲为大"，则进一步强调"非天子不议礼""务以明天子尊，复国威"相号召，这正是以小宗入承大统的朱厚熜最需要的，所以嘉靖帝依靠议礼派在理论上的支持，运用皇权的无上威力，彻底打败了议礼反对派。

嘉靖借大礼议风波加强了皇位，此后的45年中，没有人再敢触动他的权威。

3. 树权威，改革祀典

皇帝也需要树权威，以此来加强自己的统治。有的皇帝是通过铲除身边的异己来树立威信，有的则是通过改革吏制来抬高自己，而嘉靖皇帝却是通过改革祀典这一系列活动，将朝臣都换成了能够对自己的意愿心领神会的人，使其皇权进一步得到了巩固。

在争大礼的过程中，朱厚熜在议礼派的支持下，用皇权压制了反对派。同时在双方的争论过程中，朱厚熜自己也阅读了很多有关礼制的书籍。从儒家经典《十三经》到汉、宋诸儒对礼制的注解，朱厚熜都进行了研讨，对封建礼制的认识更深刻了。朱厚熜越来越认识到理论宣传和礼制建设的重要性。为了改变自己在左顺门事件中留给臣民的不良印象，为了通过礼制的改革树立自己作为英明的中兴之主的形象，朱厚熜开始了更定祀典的改革。

明王朝的建立者朱元璋很注重礼制建设，从洪武元年开始，他就命中书省组织翰林院、太常司，定拟祀典。经过礼官和儒官们的努力，制定了有明一代的礼制规模。

中国古代对天、地、日、月的崇拜由来已久。天又称"昊天上帝"，是古人想象中人间万事万物的主宰者，自从先秦时期天命观形成以后，历代帝王无不自认为受命于天，人间的皇帝乃"上天之宗子"，因此称为天子。地指大地，也称"皇地祇"，大地是自然万物生长的所在，因而古人把皇地祇想象为与"昊天上帝"相对的神。

朱元璋在建国之初拟定祀典，首重祀天之礼，洪武元年由中书省臣李善长奏进《郊祀仪》，其开篇就说道："王者事天明，事地察，故冬至报天，夏至报地，所以顺阴阳之义也。祭天于南郊之圜丘，祭地于北郊之方泽，所以顺阴阳之位也。《周礼·大司乐》：'冬日至，礼天神，夏日至，礼地祇'。《礼》曰：'享地于郊，祀社于国'。又曰：'郊所以明天道，社所以明地道'。《书》曰：'敢昭告于皇天后土'。按古者或曰地祇，或曰后土，或曰社，皆祭地，则皆对天而言也。"

根据中书省臣的考证，朱元璋折衷古礼，在钟山之阳建圜丘，钟山之阴建方丘。冬至在圜丘祭祀昊天上帝，夏至在方丘祭祀皇地祇。洪武时期配祭的祖先是朱元璋的父亲仁祖，建文时期撤仁祖，改奉太祖朱元璋，洪熙元年又在朱元璋之下增设太宗朱棣配祭。

在洪武十年以前，太祖朱元璋对天、地一直是按冬至、夏至分别祭祀于圜丘和方丘，并有陪祭的自然神灵。洪武十年秋，由于在祭祀斋居期间阴雨连绵，朱元璋细读汉代京房的灾异之说，感到天地分祭不太合适，又命在南郊建大祀殿，从洪武十二年（1379年）正月开始合祀天地于大祀殿。永乐十八年（1420年）朱棣迁都北京之后，在北京也建成大祀殿，规制一如南京，从洪熙元年（1425年）以后合祀天地、二祖并配之制也就一直沿袭下来。

当朱厚熜感觉自己对古礼了解得已经不少，可以"斟酌古法，厘正旧章"之时，他首先就把目光投向了郊祀大礼，因为这里是最能取得突破的地方。同时，为了使更定祀典能够顺利进行，他先和自己颇为信任的大学士张璁进行了商量。然而，令他万没想到的是，张璁这位当初在礼仪之争中出过大力的下属居然反对自己的意思。这让朱厚熜十分沮丧。

正在朱厚熜欲罢不能之时，嘉靖九年（1530年）正月十五日，吏科给事中夏言上了一封奏疏，"请帝亲耕南郊，后亲蚕北郊，为天下倡。"这一奏疏正中朱厚熜下怀，他感到古代的天子亲耕南郊、皇后亲蚕北郊之礼，正与他想更定的南、北郊之礼相合，便让夏言就南北郊之礼提出建议。

夏言是嘉靖朝的一个重要人物，他日后的飞黄腾达正是因为他的这次奏疏。不久嘉靖皇帝就采取了夏言的建议，并命夏言监工，协同户、礼、工三部在南天门（即正阳门）外择地兴建圜丘。

夏言通过更定郊祀之制而得到朱厚熜的青睐，在兴建圜丘时自然十分卖力，择好地址后马上兴工。在嘉靖九年十月完工，朱厚熜亲自将圜丘坛殿定名为皇穹宇。第二年夏天，北郊安定门外方丘、东郊朝阳门外朝日坛、西郊阜成门外夕月坛的坛墠也相继完工。

四郊工程竣工，分祀之制就此确定。朱厚熜更定祀典最重要的一项内容——改革郊天大礼终于成功了。紧接着，嘉靖又将"皇后亲蚕礼"纳入祭祀范围，并更定了孔子的祀典。

4. 换首辅，控制内阁

明世宗朱厚熜通过换首辅的方式，来控制内阁，从而将皇权牢牢地控制在自己手中，进一步加强了朱氏家族的统治。

明代的内阁是皇权专制的产物。从英宗以后到朱厚熜即位之际，明代的中枢权力机构呈现出内阁和司礼监权力迭相消长的形势。内阁的地位之所以重要，就在于它掌握了"票拟"大权。所谓票拟就是群臣所上的章奏，在送给皇帝审批之前，先由内阁学士阅看后用一张小纸写上应该批示的意见，贴在奏疏的封面，再进呈皇帝批准。由于有了内阁票拟的意见，皇帝觉得可以时，用红笔批准，就可以照票拟的意见执行。所以在制定、执行各种方针政策时，内阁起着极大的作用。但是，在很多时候皇帝由于种种原因而不愿"批红"时，就让司礼监的宦官代劳，由此而使司礼监得以乘机挟制内阁，造成宦官干政的局面。英宗时的王振专权、武宗时的刘瑾专权，就是用司礼监批红大权钳制内阁权力的典型。

尽管内阁受到皇权和司礼监权力的控制，明代内阁仍然在中枢机构中扮演着越来越重要的角色，并且在内阁中形成了首辅制度。朱厚熜即位之时，杨廷和正位居首辅，定策迎立、除大奸、决大策、扶危定倾，把明代内阁的作用发挥得淋漓尽致。但是，朱厚熜即位以后，他对内阁发挥的作用却感觉有些不满意了，其主要的矛盾就在于大礼仪之争。

朱厚熜在即位的过程中，就和当时的首辅发生了冲突，接下来的大仪礼之争更让皇帝和首辅的冲突白热化，并导致了首辅杨廷和隐退。这些事情让朱厚熜感到了内阁对自己行动的制约。因此，在大仪礼之争结束后，朱厚熜就开始更换内阁人选，把自己喜欢的人换到内阁。

左顺门事件之后，朱厚熜在张璁、桂萼等人的支持下议定了大礼，所以对二人十分宠信，就想把张、桂二人调入内阁。但是，这两个人虽然得到了朱厚熜的信任，却受到内阁首辅费宏及阁臣石瑶的压制，张、桂二人就上章奏攻击费宏。费宏对二人的攻击难以忍受，就上疏朱厚熜请求退休，终被批准。与其同时，内阁成员石瑶也被准予退休。

费宏和石瑶的去职，使内阁空出了位置。本来，朱厚熜的意思是想让张璁进入内阁。当他请继任首辅杨一清推荐人选时，杨一清却推荐了致仕在家的弘治朝大学士谢迁，而没有推荐张璁。张璁由此而怨恨起杨一清来，因为杨一清当年是由他的推荐而重新入阁的，现在却不推荐他，岂不是知恩不报，于是两人产生了嫌隙。由于张璁没能入阁，朱厚熜又让廷臣推入阁人员，结果还是没有张璁。朱厚熜不满意，令廷臣再推，结果仍然没有张璁，朱厚熜只好从中检用了吏部右侍郎翟銮，让他以吏部左侍郎兼学士衔入值文渊阁，参预机务。

朱厚熜很明白，廷臣推不及张璁，主要就是由于张璁在议礼问题上和朝臣积怨太深。为了使自己亲信的人能进入内阁，朱厚熜终于在嘉靖六年（1527年）十月征得首辅杨一清同意后，用中旨任命张璁以礼部尚书兼文渊阁大学士衔进入内阁。后来在嘉靖八年（1529年）二月用中旨任命桂萼以少保兼太子太傅、吏部尚书、武英殿大学士衔入内阁。这样，两个议礼之臣终于得到了重用。

张璁进入内阁后，便将杨一清排挤出朝，自任首辅。当朱厚熜感觉到张璁"颐指百僚，无敢与抗者"，并且在改革郊祀大礼中不能支持自己时，就又开始提拔夏言。夏言得到朱厚熜信任后，在更定祀典中发挥了很大作用，官途也十分顺利，从都给事中的官位不到一年就升为礼部尚书，这在明代历史上是从未有过的事。夏言因自己受到皇帝的信任，又见朝臣士大夫们都厌恶张璁,便与张璁对抗,两人产生了矛盾。朱厚熜在张璁和夏言之间进行了调和。但是,为了控制并制止张璁的跋扈行为,朱厚熜曾三次通过批准张璁致仕而加以裁抑。及至夏言任首辅之后,朱厚熜又通过提拔严嵩来和夏言对抗,进而保持自己对内阁的牢固控制。

明代政治史,内阁大臣们一旦受到攻击或者与皇帝意见相左时,每每求退,一方面是对皇帝施加压力,使其尊重阁臣们的意见,特别是首辅的意见;另一方面也是阁臣们为了自己的荣誉和节操。但是朱厚熜却从中学会了一套政治手腕,他批准不批准谁致仕、对阁臣的争斗表不表态,完全根据自己的政治需要和个人情感而定,从而把内阁牢牢地控制在自己手中。

5. 财政危机，制定《宗藩条例》

世宗"亡羊补牢"，为时已晚。国家财政出现危机后，才想办法补救，已经太迟了。嘉靖虽想力挽狂澜，但其效果甚微。

在嘉靖中后期的财政危机中，宗藩岁禄的不断增长是一项重要因素，因而促使朱厚熜对此进行改革，产生了《宗藩条例》。

宗藩制度是中国封建时代家天下的必然产物，封建帝王为了防止国家大宝落入他人之手，往往将自己的子孙分封为王，出镇各地，依靠他们对地方军政官吏加以限制和监督。明代从朱元璋开始定制封藩，他分封了24个诸侯王，遍布全国各地。对以后历代皇治、军事、经济、文化产生了巨大的影响。

朱元璋在分封藩王的同时，又对诸侯王的各种待遇做了一系列的规定，这些规定为后世所遵循，因而形成宗藩制度。按制度规定，诸侯王享有优厚的政治、经济待遇。朱元璋为了笃亲之宜，将整个宗室变成坐食岁禄的寄生阶层，整日过着游手好闲的生活。

明代宗室所享受的各种待遇，到靖难之役以后经过成祖朱棣的整顿，其政治权力以及军事权力不断被削弱，朝廷对宗室的防范也越来越严密，以致形成严格的藩禁。如宗室不得参与兵事，参政、出仕、从事四民之业有禁，出城有禁，藩王相见有禁，入朝有禁，与官府打交道有禁，王府置官属有禁等。与政治上、军事上的藩禁相伴随的，是宗藩经济特权的膨胀，即每出生一个宗室人口，就要享有一份宗藩岁禄。此后，随着时间的推移，宗室人口每隔30年左右就翻一番，宗藩岁禄也就成倍地增长，终致成为明朝廷不堪忍受的重负。

朱厚熜即位以后，明朝宗室人口和宗禄的增长，已经给朝廷的财政造成了沉重的压力。嘉靖八年（1529年）正月，户部尚书梁材奏报嘉靖七年的情况说，去年"太仓所入止130万金，而支出却达241万"，造成财政超支的弊端有五项，"一宗室，二武职，三冗食，四冗费，五逋欠"。此时边疆的危机还不严重，所以梁材将宗室禄米耗费列为弊端之首，他强调：百姓的税粮有限，而宗支的繁衍无穷，以有限之土地而增无限之禄粮，如不早做打算，将来不堪设想。到六月，詹事霍韬也建议：将洪武初年藩王人数、所支禄米和今日藩王人数、所支禄米如实核查。梁材和霍韬的奏疏，提出了宗室岁禄日益增长的危害，促使朱厚熜不得不认真寻找办法。

由于朱厚熜是以藩王入继大统的，不愿意决然改变朱元璋"禄之终身"的老办法。但是，宗藩岁禄给政府的压力实在是太大了。有人分析，嘉靖初年，国家支给每一宗室的岁禄在四百石左右，而这时的宗室人口基数已在十余万以上，这是一个王朝所难以承受的。朝中的一些有识之士纷纷上书，指出宗藩岁禄的危害。

经过两年多的讨论，在礼部尚书李春芳的主持下，终于拟订了"议处王府事宜六十七条"，上奏给世宗。朱厚熜审阅之后，诏为书颁行，赐名《宗藩条例》。《宗藩条例》是嘉靖皇帝为解决宗室岁禄问题的沉重负担而进行的重要改革，其主要内容不外乎是：通过限制妾媵的数目来抑制宗室人数的急剧上升；通过奏减和折支等办法减少原定的禄米数额；削减宗室一些无关紧要的浮费。尽管它很有限，但毕竟在一定程度上限制了宗室人数和禄米的急剧增长，也为万历时期制定《宗藩要例》奠定了基础。

但是，由于朱厚熜不想彻底废除宗藩的寄生性生活，不能采取让宗室入民籍、开应举之途、弛商贾之禁等让宗室自食其力的措施，因而他的改革也只能是修修补补，并不能从根本上解决宗藩岁禄给朝廷财政带来的压力，宗藩问题也就由大明朝廷一直背负到它的灭亡。

第十二章　悠闲天子　穆宗朱载垕

　　明穆宗朱载垕（1537—1572年），明世宗朱厚熜第三子，世宗病死后继位。朱载垕即位后，倚重高拱、陈以勤、张居正等大臣的鼎力相助，实行革弊施新的政策，一改世宗时的弊政，使朝政为之一振。他用人不疑，放手让他的臣子去发挥才能，使得隆庆朝和万历朝前十年成了明王朝回光返照的时期。这一时期社会比较稳定，经济比嘉靖朝有了重大发展，可以说朱载垕在使明王朝向最后一个繁荣时期发展的过程中，起到了重要的过渡作用。

1. 二龙不相见，忐忑十几年

明世宗朱厚熜只为自己考虑，连皇太子都没有立，忽视朱氏家族的利益，国家的利益就更不用提了。

嘉靖皇帝在位四十年，在位期间宠信严嵩等一干奸臣，搞得朝廷上乌烟瘴气，小人结党，国势日下。世宗皇帝本人也有两大爱好，一是青词，二是丹药。这两大爱好又和他宠仙好道、追求长生分不开。世宗在位的后20年基本上没上过朝，并不断服用龙虎仙丹。很多宫女不堪折磨，导致后来发生了宫女谋刺世宗的事件。当时几个宫女合谋勒死世宗，眼看就要大功告成时，因为一个宫女临时胆小告密，世宗这才从鬼门关上捡回了一条命，但终因元气大伤，没过几年就驾鹤西归了。

世宗共有8个儿子，除长子、次子外，五子、六子、七子、八子也都早死。三子朱载垕（后来的穆宗）生于嘉靖十六年（1537年）正月二十三日，生母是杜康妃，早年失宠，因此其幼年很少得到过父爱。嘉靖三十二年（1553年）正月，杜康妃去世。不久，刚满16岁的朱载垕出居裕邸，开始了独立生活。未来的天子，却没有太子的身份，这让他的心灵深处蒙上一层阴影。四子景王朱载圳与朱载垕同岁，仅小一月。景王生母卢靖妃比穆宗生母杜康妃颇多几分姿色，因此为世宗所宠爱。景王出生时，世宗曾亲作《嘉善歌》，抒发心中的喜悦。嘉靖四十年（1561年）景王就藩德安府，那是世宗生父兴献王的藩府故地，也是世宗的龙兴之所。

第十二章　悠闲天子　穆宗朱载垕

朱载垕一直为太子之位惴惴不安，在世宗面前更是倍加小心。他并没有因景王之藩而减少内心的压力，说不定什么时候他的父皇就会下一纸诏令，召回景王，立为皇储。嘉靖四十二年（1563年），朱载垕得子，按照古事，百日当给小孩命名，可是他不敢向父皇请名，更不敢在裕邸大搞喜庆活动。直到他即位时，其子近4岁，才命名朱翊钧。朱载垕的疑惧直到嘉靖四十四年（1565年）景王去世，才算解除。一个人心灵上受到压抑，往往会走向两个极端：或放纵自己的行为，或更加约束自己的举止。朱载垕属于后一种，他也因此获得了良好的声誉。他在裕邸期间常常微服外出，北京的街头巷尾大都留下他的足迹。史载：穆宗即位不久，一日突然想吃果饼，叫身边内侍去办。不一会，尚食监和甜食房各开来做果饼的单子，需采买松榛、面粉、糖料等物，价值千两白银。穆宗笑着说道："这种果饼何需千金，只要银五钱，便可在东长安大街勾栏胡同买一大盒。"内侍闻言都缩颈而退。这说明他在这一时期有比较多的机会接触社会，了解国计民生。

随着年龄的增长，朱载垕也开始关心时事朝局。他亲眼看到明朝面临着日益严重的危机。内部，严嵩专权，朝纲颓废，官吏腐败，民不聊生。外部，"南倭北虏"之患愈演愈烈，特别是庚戌（1550年）之变，蒙古鞑靼部首领俺答汗竟然兵临北京城下焚杀抢掠，给他留下了难以磨灭的印象。而他的父皇明世宗自嘉靖二十一年（1542年）在遭宫娥谋杀逃生之后，就移居西内，崇奉道教，与朝臣的接触越来越少，与自己儿子的接触也越来越少，这也让父子二人的思想越来越远。万幸的是，朱载垕身边有徐阶、张居正、高拱等几位贤明大臣的扶持和教诲，这对他未来的执政产生了深远的影响。这些人在朱载垕即位后，都受到了重用，使穆宗一朝的发展保持了积极的方向，也为朱家王朝赢得了更多的时间。

明世宗之所以在太子亡故后，不立朱载垕为太子，倒不是想换人，只是因为他迷信方士陶仲文"二龙不相见"的说法。所谓"二龙不相见"，是说皇帝乃"真龙天子"，皇太子亦未来之"真龙天子"，前者是大龙，后者是小龙。如果早立太子，二龙相遇就会相克。在嘉靖看来，自己的生命是最重要的，所以他一直没有再立太子，没有为自己确定继承人。这种一心只为自己考虑，不顾家族和国家利益的做法，在历朝历代也很鲜见。

而朝臣们也不知道自己该如何站队，很多大臣们都在掂量着应该这个时候支持谁，跟谁的队。这种政治猜测非常危险，尤其是对朱载垕相当不利。幸好，没有发生什么意外，朱载垕最后还是登上了属于他的皇帝宝座，也给朱家带来了一段短暂的光明。

第十二章　悠闲天子　穆宗朱载垕

2. 执掌天下，革弊施新

穆宗朱载垕登上皇位后，实施了一系列新政，使明朝的社会经济有所发展，延缓了明朝的衰亡步伐。

朱载垕从父亲手里接过来的是一个千疮百孔的天下，嘉靖皇帝宠信道教，二十多年不理朝政。朝廷奸臣当道，政治腐败。明穆宗即位后，第一件事就是发布遗诏，革弊施新，"百姓万民莫不感动号哭"。所谓革弊，第一件事就是平反冤狱。朱载垕即位后立即宣布释放海瑞，恢复官职。之后，明穆宗又先后给弹劾严嵩、谏止斋醮、大礼议、李福达狱及议复河套等案中被迫害被贬斥的臣僚平反，或恢复名誉，起复官职，或平反昭雪，安抚恤录。穆宗出于励世之心，平反嘉靖一朝大量案件，收到了两个明显的效果。首先是疏通了嘉靖朝闭塞的言路。此后，只要是有利于朝廷安定，有利于农田水利，有利于整饬边备的建议，他大多采纳。隆庆元年（1567年）十二月，沧州盐山县县丞王邦直条陈十事。明穆宗以其言多切中时弊，令吏部详议以闻，并叮嘱"勿以官卑废言"。所以隆庆一朝言路比较畅通，许多重要的决策均来自下面，竟有"群议毕收"、众思咸集之称。其次是相对地缓和了统治层的内部矛盾。嘉靖时，阁臣一旦失宠，不仅名声扫地，而且还有被杀抄家的危险，甚至有时还要连累不少官员。明穆宗则"优崇辅弼"。隆庆一朝先后有阁臣10人，阁权之争也时常发生，他从不轻率支持其中的任何一方。其初，徐阶为首辅，人心向慕，羽翼亦广。高拱以藩邸旧臣自居，与之争衡，势力较为孤单。明穆宗调和无效，只得暂罢高拱。隆庆二年（1568年）七月徐阶致仕后，穆宗才又起复高拱，使之为内阁首辅。他之所以如此，是因为他懂得多数朝臣的倾向和内阁的协调一致对稳定局势、推行新政是不可或缺的条件，所以每逢内阁出现意见分歧，他总是设法调解，从而保证了最高统治层在重大决策上的一致性。

革弊的第二项内容是颁诏削夺故真人邵元节、陶仲文官爵及诰命；罢除一切斋醮，撤西苑内大高玄殿、围明等阁、玉熙等宫及诸亭台斋醮所立匾额；停止因斋醮而开征的加派及部分织造、采买。穆宗清除这些弊政，使朝纲整肃，法度修明，同时也减轻了平民百姓的负担。

至于施新，明穆宗在登极诏书中概括为"正士习、纠官邪、安民生、足国用"等项。实际上，这四句话已成为隆庆新政的纲领。

"正士习，纠官邪"，也就是抓吏治。穆宗即位后十分重视吏治整顿，他认为各级官吏是否忠君报国、廉洁奉公是治理国家的关键。严格考察制度则是吏治清明的保证。明代对官吏的考察有京察和外察之分。京察是考察京官的制度。弘治以后，一般六年举行一次，于巳、亥之年进行。外察又称朝觐考察，是考察地方官的制度，一般三年举行一次，于辰、戌、丑、未之年进行。隆庆朝对官吏的考察次数远远超过了制度的规定。如隆庆元年（1567年）考察京官，二年朝觐考察地方官，三年考察京官，四年考察言官，五年朝觐考察地方官。依明朝旧制，王府官不予考察。中期以后，亲王在地方上侵田占土，为非作歹，家仆仗势欺人，鱼肉百姓，横行乡里。隆庆三年（1569年）明穆宗规定，王府官除良医、典乐、引礼舍人外，一律参与考察。像穆宗这样重视官吏的考察，在明朝皇帝中还是很少见的。由于穆宗严格了考察制度，所以隆庆朝的吏治比较清明，士风也相对纯正。

在推行新政中，明穆宗还注意采取一些"安民生，足国用"的措施。主要有三个方面：

其一，蠲免救济。穆宗即位以后，立即宣布蠲免隆庆元年（1567年）全国一半的田赋，同时免除嘉靖四十三年（1564年）以前的逋赋。据统计，隆庆元年减免天下钱粮9098609石，以后每年蠲免也在二三百万石左右。隆庆年间自然灾害较多，特别是河患、地震频仍。灾害发生后，穆宗一般都能够做到即时救济。这对于灾后的百姓多少起到了一些安抚作用。

其二，抑止兼并。明朝中期以来，大土地所有制恶性发展。穆宗即位不久，曾一度清理庄田，限制了一部分皇族大地主无限度地扩充土地，但土地兼并的趋势并未从根本上扭转过来。如黔国公沐朝弼，不仅在云南有庄田174所，而且在甘肃平凉界内也占有大量草场土地。大地主阶层一方面兼并土地，另一方面想方设法隐瞒田土，逃避赋税，把各种名目的赋税加派转移到贫苦农民身上。对此，穆宗采取了两项措施。其一是限田；其二是清田。以后，张居正继承他的做法，在万历初年对全国土地进行了清丈，又把清田向前推进一步。

其三，体恤商人。重农抑商，是中国封建社会传统的国策。在明朝皇帝中，朱载坖比较注意恤商。在京师，对中小商人"横索多门，剥肤锥髓"的还是宦官控制的各监局。他们公开索取铺垫钱，而户、工二部不能据理而争。对此，穆宗多次亲加训饬，使"商困少纾"。隆庆四年（1570年）六月，穆宗又批准了户部条议恤商事宜，其中规定各监局"有需求抑勒者，悉治其罪"。穆宗还屡屡下诏察革官府私自在桥梁、道路、关津路口抽税。这些做法都有助于当时封建社会内部商品经济的发展。

3. 开放边禁,促进蒙汉交流

穆宗朱载垕执政后,认清了明蒙边境的形势,适时开放边禁,促进了蒙汉人民之间的经济文化交流,解除了蒙古各部对朱氏家族江山的外部威胁。

朱载垕最大的业绩还是在边务方面。从明初到嘉靖末年,明朝边防的主要威胁来自北方的蒙古部族。其间虽有封贡、互市,但是为时短暂,边患未从根本上得到解决。朱载垕即位后,边务方面面临着两个问题。第一,明朝中期以后,政治腐败,军事积弱,瓦剌、鞑靼相继挥戈南下,形成严重边患。明朝必须加强军事实力,起衰振靡,才能在解决北边问题上掌握主动权。第二,明与蒙古各部的战争最终不能割断蒙、汉人民之间经济上相互需求、互为补充的联系。从嘉靖中期起,称雄于蒙古各部的是俺答汗。他在与明王朝的对抗中,开始了重要的转变,要求与明王朝改善关系,通贡互市。而朱载垕的父亲民族偏见很深,多次斩杀来使,"绝彼通贡",使本来可以缓和的民族矛盾不断激化。明王朝只有改变国策,才能适应蒙汉关系的新形势,而这对于朱家的统治是大有裨益的,朱载垕清醒地认识到了这一点。

朱载垕即位后,对北部边防主要做了三件事。第一件是选拔最优秀的军事将领统任北方边防总督、巡抚、总兵官等职务。隆庆元年(1567年)十月,升王崇古为兵部右侍郎兼右佥都御史,总督陕西、延绥、宁夏军务。四年（1570年）正月，又改调总督山西、宣府、大同军事。隆庆二年（1568年）三月，升谭纶为兵部左侍郎兼右佥都御史，总督蓟州、辽东、保定军务。隆庆元年十月，召福建总兵戚继光入京协理戎政，第二年五月改命总理蓟州、昌平、保定三镇练兵事。谭、戚是明代著名的军事家，在抗击倭寇的战争中战功卓著。王崇古也曾参加过抗倭战争，立有军功，嘉靖四十年（1561年）调任宁夏巡抚，亲历行阵，善修战守，功劳显闻。张居正在给他的信中称赞说："夫世必有非常之人，然后有非常之事，有非常之事，然后有非常之功。公所谓非常之人也。"此外，用李成梁镇守辽东，方逢时为大同巡抚，都可以说是委任得人，足当一面。

朱载垕在用人方面一个最重要的特点就是一经委任，信而不疑。无论是谭纶、戚继光，还是王崇古、方逢时，都多次被人弹劾，而穆宗却始终不改初衷，对他们正确的主张，即使有人非议，也支持到底。如谭、戚曾提出在居庸关、山海关间修建3000座墩台，加强边塞的防守，他当即批准。这是明朝继成化后又一次修长城。在建台过程中，流言四起，都说建台无用，谭、戚对此也惶恐不安，不知所措。张居正则去信表示支持，朱载垕更明确表示自己不会改变决定，于是流言始得平息，墩台终得修成。王崇古、谭纶、戚继光等都注重练兵，经过近两年的整顿，边防守御已具备。这与其父嘉靖皇帝用人"忽智忽愚""忽功忽罪"截然不同，而起到的效果也是不一样的。

第二件事是大阅。大阅是一种军礼，亦称阅武，是指皇帝亲自检阅武装力量。洪武、永乐、宣德、正统、天顺、成化几朝都搞过，但规模不大。成化十一年（1475年）后，明朝94年未行此典。张居正在隆庆二年（1568年）提出在京师举行大阅，检阅京军。其目的一是整顿京营，二是扩大影响，从而扭转明朝军队的积弱之势。张居正的建议也曾受到过部分言官的责难，但明穆宗力排异议，断然决定举行大阅，并限期一年整顿京营。隆庆三年（1569年）九月二十日，大阅在京城北郊举行。大阅虽说只是一种形式，但在整饬军务方面却收到了显著的效果。首先京营战斗力加强，其次大阅振奋了军心、民心。从隆庆三年（1569年）九月起，至五年（1571年）二月俺答封贡前，鞑靼各部虽不时南下骚扰，皆被明军拒却，边境得以无事。后来王崇古在与俺答的谈判中，即以大阅为例，宣传明朝军事的振兴，促进了谈判的顺利进行。从此，明政府在处理北方蒙古问题上逐步改变了被动局面，取得了主动权。

第三件事是调整对蒙古各部的政策。首先调整了对蒙古地区汉族居民的政策。汉族居民的来源：一是蒙古各部每次入侵中原抢掠去的人口，天长日久，在塞外定居；二是山西、宣大等地军民不堪忍受明政府的残酷压迫，逃亡塞外谋生。大批汉人来到蒙古地区后，对开发蒙古地区起了积极的作用。嘉靖时，明政府对这些居民虽然也下达过招徕的命令，但实效不大。穆宗即位后，采取多种方式进行招徕。规定"率众来归者，厚加抚恤"。隆庆二年（1568年）八月，逃民白春等5人，闻风各率所部前来归附，穆宗当即予以奖赏。此事影响很大，据王崇古统计，继此之后，仅山西、宣大等地一年之间归降人数就超过了2000人，其中不仅有汉族居民，而且也有蒙古族人民。

穆宗调整政策更主要表现在把汉那吉事件中。把汉那吉是俺答第三子铁背台吉之子，幼年丧父，由俺答的妻子——克哈屯抚养。成年后，娶俺答婿比吉女为妻。不久，又下聘兔扯金之女，准备迎娶。此时，俺答的长女哑不害所生三娘子也接受袄儿都司的聘礼。俺答见三娘子艳丽多姿，就将其夺为己有。袄儿都司闻讯愤怒，要起兵与俺答为敌。俺答不得已将把汉那吉所聘兔扯金之女嫁给袄儿都司。为此，把汉那吉与俺答结怨，声称"我祖妻外孙，又夺孙妇与人，吾不能为若孙"，于是率众投奔明朝。把汉那吉来降，颇有影响。如何处置把汉那吉，朝中大臣们颇有争论。王崇古、方逢时主张接收把汉那吉，而御史饶仁侃、武尚贤、叶梦熊等则以敌情叵测，反对收留。穆宗、高拱、张居正都支持王崇古、方逢时，认为把汉那吉是一部之长，有军事实力，对其他各部也有影响。于是朱载垕下诏，优抚把汉那吉，封他为指挥使。这时，叶梦熊再次上疏反对。为了平息异议,朱载垕指斥叶梦熊妄言摇乱,降二级,调外任。经过王崇古、方逢时的调解,把汉那吉又与俺答重归于好。隆庆四年(1570年)十二月,俺答为了与明朝改善关系,以实现多年的贡市愿望,把赵全、李自馨等执献明朝。明朝也劝说把汉那吉重回俺答部。双方在改善关系方面都主动向前迈出了一步。

明朝与蒙古部关系要进一步发展,必须解决三个问题:一是封,指封俺答为王及其昆弟子侄为官;二是贡,指俺答及其部下,向明朝入贡;三是互市,指俺答及其属部在限定日期、限定货物,与明朝择地通商。王崇古主封、主贡而不主互市。隆庆五年(1571年)三月,穆宗封俺答为顺义王,其他各部首领也先后封为都督同知、指挥同知、指挥佥事、千户、百户等官职。至于通贡互市,在经过一番争论之后,穆宗采纳张居正、高拱的建议,表示立即执行封贡之议。总之,穆宗比世宗较少民族歧视思想,主张"华夷一家""胡越一体",应当"并包兼育"。他的这种思想,在当时是难能可贵的。

俺答封贡,首先结束了蒙古各部与中原王朝近200年兵戈相加的对立局面,这是200年来未曾有过的形势,这种局面一直延续到明朝末年。其次,俺答封贡也促进了蒙汉人民经济、文化的交流。隆庆时的互市不同于嘉靖时的马市。马市是官市,不准军民生儒闲杂人入市。互市有官市,也有私市。私市准许边民贸易,于是交易扩大到了民间。隆庆六年(1572年)冬又开月市,每月市一二日。互市、月市深受蒙汉人民的欢迎,成为连接两族人民友好关系的纽带。

4. 甩手掌柜，垂拱而治

"伴君如伴虎"形容君主如老虎一样，对人很难信任。但穆宗朱载垕却是对身边的人信任有加，这样才不用自己费心劳神地去处理政务。他的统治已经达到了"不统而治"的最高境界。

朱载垕在位期间，如果只就政事而论，在朱家的十几位皇帝中还是不错的，为朱氏家族的延续作出了较大的贡献。朱载垕最大的一个特点是能听得进去各种对国家有利的建议，从不与内阁成员相对抗。可以说，他是一个能忍的皇帝。朱载垕将朝政大事委托给自己信任的大臣，自己每天在后宫花天酒地。由于明朝的权力结构比较合理，即便是皇帝不在，朝政依靠内阁照样能够正常运行，所以，朱载垕实际上是一个名副其实的甩手掌柜。

朱载垕很幸运，即位后满朝是人才济济，文有徐阶、张居正、高拱、杨博，武有谭纶、戚继光、李成梁，穆宗这个人还有些齐桓公的风范，非常信任自己的老师高拱，在后期，所有政事都交给了高拱和张居正来打理。在军事上，辽东的李成梁正是忠勇奋发的时候，戚继光镇守蓟州也井井有条。朱载垕本人常以桓公自诩，把高拱当成管仲，这样一来给了朝臣很大自由发展的空间，二来高拱也不负厚望，兢兢业业，大明国事也就有了中兴之相。不过终穆宗一朝隆庆帝只召见过两次阁臣，总体来说在勤政方面穆宗还是比较懒散的。

第十二章　悠闲天子　穆宗朱载垕

隆庆在即位后很快就将权力交给高拱为首的内阁，自己有了空闲就在后宫享乐，广修宫苑。野史上讲，穆宗皇帝这人特别好色，曾服用大量春药，每天要数名美女陪伴，隆庆帝在宫中的用品从小到茶杯，大到龙床，全部刻上了男女欢爱的雕塑和彩绘。由于不上朝，隆庆帝把大量空闲时间用去享乐。对于隆庆帝的纵情声色，很多大臣如高拱等都曾上书进谏，朱载垕闻言总是很温和地说，国事有先生我就放心了，家事就不劳先生费心了。由于纵欲过度，外加长期服食春药，隆庆帝的身子没几年就江河日下，摇摇欲坠了。

当然了，朱载垕做甩手掌柜也有他的条件，明朝中晚期的政治体制和思想道德在中国封建社会历史中是非常特殊的，国家的治理已经逐渐由文官阶层来完成，皇帝在行政管理上的权责越来越少，逐渐成为一个大臣用来争取立法的工具和道德象征。通俗地说就是，当大臣们意见一致的时候，皇帝就可以丢到一边去了，大家这个时候最不喜欢皇帝出来干预任何事，否则有成为暴君的危险；而当大臣们有意见分歧的时候，皇帝就被拿来做最后的裁决人，大家这个时候最希望皇帝出来为自己撑腰，否则有被骂为懒惰的昏君的危险。同时，大家还要求皇帝要做道德的典范，孝、仁、礼、信、勤、义缺一不可，否则也有被骂为昏君或者暴君的危险。比如朱载垕的伯父正德皇帝朱厚照，在他祖母去世的时候因为广场上下雨积水，就好心地要大臣们可以免于跪拜，结果却反而被大臣们抓住了"孝"字骂得狗血淋头。所以在明代中后期，皇帝当得是非常可怜的。如果说有谁能比较符合这个标准，也就明孝宗能算得上了，毕竟这位皇帝忍功相当强，你要我做什么我就做什么还不行吗？即便如此，孝宗想闲暇时候研究一下佛学，也最后被逼承认错误。当然，在文人的笔下，就写成了皇帝幡然醒悟，回头是岸。

朱载垕同孝宗一样，他绝大多数时间配合大臣们的要求，自己绝对不去干预那些大臣们做事情。因为他有自知之明，内阁和各部院可以把事情做得很好，大明王朝的国家机器即使没有他也能照常运转。但他也不像孝宗那么压抑自己而求全于大臣，该寻欢作乐的时候决不约束自己，不想上早朝就不上早朝，反正对那个时代的皇帝来说，所谓早朝根本就已经变成了一个无聊的仪式，有事写个奏章，他照批就是了。大臣们都把事情给做好了，如果有矛盾他再出面调解一下。所以朱载垕在位期间，国家开始出现中兴之象，而他的生活却比孝宗悠闲得多。古人所理想的"圣天子垂拱而治"，综观中国两千年的封建社会史，估计也就朱载垕最为接近了。

第十三章　亡国之君　神宗朱翊钧

　　明神宗朱翊钧（1563—1620年），隆庆六年（1572年）六月即位，以次年为万历元年。即位初，朝事主要依靠内阁大学士张居正。张居正从事改革，使明王朝在政治、经济、军事等方面都有所振兴。万历十年（1582年）朱翊钧亲政后，追夺张居正官阶，逐步废止其改革措施。他晏处深宫，不常视朝，声色犬马，荒废政事；又大肆兼并土地，溺志于财货。其在位期间，围绕立太子发生的"国本之争"，更是将明王朝进一步推向深渊。后人评论：明代亡国始自朱翊钧。

1. 幼年继位，权力易他人

少年天子朱翊钧能够将朝政打理得井井有条，靠的就是"垂拱而治"。"垂拱而治"靠惯性在延续，朱氏家族的统治也在靠惯性延续。

朱翊钧生于嘉靖四十二年（1563年），生母李贵妃原为裕王邸宫女，后被当时还是裕王的朱载垕看中，隆庆元年（1567年）被封为贵妃。据说她对儿子朱翊钧教育颇严，一心想让他成为一个有为之君。

朱翊钧自幼就聪慧过人，读经史过目不忘，而且颇为早熟。6岁时，他看见朱载垕在宫内骑马奔驰，便上前挡道谏阻说："父王为天下之主，单身匹马地在宫中奔驰，倘若有一个疏忽，那可不得了。"朱载垕听后深受感动，当即下马，立他为太子，自此更加喜爱他。隆庆六年（1572年）五月二十六日，朱载垕病逝。六月初十日，年仅9岁的朱翊钧即皇帝位。

朱载垕去世时，为朱翊钧留下了很好的内阁班子，朝中贤臣当国，人才济济。内阁大学士张居正、高拱、高仪都是正直之士，极善谋略，而此时的内宫也非常安定，朱载垕的正宫陈皇后与朱翊钧生母李太后相处得非常融洽，并且当时的大太监冯保也是明朝不可多得的好太监之一。

尽管朱翊钧当时还是一个非常年轻的"少年天子"，但在这些人的支持下，励精图治，推行新政，颇有英主气象。朱翊钧任用张居正为内阁首辅，并大力支持张居正的变法改革，从而换来了经济发展和社会相对安定的局面。这段时期，不仅是朱翊钧人生的辉煌时期，而且也使当时濒于崩溃的大明帝国获得了短暂的复苏和繁荣。这一切当然与李太后、冯保等人的支持是分不开的，但主要还是张居正忠心耿耿努力侍君的结果。

张居正原本和高拱、高仪二人一样，同是朱载垕去世时的内阁顾命大臣。只不过由于种种原因，高拱、高仪先后都离开京城还乡，使得朝中三位顾命大臣只剩下张居正一人，而朱翊钧的生母李太后在朱载垕去世后，就把教育培养朱翊钧的任务交给了张居正，因此张居正就不得不担当起辅弼小皇帝的重任。张居正一方面治理国事，另一方面非常注重对朱翊钧的教育，亲自为他安排周详的课程，指导他读书，选拔有素养的大臣主持教学，培养其治国安邦的本领，因而朱翊钧也与他建立了深厚的师生之情。

据说，朱翊钧平时非常尊敬张居正，言必称张先生，从不直呼其名。冬天上课时，朱翊钧总是嘱咐小太监将厚厚的毛毯放在张居正的脚下，以免冻着脚。张居正生病后，朱翊钧更是亲自为他煎药，而张居正为了感激皇帝的知遇之恩，更是加倍努力，事必躬亲，将一个大明王朝治理得井井有条。

2. 阁臣相争,制造千古疑案

权力的诱惑力实在是太大了。为了权力,高层的阁臣之间也相互争斗。当然,他们争的只是相位,而不是皇位。因此,朱氏家族的江山不会改姓。

朱载垕给自己的儿子留下的班底可谓人才济济,但是,朱载垕本人在位时,这些人之间就已经开始钩心斗角,然而朱载垕只是一味地调解,并没有采取什么有力的措施,这为日后的党争埋下了伏笔。神宗即位后,阁臣们之间的矛盾终于爆发了。高拱和张居正相互排挤,一门心思地想把对方赶出内阁,独揽大权。

高拱、张居正都是托孤重臣。张居正工于心计,藏而不露。高拱则性格外向,在文渊阁不时向同僚发出"十岁(虚岁)太子,如何治天下"的慨叹,但他万万没有料到的是,几天之后,这竟成了自己的罪状。

就在主少国疑之际,一股新的政治势力正在迅速崛起,这就是宦官冯保。冯保,深州人,自幼入宫,在嘉靖年间已经是司礼监秉笔太监。司礼监是明代宦官二十四衙门之首,设掌印太监一员,秉笔和随赏太监八九员或四五员。其中,掌印太监的地位最高,其次就是兼掌东厂事务的秉笔太监。隆庆初期,司礼监掌印太监空缺,按资历当属冯保。但是他只得到了秉笔提督东厂兼御马监事。原因是高拱推荐了御用监太监陈洪。陈洪罢免后,高拱又推荐尚膳监太监孟冲。在朱载垕去世后,在皇后和贵妃的帮助

第十三章 亡国之君 神宗朱翊钧

下,冯保这才当上了司礼监的掌印太监。由此,冯保与高拱积怨日深。

在神宗即位后的最初6天中,就发生了高拱和冯保两种力量的抗争。在高拱看来,内阁有张居正与他志同道合,除去冯保岂非易如反掌。在他的鼓动下,言官们纷纷上疏弹劾冯保。但高拱错误地估计了当时的形势:以前他战胜过许多对手,实际上是仰赖于穆宗的支持;现在对手的背后却是站在母亲一方的神宗,尽管他只有9岁。何况这时的张居正早已另有打算,而与冯保秘相往来了。言官的奏疏很快就落到了冯保手中。冯保又到皇后、贵妃和神宗面前挑拨是非,把高拱在内阁所说"十岁太子,如何治天下"改为"太子为十岁孩子,如何做人主"。皇后和贵妃一听惊呆了,神宗也被激怒了。

于是皇室内部做出了清除高拱的决定。六月十六日,朝臣纷纷来到会极门。这是神宗即位后第一次接见臣僚。冯保宣读了皇后、皇贵妃和皇帝的旨谕,大意是高拱藐视幼主,将其逐出朝廷。高拱就这样在张居正和冯保的陷害下,离开了朝廷。但冯保心里还不踏实,于是他又紧接着策划了一起以诬陷高拱为目的的王大臣案。

事情是这样的:万历元年(1573年)正月十九日清晨,小皇帝朱翊钧按例出宫视朝。皇帝的轿子刚出乾清门,突然,有一男子着内使巾服,由西阶下冲到皇帝前,当即被守卫人员抓住。从此人衣中搜出刀、剑各一把,经初步审讯后,知道此人名叫王大臣,是常州府武进县人。太监冯保立即将此事奏告皇上。

3天后,正月二十二日,张居正向朱翊钧上奏此事,他的态度很清楚,就是指向所谓"主使勾引之人",其用意是要皇帝顺藤摸瓜,查出王大臣的幕后主使人,"永绝祸本"。年幼的皇帝随即同意了张居正的建议。王大臣被送东厂究问,而东厂正是冯保主管的部门,事件的发展正按冯保的谋划在进行着。

一面是东厂去捉拿高拱的家人,一面是张居正向皇上奏请追查主使者,两人配合密切。一时间,朝廷内外,直到京城闾巷小民,莫不汹汹骇愕。太仆卿李幼滋是张居正的同乡，一听此事，不顾疾病缠身，支撑起身体赶往张府，对张居正说："你怎么能干此事？"张居正说："为何说是我干的？"李幼滋说："朝廷抓得外人，而您即令追究主使之人。今东厂称主使者即是高老。万代恶名必归于您，您将何以自解？"当时科道各官颇为不平，欲上疏陈明此事，但又畏惧张居正，不敢贸然上奏。而刑科诸给事中互相议论："此事关我刑科，若无一言，遂使国家有此一事，吾辈何以见人！"于是写好奏疏，建议将王大臣从东厂送出，由法司审理。为取得张居正的首肯，这些刑科给事中赴朝房向张居正作了解释。张居正竭力阻止他们上奏。科道官们连等五日，从朝至暮，不见张居正的踪影。御史钟继英最终按捺不住，便上疏暗指此事。

然而张居正此意已决，不想中途变卦，便令锦衣卫左都督朱希孝等官员去东厂，会同冯保一起审讯。按照惯例，厂卫审讯犯人必先加刑。于是，将王大臣打十五板。王大臣痛得大叫："原说与我官做，永享富贵。如何打我？"冯保立即打断他的话，问道："是谁主使你来的？"王大臣瞪目仰面说："是你使我来，你岂不知？却又问我。"冯保气得面色如土，又问："你昨日说是高阁老使你来刺朝廷，如何今日不说？"不料，王大臣径直答道："你教我说来，我何曾认得高阁老？"

朱希孝见状不妙，恐怕王大臣把隐情和盘托出，便厉声喝道："这奴才，连问官也攀扯，一片胡说，只该打死。"又对冯保说："冯公公，不必问他。"会审到此草草收场。

冯保还不罢休，进宫后还是以"高老行刺"奏明皇上。皇帝身边一个年逾七旬的殷太监听后，跪下启奏："万岁爷爷，不要听他。那高阁老是个忠臣，他如何干此等事！他是臣下，来行刺，将何为？必无此事，不要听他。"随后又对冯保说："冯家，万岁爷爷年幼，你当干些好事，扶助万岁爷爷。如何干这等事！那高胡子是正直忠臣，受顾命的，谁不知道。那张蛮子夺他首相，故要杀他灭口。你我是内官，又不做他首相，你只替张蛮子出力为何？你若干了此事，我辈内官必然受祸，不知死多少哩？

万万使不得，使不得。"冯保听了，大为沮丧，又无言以对。冯保才省悟到此事难行，即差人报告张居正："内边有人说话，此事不好办矣。"

张居正知道事已不济，便对科道官们说："此事我当为处，只不妨碍高老便了，你们不必上本了吧！"

到了二月二十日夜里，把王大臣送法司审讯时，不知为何，王大臣已中毒而哑，不能说话了。二十一日，三法司同审，并不提问，当即宣判处决，草草了事。

经过以上这些幕后活动，王大臣匆匆处死，此案不了了之。后来，事隔十年，到了万历十一年（1583年），张居正已死，冯保已下台，皇帝朱翊钧对当年的王大臣案发生疑问，便命刑部录进王大臣招供，详加审阅，然后发出谕旨："此事如何这就了了，查问官与冯保质对！"当时的内阁元辅张四维是了解内情的，便委婉地劝告皇上："事经十年，今罪犯已决，希孝又死。"那意思说，此案追查不清了。朱翊钧这才放弃了重新追查的想法。

此案对高拱来说，可算是因祸得福。因这次诬陷失败，张居正与冯保后来一直未再向高拱下手，高拱因此得以享受一个平安晚年，在故乡整理和写作了大量著作，给后世留下了一些颇有价值的文献。

高层明争暗斗的结果是使大权最终归于张居正一人之手。从此，张居正开始实施他的改革计划，朱家王朝最后的鼎盛时期终于来到了。

3. 清算张居正，敛财害天下

> 明神宗朱翊钧把"国家"这个大家当成了"皇帝的小家"，把国家这个大家的财产聚敛到了皇帝的小家里。国家这个大家衰败了，皇帝的小家还能存在吗？朱氏家族的江山还会存在吗？

万历十年（1582年），一代名臣张居正去世，终年58岁。朱翊钧为张居正辍朝一天，并给予崇高的待遇：谥文忠，赠上柱国衔，荫一子为尚宝司丞，赏丧银500两。然而，两年之后的万历十二年（1584年），朱翊钧的态度却发生了180度的大转变：生前"忠贞不贰"的"元辅张先生"，死后反而变成了"谋国不忠"的"大奸臣"。原因何在？由于张居正为人非常正直，得罪了不少大臣，而他所推行的改革也触动了不少守旧势力。在他死后，一些变法期间失势的守旧派大臣乘机反扑，纷纷上奏朱翊钧，要求弹劾张居正和他的支持者冯保。也许是随着年龄的增长，朱翊钧对昔日威柄震主的张居正日益不满，也许是在张居正的严格管理下有些厌倦了。当守旧派大臣提出这些要求时，朱翊钧觉得自己真的应该这样做。

朱翊钧也深知，要想树立自己的权威，就必须摆脱张居正的影响；而要彻底摆脱张居正的影响，就必须清算张居正，推倒张居正。只有这样，才能为自己开始亲政、独揽朝中大权打下牢固的基础，因而清算已死的张居正成为朱翊钧亲政之后所做的第一件大事。但朱翊钧心里明白，张居正在世时，自己曾重用张居正，并许下了许多诺言，而今要实现这个转变，

第十三章 亡国之君 神宗朱翊钧

必须寻找时机,找到借口,而且要有计划,有步骤。可从哪里下手呢?经过权衡利害得失,他决定先拿冯保开刀。

万历十年(1582年)十二月,朱翊钧以欺君蠹国之罪,免去冯保东厂提督之职,抄没其家产。张居正在世时,与冯保互为依存,谁也离不开谁。冯保垮台,张居正必然在劫难逃。果然不出所料,朱翊钧随后将张居正重用的人统统罢免,同时为从前反对张居正的人一一恢复名誉或官职。不久又诏夺了张居正所封官职、谥号,其家产被查抄,家人被谪戍。

全面否定张居正改革,是朱翊钧本人由勤变懒、全面废弃励精图治的标志。当朱翊钧彻底摆脱了张居正的束缚之后,就开始了他的独裁统治。从此以后,朱翊钧完全变成了另一个人:昔日少年天子的气派与风采,已经不复存在,取而代之的是长年深居禁宫,嗜酒、恋色、贪财,私欲膨胀,恣意妄为。

独裁统治的背后,必然隐藏着严重的危机。万历二十年(1592年)二月,宁夏副总兵起兵反叛;五月,日本发动侵朝战争;同时大明的西南地区又发生叛乱。朱翊钧被迫三路出征,史称"万历三大征",历时十余年。虽然最终取得全面胜利,但也丧师数十万,耗银千万两,致使国库空虚,百姓遭难。自此开始,明朝一步一步由盛转衰。

在朱翊钧亲政的后20年,他基本上是一个不理朝政的皇帝。而这时,东北的后金却迅速崛起,努尔哈赤以30年时间统一了满洲女真各部落,并于万历四十四年(1616年)建立了后金政权,形成了与明王朝相对立的地方政权。朱翊钧为了应付辽东战事,先后三次下令加派全国田赋,时称"辽饷"。此举非但无济于事,反而使民不聊生,阶级矛盾进一步激化,明王朝灭亡的危机已然形成。因此后人评论:"明之亡,不亡于崇祯之失德,而亡于神宗之怠惰。"

同时,朱翊钧亲政的晚期不仅仅是"怠于临朝,勇于敛财",更重要的表现是过度纵情于酒色财气之中。朱翊钧的贪财在明代诸帝中可谓最有名了。关于他贪财的事例极多:在亲政以后,他查抄了冯保、张居正的家产，就让太监张诚全部搬入宫中，归自己支配；为了掠夺钱财，他曾以采木、烧造、织造、采办为名搜刮民财。万历十九年（1591年），仅景德镇御窑厂烧造的瓷器就达23万多件；他还曾多次派遣宦官为矿监税使，四处搜刮人民，而且征税的项目千奇百怪，无物不税，无地不税，使百姓怨声载道。官逼民反，因此起义不断，动摇了朱家统治的基础。

4. 神宗昏庸，党争乱国

党争是历朝历代封建统治集团内司空见惯的现象。是党争乱国吗？恐怕不是。应该是统治者昏庸无能。

明神宗贪婪无止境，一部分内阁大学士和官吏又委蛇转圜其间；另一部分中下级官吏，在政治上受到排斥，他们看到明朝政治日趋腐败，社会危机日益加深，要求改良政治，挽救危机。前者是当时统治阶级中的主流派，后者是非主流派。主流派与非主流派之间进行了长期的较量，史称为"东林党议"。神宗反对臣下结党，一再强调"不许借言奸党攻讦争辩"，对无止无休的党争更是深表厌恶，殊不知党争的总根源恰恰是他自己。

万历二十一年（1593年），论干支则为癸巳，这是明朝规定对京官进行考察的年份。明朝中叶以来，内阁权势上升，每逢考察，主持计典的人总要先向内阁打招呼，当时人称"请教"。内阁信任的人，即使是不肖者也必留用；内阁厌恶的人，虽然有才干也必罢黜。张居正以后的内阁，对皇帝因循苟且，但干预考察的权力却不肯放弃。这一年，主持京察的是吏部孙金龙、左都御史李世达和考功司郎中赵南星。他们一心奉公，锐意澄清吏治，决定废去"请教"的惯例。考察一开始，他们先罢免了自己的亲属，割情捐爱，毫不徇私。他们之所以这样做，目的就是希望以自身的廉洁奉公给当时的官吏做个榜样。接着他们罢黜了一批贪官污吏，降调了一批碌碌无为的平庸官吏，其中包括内阁大学士赵志皋的弟弟赵志儆，以及内阁大学士王锡爵、张位的亲信。赵南星等严于自身、严于要津、贪吏必察的做法，受到许多朝野人士的赞许，癸巳京察被称为明朝二百多年来搞得最好的一次计典。而内阁大学士们却向神宗上疏指责说"抑扬太过"。

昏聩的明神宗竟然是非不辨，黑白不分，把赵南星贬官三级，并停止孙金龙俸禄。这就理所当然地激起朝中一切有正义感的官吏的不平，他们纷纷上疏为赵南星等人伸冤。神宗又以臣下结党为由，把赵南星革职为民。孙金龙无奈，只得告老还乡。为赵南星抱不平的官员接着陆续遭到谪遣。

这些有正义感的官吏，为了澄清吏治，虽然纷纷被神宗驱逐出政府，却于暗中逐渐形成了一股政治力量。顾宪成回到家乡无锡后，与高攀龙、钱一车、顾允成、安希范、刘元珍、叶茂才、薛敷教等人开始了讲学活动。万历三十二年（1604年），在常州知府欧阳东凤的支持下，他们重新修复了无锡东门的东林书院。从此，顾宪成等人讲学其中。顾宪成认为："官辇毂，志不在君父；官封疆，志不在民生；居水边林下，志不在世道。君子无取焉。"因此他们在讲习之余，往往"讽议朝政，裁量人物"，抨击当权派。一时"士大夫抱道忤时者，率退林野，闻风响附"。东林之名于是大振。与此同时，冯从吾在关中书院讲学，邹元标在江右书院讲学，余懋衡在衡州书院讲学。四大书院之间联系密切，彼此支持，相互声援，与在朝的李三才等人"遥相应和"。这些人，后来就被朝中主流派称为东林党。

除了东林党外，还有内阁辅臣沈一贯、方从哲和给事中姚宗文的浙党，给事中亓诗教为首的齐党，给事中应震为首的楚党，以宣城人汤宾尹为首的宣党，以昆山人顾天峻为首的昆党。上述各党，除了东林党，各党都在朝廷里你争我夺。党争涉及的问题很多，但多数都与明神宗有关。神宗懈怠政事，东林党人则希望他亲政，重握纪纲，与天下更始。但是明神宗已经听不进这些呼声。东林党人要求他御朝的呼声越高，他就越厌烦，东林党人也就越遭到排斥。

东林党人还要求：明神宗克制自己的贪欲。他们反对神宗和大地主集团侵田占土，反对神宗派出矿监税使四出掠夺。其中以淮抚李三才谏止矿税的奏疏最为著名。东林党人曾经推荐李三才进入内阁。李三才，字道甫，通州（今属北京）人，万历二年（1574年）进士，历官至右佥都御史总督漕运，并巡抚凤阳。他做官颇有政绩。东林党人认为，李三才具有"卓识""大才"，如果进入内阁，可以更新朝政。但是浙党反对他入阁。围绕李三才进入内阁的问题，双方争论了一年零三个月。明神宗任其争论，不置一言，实际是不愿意李三才入阁。万历三十九年（1611年）二月，李三才被迫离职。在他离开凤阳伍所时，百姓老幼提携，满街塞巷，哭泣相送，情景十分感人。李三才回到通州张家湾后，建立双鹤书院，讲学其中。浙党恐其东山再起，给他捏造了许多罪名，使他怀才不遇，愤恨而死。

朝廷内外激烈的党争，让这些朝廷的重臣们整天着眼于争权夺利，无心政事，导致朝政荒废，为朱家王朝的灭亡立下了"汗马功劳"。

5. 国本之争，遗祸整个家族

"国本之争"是封建世袭制的朝代都可能出现的现象。但是，像明神宗朱翊钧朝代长达近30年之久的"国本之争"，在历史上却是空前绝后的。明神宗朱翊钧既违背祖训，又优柔寡断，昏庸无能，致使"国本之争"持续太久，遗祸整个家族，导致了大明江山从根基上彻底垮塌。

"国本"，就是太子；"争国本"就是万历年间围绕解决立太子的问题而发生的一场政治斗争。从万历十四年（1586年）到万历四十二年（1614年），万历朝围绕确立太子的"争国本"斗争历时近30年。

神宗的王皇后无子，王恭妃生子朱常洛（即后来的明光宗），郑贵妃生子朱常洵（即后来的福王）。朱常洛年长，按立嫡以长不以贤的礼法原则，朱常洛应该被立为太子。但万历皇帝极宠爱郑贵妃，准备立朱常洵为皇太子，甚至和郑贵妃一起到神殿宣誓，要立她的儿子朱常洵为太子。神宗把誓言写在纸上，放在玉盒里，交由郑贵妃保管。但另一方面，废长立幼又是犯忌的事，神宗担心群臣反对。朝臣果然依据封建王朝太子立嫡，无嫡立长的法纲据理力争。

首辅申时行于万历十四年（1586年）二月，上《请册立东宫以重国本疏》，拉开了长达近30年的波及整个朝廷的国本之争的序幕。申时行的奏请立即引起了满朝文武的共鸣。各部府司道诸衙门都纷纷上章奏请。户部给事中姜应麟、吏部验封司员外郎沈璟、刑部山西司主事孙如法、河南道御史杨绍程等人的奏章言辞尤为激烈。万历皇帝一怒之下，将这四人严厉降处。

万历十七年（1589年）十二月二十一日，申时行、大学士许国、吏部尚书朱繥、礼部尚书于慎行等人除了继续陈请早行册立之外，还陈请神宗对朱常洛及早进行"预教"（出阁读书）。这个"预教"，其实只是一种形式。这种形式一旦举行，就等于事实上承认了朱常洛的太子地位。神宗无奈，不得不表态：第二年就举行建储典礼。但一年过去了，神宗仍找各种借口拖延，朝廷内外纷纷传言神宗将废长立爱。

万历二十一年（1593年）正月，神宗诏示大学士王锡爵，拟把皇长子常洛、皇三子常洵和皇五子常浩一并封王，待以后再从三人中选有才能者立为太子。王锡爵遂即疏请令皇后抚育长子朱常洛，则长子即为嫡子。神宗却告谕礼官，同时将三人封王。这个谕旨一下，立即遭到文武群臣更加激烈的反对，群情激愤，反对"三王并封"的奏章接二连三，总数上百本。当年闰十一月，经过群臣反复执争，神宗被迫答应皇长子"明春先行出阁讲学礼"。次年二月，朱常洛出阁讲学，接受教育。至此，群臣等取得初步胜利。神宗迫于群臣的强大压力，被迫放弃了"三王并封"的谕旨，但又抱着"待嫡"之说不放。后来直至皇太后施加压力，才在万历二十九年（1601年）十月立朱常洛为皇太子，同时也封常洵为福王，藩国洛阳。

按太祖洪武皇帝的遗训，藩王被封后，必须立即就藩之国。但是，福王被封后十多年，却一直留在京师。福王不就藩，太子的地位就不稳定。

朱常洛被立为太子后，朝廷大臣奏请福王就藩之国的奏章不断，万历皇帝一直在拖延。直到万历四十一年（1613年），万历皇帝再也拖延不下去了，才以第二年春天为期，但又同时提出条件，福王庄田要达到四万顷。然而，当时无法凑足四万顷之数。朝廷大臣，特别是东林党人上书反对，万历皇帝被迫让步，减为二万顷。万历四十二年（1614年）二月，皇太后临死前再度施加压力，加之皇长孙由校（常洛长子）也已9岁，神宗看废长立爱的可能性已经不复存在，才将朱常洵封国洛阳，满朝文武这才如释重负。

然而，这一切并没有结束。万历四十三年（1615年）五月，发生了一件对太子不利的大事，更证实了大臣们的忧虑。此月初四日深夜，一位名叫张差的男子，竟手持枣木棍，打进皇太子居住的慈庆宫的宫门内，击伤守门内侍李鉴，冲至前殿檐下，最后被内侍韩本用等人擒获。

事发后朱常洛惊恐万状，而且"举朝惊骇"。万历帝下令审讯。负责审问的为"浙党"官吏，说张差是个疯癫病人，企图糊涂结案。而巴结郑贵妃的内阁首辅、"浙党"首领方从哲也不愿深究。东林党人、刑部提牢主事王之寀，通过单独提审和与刑部官员共审，使张差供出：是郑贵妃手下太监庞保、刘成"令我打上宫门，打得小爷（指太子），有吃有穿"。朝中东林党人怀疑是郑贵妃欲谋害太子，坚决要求追究到底。事情牵连郑贵妃，朝议汹汹。

郑贵妃闻知后，对万历帝哭泣。万历帝说："外廷语不易解，若须自求太子。"于是，郑贵妃就找到了皇太子朱常洛。史书记载，郑贵妃向太子号诉。就是郑贵妃找到了皇太子朱常洛，嚎啕大哭，诉说事情的原委，请求太子宽恕。二人对话的过程是：贵妃拜，太子也拜，贵妃和太子是且泣且拜，一面哭一面拜。万历皇帝一看这事情闹大了，牵连到郑贵妃不好，又牵扯到太子——两头为难，怎么办呢？他决定亲自来处理这个事。万历帝在慈宁宫皇太后灵位几案前召见太子和百官，令太子降谕处理此案，禁止株连，就是不要牵扯太多人。皇太子朱常洛既不愿意得罪父皇，也不愿意得罪郑贵妃，不敢深究此事，也想大事化小，小事化了，息事宁人。万历帝因为都是他们家里头的事情，也不想深究。最后决定把张差处死，两个太监庞保和刘成在内廷被秘密打死，草草了结这桩大案。负责此案审理的王之寀遭到反东林党一派官吏的攻击，万历帝将他削职为民。这就是"梃击案"。

梃击案斗争的焦点，从表面上看是郑贵妃意欲谋害太子朱常洛而未得逞，好像是皇帝的家事，但实质上是国事，反映出朝廷中东林党与其他派系的政治斗争。尽管万历帝亲自处理结案，但这件事情始终疑云重重。此后大臣们常以此为题目，"奏章累数千百，由是门户之祸大起"。

从万历十四年（1586年）二月开始，满朝文武为了使朱常洛能够册立为太子，以六七位阁臣的离职，上百名大臣被降处的沉重代价，前后苦争了15年，护卫了19年，群臣所上奏疏成千上万，朱常洛才得以被册立为皇太子，并终于继承了帝位。但万历为躲避国本之争隐入皇宫，不理国事，不处理天灾带来的后遗症，对边防缺乏必要的关心和整治，使得国家出现了数以万计的流民，社会矛盾激化，边防懈怠。而一代枭雄努尔哈赤却在不断地蓄积实力和成长，终成为明王朝大患。

"国本之争"加快了朱家天下灭亡的步伐。

第十四章　一月天子　光宗朱常洛

明光宗朱常洛（1585—1620年），明神宗朱翊钧长子。神宗病故后继位，在位仅一个月，因病后服红丸而死，终年36岁，葬于庆陵（今北京市十三陵）。朱常洛是明代传奇色彩最浓的一位皇帝，明宫三大疑案都与他有关。他在位仅一月，是明朝在位最短的一位皇帝。而他的死却使明朝丧失了最后一根救命稻草，因为明朝接下来的统治者是文盲兼木匠的熹宗皇帝和有史以来权势最盛的宦官魏忠贤。朱家王朝在没落的路上越走越远了。

1. 红丸谜案，葬送朱家最后的救命稻草

都言英雄爱美，皇帝更难例外。阅尽封建王朝，哪个皇帝不好色？明光宗朱常洛好色只是小事，被人利用却是大事，加上政治上的幼稚，究竟是谁害死了他？恐怕连他自己都不知道。历史演变至此，朱氏家族连这棵救命稻草也稀里糊涂地丢掉了。

明万历四十八年（1620年）八月明神宗病逝，朱常洛随后继位。改年号为"泰昌"。朱常洛继位后，进行了一系列革除弊政的改革。他发内帑犒劳边关将士，虽然杯水车薪，却也是万历朝很难见到的。他罢除了万历朝的矿税，这种税收曾一度使民不聊生，民变迭起。同时又拨乱反正，将由于进谏而得罪皇帝的官员全都释放，并官复原职。面对万历中后期官员严重不足的情况，朱常洛重振纲纪，提拔了一批新的官吏，补足了缺额，使朝政有了一些起色。然而，光宗有一个致命的特点，就是好色。

在当初的国本之争中，郑贵妃和朱常洛闹得很不愉快。在朱常洛登基后，郑贵妃为了讨好朱常洛，保全自己在后宫的地位，就从侍女中选了几个长得漂亮的进献给他。朱常洛照单全收，全然忘了以前的遭遇，整天沉迷于女色。

由于神宗弥留之时，曾遗言于朱常洛，要朱常洛封郑贵妃为皇后。神宗离世的次日，朱常洛传谕内阁办理此事。此时，神宗原来的王皇后以及朱常洛的生母王氏都已经去世，郑贵妃一旦变成皇后，在接下来的泰昌朝

中,她就可能成为皇太后。礼部右侍郎孙如游上疏指出,既然朱常洛另有生母,怎么能封郑贵妃为皇后呢?朱常洛对此感到十分为难,于是将奏疏留下不发。后来,在八月二十日,朱常洛收回了封郑贵妃为皇太后的成命。

郑贵妃担心朱常洛会因前嫌而报复自己,采取了两方面的措施:一是勾结朱常洛所宠幸的李选侍,请求朱常洛立李选侍为皇后,李选侍则投桃报李,请朱常洛封郑贵妃为皇太后;二是向朱常洛进献美女,以取悦于朱常洛。喜爱美色的朱常洛面对美女,自然是夜夜纵乐。本来就因为生活压抑而虚弱的身体,骤然要承担如此多的政事,又贪恋美色,"退朝内宴,以女乐承应""一生二旦,俱御幸焉",由是基本上累垮了。到八月初十日,身体就不行了,宣医官陈玺诊视。八月十二日,一心想做一个好皇帝的朱常洛拖着病体接见大臣。大臣们见到皇帝面容憔悴,"圣容顿减"。十四日,便发生了崔文升进药事件。

崔文升不知皇帝阴虚肾竭,还以为是邪热内蕴,下了一副泄火通便的猛药。结果,朱常洛一宿腹泻三十余次,危在旦夕。这下子,闯了大祸,朝廷上唇枪舌剑,吵声骂声不绝于耳。重臣杨涟上书,指责崔文升误用泻药。崔文升反驳说并非误用,而是皇帝用了"红丸"造成病重。东林党人马上强调,不但崔文升用药不当,还拿"红丸"之事败坏皇帝名声。

病危之中的朱常洛,躺在病榻上,仍念念不忘"红丸",想要服用。鸿胪寺丞李可灼当即进了颗红色丸药,朱常洛服后,没甚动静。晚上,朱常洛又要求再服一丸,李可灼又进了一颗红色丸药。结果,不一会儿,皇上就手捂心口,瞪着两眼,挣扎几下,一命呜呼了。朱常洛才即位三十天,就一命归西了!

两颗"红丸",一条人命,震惊朝野,酿成大案。红色药丸是不是"红丸"?它到底是什么药?为什么在皇帝病重之时,进这种丸药?崔文升和李可灼怎么这么大胆?崔和李有没有幕后指使者?

明末宫廷内党派斗争激烈,"红丸"一案,引起了党派间更加尖锐的矛盾。有人认为，李可灼进的"红色丸药"就是"红丸"。"红丸"就是红铅丸，是普普通通的春药。春药属于热药，皇帝阴寒大泄，以火制水，是对症下药。李可灼把春药当补药进上，是想步陶仲文后尘而已，只不过他时运不佳……有人认为，那红色丸药是道家所炼金丹。用救命金丹来对付垂危病人，治活了则名利双收，死了算是病重难救。李可灼很可能是这样想，也是这样做的。

还有人认为，拿春药给危重病人吃，有悖常理。李可灼明知自己不是御医，病人又是皇帝，治出了问题，脑袋都保不住，为什么还这样大胆进药？况且，朱常洛纵欲伤身，急需静养，怎么还用这虎狼之药？由此推断，李可灼必是受人指使，有意谋杀皇上。再一追查，崔文升曾是郑贵妃属下之人。崔该杀！崔的幕后指使也该追查！

另外，李可灼是首辅方从哲带进宫来的，也要追查方从哲。方从哲想逃脱罪责，慌忙上书请求退休。可是退休之后，声讨他、要求严办他的书文还特别多。方从哲一面极力为自己辩护，一面自请削职为民，远离中原。许多大臣为他开脱，也难了断。

最后，李可灼被判流戍，崔文升被贬放南京。"红丸"案算了结了，可是还有余波。

天启年间，宦官魏忠贤当权，他要为"红丸案"翻案。于是，声讨方从哲的礼部尚书孙慎行被开除了官籍，夺去所有官阶封号，定了流戍。抨击崔文升的东林党人也受了追罚，高攀龙因此投池而死。崇祯年间，惩办了魏忠贤，又将此案翻了回来。

崇祯死后，大明王朝又一次以此为题材挑起党争，直到明王朝彻底灭亡。小小红丸惹起的党争，简直是祸国殃民，实在是让人扼腕长叹。

2. 李康妃恃宠生娇

地位具有极大的诱惑力。为了提升自己的地位，连后宫的女人也开始不淡定了。这又是朱家王朝的一段有意思的插曲。

明光宗朱常洛有一宠妃，也是后来天启帝的养母，她就是李康妃。朱常洛当太子的时候，封了两位姓李的姬妾为选侍，二人虽然同姓，但无亲缘关系。为了区分她们，人们称她们为西李（后来的康妃）、东李（后来的李庄妃）。东李地位虽然高些，但不及西李献媚撒娇，不如西李受宠。

西李仗着自己受宠，不把后宫中的其他人放在眼里，经常欺负别人，甚至将王才人殴打凌辱致死。王才人（后追封孝和皇后）是太子朱常洛长子朱由校（后来的天启帝）的生母。万历年间，万历皇帝亲赐给她"才人"的封号，其在太子宫中的地位仅次于太子妃郭氏。郭氏病死后，太子宫中地位最高的女人自然就非王才人莫属了。但西李不管不顾，竟然害死了王才人。更让人想不到的是，事后西李非但没有被惩罚，反而成了朱由校的养母，既提高了自己的地位，又积累了一项重要的政治本钱。毕竟朱由校是神宗的皇长孙，无疑是政治斗争的重要筹码。

西李曾是郑贵妃的属下，跟郑贵妃一干人关系密切。随着自己越来越受宠爱，西李的欲望也越来越大，竟开始插手朝政。她跟郑贵妃沆瀣一气，为了各自的利益达成了一项协议。西李支持郑贵妃封为皇太后，郑贵妃则支持西李封为皇后。明光宗病卧期间，两个女人一而再地唠叨，最终使得明光宗下了一个决心。他召集大臣，商议封西李为皇贵妃。但是西李总是不放心，便躲在外面偷听。当她听到光宗封自己为贵妃时，她心里不乐意了，便拉着朱由校直接闯了进去，非得让光宗封她为皇后不可。她还让朱由校帮自己说好话，朱由校迫于压力，便对人们说封她为皇后吧！但礼部侍郎孙如游却说："太后、元妃等人的谥号还没有尊上，把这些事情解决后再封皇贵妃不晚。"方从哲等大臣又来到榻前把情况向光宗说了一遍。结果，光宗没有改变主意，只是封西李为皇贵妃。

然而，没多久，明光宗因为服用"红丸"便驾崩了。西李闹了半天，没有做成皇后，非常不甘心。于是她做了一个大胆的决定，赖在乾清宫不走，逼迫那些大臣答应她当皇后。乾清宫是明朝皇帝的法定住所，西李又牢牢地控制着储君朱由校，自认为万无一失。由于新君无法举行登基大典，所以大臣们忍无可忍，立即采取了行动。

西李本想以这种市井泼妇的手段来谋取皇后的地位，其野心和胆量都让人敬佩，但她的头脑和见识，却让她的梦想终成为泡影。经过几次交锋，西李最终败下阵来，选择了认输。于是，她抱着女儿，去了自己该去的地方——妃嫔养老地仁寿殿。

天启帝朱由校终于顺利即位，出于对父亲的孝顺，没有惩罚西李，不过也没有给她封号。后来，魏忠贤掌握大权。此前魏忠贤是西李身边的心腹太监，因此两人关系不错。此时她见魏忠贤得势，便拼命讨好巴结他。在魏忠贤的帮助下，西李又被尊封为"康妃"。

七年后，明熹宗病死，异母弟明思宗崇祯帝即位，消灭了魏忠贤集团。明思宗念及西李是父亲爱妃的情面上，放了她一马，保留了康妃头衔！这也算得上是一个奇迹了。后来，明朝灭亡，李康妃被李自成俘虏，之后又落到清廷手里，她和其他一些幸存的明朝妃嫔皆由清政府出钱供养起来，也算是善终了吧！

第十五章　木匠皇帝　熹宗朱由校

朱由校（1620—1627年在位），年号天启。明光宗长子。即位后令东林党人主掌内阁、都察院及六部。天启二年（1622年）诏复张居正原官，录方孝孺遗嗣，给予祭葬及谥号。宠信宦官魏忠贤。在位期间，土地兼并剧烈，苛捐杂税繁重，社会矛盾进一步激化。天启七年（1627年），农民起义爆发，后金势力壮大，占领辽阳，攻取沈阳，进逼宁远（今辽宁兴城），明代统治濒临溃灭。

1. 新帝即位，移宫起风波

新帝即位，为了树立自己的威信，总要点起三把火。可惜的是，朱家的皇帝一代不如一代，朱氏家族的江山真是没救了！

明万历四十八年（1620年），万历、泰昌两帝相继而亡，新帝继位之事关系着国家的命运，成为朝野关注的焦点。天启皇帝朱由校由于其父泰昌帝朱常洛不得万历皇帝的宠爱，他自幼也备受冷落，直到万历帝临死前才留下遗嘱，册立其为皇太孙。朱由校的生母王才人虽位尊于李选侍之上，但因李选侍受宠，她备受李选侍凌辱而致死，临终前遗言："我与西李（即李选侍）有仇，负恨难伸"。而朱由校从小亦受李选侍的"侮慢凌虐"，终日涕泣，形成了惧怕李选侍的软弱性格。

泰昌帝即位后，朱由校与李选侍一起迁住乾清宫。一月后，泰昌帝驾崩，李选侍控制了乾清宫，与太监李进忠（魏忠贤）密谋挟持朱由校，欲争当皇太后以把持朝政，此举引起朝臣的极力反对。泰昌帝驾崩当日，杨涟、刘一燝等朝臣即直奔乾清宫，要求哭临泰昌帝，请见皇长子朱由校，商谈继位之事，但受到李选侍的阻拦。在大臣们的力争下，李选侍方准朱由校与大臣们见面。杨涟、刘一燝等见到朱由校即叩首三呼万岁，并保护朱由校离开乾清宫，到文华殿接受群臣的礼拜，决定以本月六日举行登基大典。为了朱由校的安全，诸大臣暂将他安排在太子宫居住，由太监王安负责保护。李选侍挟持朱由校的目的落空后，又提出凡大臣章奏，需先交由她过目，然后再交朱由校，朝臣们对此强烈反对。朝臣们要求李选侍移出乾清宫，迁居哕鸾宫，遭李选侍拒绝。李选侍又要求先封自己为皇太后，然后令朱由校即位，亦遭大臣们拒绝，矛盾日渐激化。至初五日，李选侍尚未有移宫之意，并传闻还要继续延期移出乾清宫。内阁诸大臣站在乾清宫门外，迫使李选侍移出。朱由校的东宫伴读太监王安在乾清宫内力驱，李选侍万般无奈，怀抱所生八公主，仓促离开乾清宫，移居仁寿宫内的哕鸾宫。九月六日，朱由校御奉天门，即皇帝位，改明年为天启元年。至此，李选侍争当皇太后、把持朝政的企图终成画饼。

李选侍虽已"移宫"，但斗争并未结束。"移宫"数日，哕鸾宫失火，经奋力抢救，才将李选侍母女救出。反对移宫的官员则就此散发谣言：选侍投缳，其女投井，并说"皇八妹入井谁怜，未亡人雉经莫诉"，指责朱由校违背孝悌之道。朱由校在杨涟等人的支持下批驳了这些谣传，指出"朕令停选侍封号，以慰圣母在天之灵。厚养选侍及皇八妹，以遵皇考之意。尔诸臣可以仰体朕心矣"。至此，"移宫"风波才算暂时宣告结束。它与万历朝的梃击案、泰昌朝的红丸案，一直是天启朝争论的问题，史称晚明三大疑案。

2. 醉心木匠活，大权旁落

修复大明江山，对熹宗朱由校这位醉心于木匠活的皇帝来说，应该是外行。由此不难判定，朱氏的大明江山易主的日子不远矣！

由于父亲朱常洛不为神宗所喜，这个皇孙自然也常在神宗的视野以外。直到神宗临死，他才被册立为皇太孙，有了出阁读书的机会。没想到他的父亲登基一个月就撒手西去，连册立他为皇太子都没来得及，更别提读书的事情了。这一年，朱由校已经16岁，看上去已经是一个少年了，但文化水平还比不上如今八九岁的小学生。他像一个木偶般被养母李选侍和一帮大臣抢来抢去，最后在5天之后变成了一个大国的君主。他名义上统治了这个国家整整7年，但是实际上只是他信任的一个太监在掌控着政治权力。

在朱由校统治期间，宦官专权达到了极限。宠信乳母客氏及宦官魏忠贤，屡兴冤狱，迫害忠良。

魏忠贤进宫前本是一个地痞流氓、赌徒，由于还不起赌债被打得半死。魏忠贤对眼前生活不满，要对仇人报复又没有良策，终于想出了阉割自己、进宫当太监这条路。明朝太监祸乱朝纲的现象比较严重，像魏忠贤之前的王振、刘瑾。魏忠贤到了北京以后，因善骑术射术再加上酒量得到了东厂太监孙暹的赏识，收在门下，带入宫中。后结识了内宫总管太监马谦，去管理化妆品。他凭借权力，用化妆品结交了不少宫女。进了东宫，

第十五章　木匠皇帝　熹宗朱由校

负责朱由校和王才人的膳食。熹宗继位，在其乳母客氏（与魏忠贤有勾结）的劝说下，任命魏忠贤为司礼秉笔太监。魏忠贤从此开始了七年的乱政活动。

不久，魏忠贤除掉了王安，独掌了司礼监。熹宗对奶娘客氏过于依纵，在客氏的要求下，竟封她为"奉圣夫人"，封其子为锦衣卫指挥，给了两千亩香火田。后宫好几个妃嫔，对此很不满意，客氏就串通魏忠贤，在后宫大开杀戒。杀了光宗的选侍赵氏；把身怀有孕的裕妃张氏关进黑巷，迫害致死；不听客、魏摆布的吴贵妃深受皇帝宠爱，就被魏忠贤毒死，然后向皇上禀为暴死；张皇后要生孩子了，且与皇帝感情很好，客氏竟派宫女给她服了打胎药，使孩子流产。张皇后很伤心，就没空管客氏了。客、魏由此开始，控制了后宫。

天启皇帝朱由校为什么这样纵容客氏呢？原来他的父母半生都在危惧飘零之中，地位总是极难巩固，无暇顾及他。他躲在东宫的一个角落里，凄凉孤苦地悄悄长大，只有乳母客氏经常陪着他，为他解除孤独，给他安慰。因此，他对客氏十分依恋，一天不见都不行，对客氏的话几乎无所不从。天启皇帝17岁大婚，已册封了皇后，按惯例皇帝已婚后，嫡母、生母都要迁走，更不要说乳母了。天启大婚后，御史毕佐周和刘兰上疏要求客氏迁出，大学士刘璟也上疏提及此事，皇帝却说："皇后年幼，全靠乳媪保护，等皇祖（万历）下葬后再说吧。"后来又有许多臣子上疏提及此事，在众人的压力下，天启不得不迁走客氏，但每日思念，常痛哭流涕，有时甚至不吃饭，最后传出圣旨，把客氏召回。魏忠贤控制了客氏，天启帝也就落在他的掌握之中了。

天启皇帝性情柔弱胆怯，自即位以来，外廷依靠刘一煜、周嘉谟、左光斗等人，内依客氏。魏忠贤已掌握了内廷二十四监，就把手伸向了外廷，他要挤走内阁权臣，独掌朝政。这需要摆布好小皇帝。魏忠贤手段非常多，为皇帝安排各种活动。如请年少好胜的小皇帝观看宦官演操、打枪、划船等。魏忠贤发现小皇帝有一个特殊的癖好，自幼孤独的天启皇帝喜欢自己躲到一边，制作工艺品。当上了皇帝，工具材料样样方便，更是乐此不疲。魏忠贤就利用这一点，每逢天启皇帝制造楼阁亭台等，做到最高兴时就怕有人来打扰，魏忠贤偏偏这个时候去奏事，小皇帝就会不耐烦地说："你都看着办吧，怎么办都行！"魏忠贤就可以借天启皇帝的名义来办各种事了。而熹宗却耳无所闻，目无所见，他将他的所有心智，都放在自己的玩乐中去了。实际上，除玩乐之外，他不关心别人，更不关心朝政与大臣的死活。整整7年中，他的心智似乎一直都没有成熟，对于世界的认识始终肤浅。他喜欢在宫中做他喜欢做的事情，比如说做木工，熹宗朱由校的水平很高，"巧匠不能及"。近代有些专家认为，如果明熹宗朱由校不做皇帝，肯定会是一个很好的木匠。而此时，农民起义此起彼伏，后金又攻占辽阳、沈阳，使大明朝濒于溃灭的危机之中。

天启五年五月十八日，熹宗祭祀地坛回来，接着又到西苑游玩。他与两个小太监划一小船在湖中荡漾。玩兴正浓时，突然一阵大风将小舟掀翻，三人全部掉进水中，因受此惊吓，染病在身。天启七年（1627年），熹宗病情日渐加重，屡治无效，于八日死去。临终前召见他的弟弟信王朱由检，托以重任后，还叮嘱"魏忠贤，可以信任"，说罢撒手归西。

魏忠贤擅权乱政七年，使本来已趋于没落的大明王朝走向危亡，中央无干臣，边疆无良帅，百姓无宁日。虽然继位的崇祯皇帝起早贪晚忙政事，也无力挽救即将倾覆的大明。18年后，大明灭亡，朱由校的责任不容推卸。

第十六章 末代帝王 思宗朱由检

朱由检（1610—1644年）是明王朝的最后一位皇帝，年号崇祯。18岁登位，努力挽救濒临灭亡的明王朝命运，面对着危机四伏的政治局面，殷切地寻求治国良方，勤于政务，事必躬亲。与前两朝相比较，朝政有了明显改观。然其生性多疑，刚愎自用，因此在朝政中屡铸大错：前期铲除专权宦官，后期又重用宦官；中后金反间计，自毁长城，冤杀袁崇焕。1644年，李自成西安称王，建国号"大顺"。1个月后，李自成攻进北京，崇祯皇帝自杀，朱家王朝从此灭亡。

1. 除魏忠贤，收回大权

　　除掉了大宦官魏忠贤，明思宗朱由检收回了皇帝的大权。但是，明思宗朱由检还能挽回大明江山于危难之中吗？

　　天启七年（1627年）八月二十四日，天启皇帝死后的第三天，朱由检正式即皇帝位，定次年改元崇祯。当时，魏忠贤以司礼监秉笔太监提督东厂。魏忠贤的亲信田尔耕为锦衣卫提督；崔呈秀为兵部尚书。朝廷内外自内阁、六部乃至四方总督、巡抚，遍布魏忠贤的党羽。魏忠贤不敢公然加害思宗，只是因为明代皇权的权威而不敢轻举妄动，但是，暗中的毒害还是有可能的。所以，思宗在八月二十三日入宫当天，一夜未眠，取来巡视宦官身上的佩剑以防身，又牢记皇嫂张皇后的告诫，不吃宫中的食物，只吃袖中私藏的麦饼。整个宫中，都处在一种非常恐怖和压抑的气氛当中。登基之后的思宗，深知要想平安当皇帝，就必须除去魏忠贤。他一面像他的哥哥朱由校一样，优待魏忠贤和客氏，一面将信王府中的侍奉宦官和宫女逐渐带到了宫中，以保证自己的生命安全。

　　崇祯要想在政治上有所变革，必须首先解决宦官弄权这一棘手问题。但魏党势力如日中天，要想清除其势力，稍有不慎后果则不堪设想，在这一斗争中，后人可初领崇祯帝的治国之才。

　　崇祯帝即位之初，不露声色，不张声势，朝廷大臣们都在观望之中，对这位新皇帝琢磨不定，魏忠贤更是忐忑不安。作为试探，魏忠贤便面陈崇祯帝，提出辞职的请求。崇祯帝不冷不热地挽留，没有批准他的要求。可是，崇祯帝对客氏却毅然下令，将其遣送出宫。客氏出宫是崇祯帝打击宫中魏党权势的一次试探性动作。

崇祯帝颇有心计，在对魏忠贤一如既往的同时，逐步剪除其党羽。将李朝钦、裴有声、王秉躬、吴光承、谈敬、裴芳等人，次第准其所请，罢职归里。对太监李永贞也准其所请，回籍治病。

朱由检就这样不动声色地实施着他的除阉计划。本来一直在窥探新君态度的魏忠贤，没有想到朱由检之所以没有立即采取行动，是在寻找有利时机，取静以待变的策略。朱由检居然真的等到了机会，而且是原来追随魏忠贤而没有被重用的云南道御史杨维垣上书弹劾兵部尚书兼左都御史崔呈秀，魏忠贤禁不住有点慌乱了。

崔呈秀是最早投靠魏忠贤的人，为人贪婪无耻，却颇为干练，因而最得魏忠贤的信任。他在天启五年（1625年）还只是一个普通的御史，仅两年工夫就经数次超擢而任兵部尚书兼左都御史，并加衔少傅兼太子太傅，成为一品大员。谁都知道，魏忠贤能够操纵国家大权，主要是靠这个崔呈秀从中鼎力相助。

明朝同历代王朝一样，标榜以孝治天下，因而有一种"丁忧"的制度，除了极特殊的例外情况，一切文武官员遇到父母去世都要立即离职回家为父母服丧27个月，服除之后才能等待朝廷再予授职。崔呈秀不久之前刚刚丧父，但由于他是魏忠贤的得力干将，并没有立即离职。这在许多人的眼中不但违背了纲常制度，也违背了孝道，是很不道德的。这一次崇祯帝正好利用了人们的伦常道德意识，快捷而果断地做出反应，立即批准他回籍守制，为父亲服丧。这种道德准则当然只是一个借口，因为只过了几天，崇祯帝就再次以"罪状明悉"的理由，将崔呈秀削职为民，并且追夺诰命，这意味着崔呈秀被彻底打倒了。

对崔呈秀的处置是崇祯帝同魏忠贤集团斗争中关键性的一步。此后崇祯帝打击魏党的决心和勇气更大了，而朝臣对魏忠贤的弹劾奏章也铺天盖地而来。

明代制度，凡国立学校的学生，不论是监生、贡生还是普通生员（秀才），一律不准议论国家大事。在太祖朱元璋钦定的"卧碑文"（即官学学生守则）中有明文规定："天下利病，诸人皆许直言，惟生员不许……"但这一次，钱嘉征的议论正中崇祯帝的下怀，所以他并不拘泥于祖制，立即批旨"知道了"，连同线元惎的劾疏一起送交六科抄录，以邸报的形式公诸天下。

钱嘉征在奏章中陈述魏忠贤十大罪状：其一，与帝并尊。内外大臣官吏奏章，必先收阅，称功颂德，以己配先帝，奉旨传谕，必曰"朕与厂臣"；其二，蔑视皇后。张皇后之父张国纪并未犯不赦之罪，他却罗织罪名，欲置之于死地；其三，操纵兵权。大明一朝祖宗没有宦官操兵之制，忠贤外胁臣民，内逼宫闱，耍刀练炮于禁地；其四，目无君上。祖宗朝规，内官不得干政，忠贤于军国大事，一手遮天；其五，克削封王。先帝所封三王，赐田甚薄，而己所取膏腴之田万顷；其六，不尊圣贤。孔子为万世之先师，忠贤敢建祠于太学之侧；其七，滥赐爵位。前制非军功不封侯，忠贤身在宫内，公然袭上公之封爵；其八，滥冒边功。辽左失陷于金，未复寸土，其子孙封侯封伯，冒领赏赐；其九，劳民伤财。忠贤生祠遍建天下，耗费钱物无法计算，民苦财竭；其十，营私舞弊。开科取士为国家之大事，忠贤为崔呈秀之子打通关节，将崔铎贴文举称佳文。种种叛逆罪行，罄竹难书。

钱嘉征把魏忠贤的罪行揭露得淋漓尽致，无恶不彰。魏忠贤得知后又恨又怕，急忙进宫，扑倒在崇祯帝面前。崇祯帝气上心头，命内侍郎读奏疏，令忠贤跪在地上仔细听着。奏疏上一件件，一句句，无不使魏忠贤惊心动魄，心惊胆寒。他一把鼻涕一把泪，口口声声"死罪"，磕头如捣蒜般流血不止。崇祯帝恶其丑相，怒斥一顿，令其退去。

十一月初一日，皇帝发表上谕，彻底改变了以前对魏忠贤的态度。上谕中说：魏忠贤"专务逞私殖党，盗弄国柄，擅作威福，难以枚举……"

而且又"私通同客氏,表里为奸",真是罪恶滔天。"本当寸磔(凌迟处死)",但看在先帝的份上,从轻将其发往凤阳看守祖陵。魏忠贤和客氏的家产一律查抄没收,他们的家属亲戚则全部发配到西南边远地区充军。对于高级太监来说,发往凤阳看守祖陵是仅次于死刑的严重惩处。而这时的魏忠贤已经方寸大乱,只好老老实实地接受这一还能保住性命的处理。

皇帝对这次上谕的执行速度,大大超出了明代官僚机构历来拖拖拉拉的传统,魏忠贤只是稍稍收拾了一下,第二天就离开了京城。或许他也认为,早一点离开京城就可以减少皇帝和在京官员们的注意力,可以使自己多获得一点安全。但情况却并没有像他想的那么简单,那么乐观。在他离京的时候,仍然有一大批人前去送行,跟随他南下的仆从数量也颇为可观。这个情况,再次引起了崇祯帝的警惕。十一月初四日,崇祯帝再次颁发上谕,斥责魏忠贤竟然对皇帝的宽大毫无感激改悔之心,南下路上居然还在身边簇拥着众多的亡命之徒,显然是有意谋反。命令"锦衣卫即差当地官旗前去,扭解押赴彼处,交割明白……所有跟随群奸,即便擒拿具奏,毋得纵容遗患"。

魏忠贤是在十一月初六日得知这道谕旨的,当时他那长长的车队正行经北直隶河间府的阜城县(今河北省阜城县),也可以算是他的家乡(他是河间府肃宁县人),他在京城里的亲信快马赶到,向他传达了上谕的内容。到了这个时候,魏忠贤总算意识到,新天子是绝不会给自己留下一条活路的。魏忠贤当晚住在阜城的一个客店里,神情恍惚,六神无主。当夜,他同贴身的亲随太监李朝钦用一根绳子吊死在这家客店里。时年60岁。

魏忠贤的垮台和死亡,表明了魏忠贤专权的体制已经土崩瓦解。他的死讯传到京师之后,正在蓟州家里守孝的死党崔呈秀也立即作出了最迅速果断的反应。他召集姬妾于一堂,罗列八珍,通宵痛饮,每饮一杯后就把手中价值连城的酒杯摔个粉碎。痛饮之后,崔呈秀也步魏忠贤的后尘,上吊死了。他的一位爱妾叫做萧灵犀的还以身相殉。更为悲惨的是客氏,在魏忠贤被贬斥凤阳之前，她已经被从家中发往浣衣局监禁起来，紧接着又被抄了家。浣衣局是明宫中专门安置年老宫女的地方，条件十分恶劣，客氏锦衣玉食惯了，本来就有些熬不住。魏忠贤死后，崇祯帝正月派人到浣衣局用竹板子把她活活地打死了。

魏忠贤的尸身最初被草草埋葬在阜城，后来为了昭示国法，他的尸体又被挖了出来处以凌迟之刑，剁成了碎片，头颅还被割下来挂在河间府城的高杆上示众。客氏和崔呈秀也分别被斩首于京师和蓟州。魏、客、崔三家的主要成员也都迅速受到惩办，魏忠贤的侄子魏良卿、客氏的儿子侯国兴不久后都被处死，其他的兄弟子侄如魏志德、魏希圣、崔铎、崔凝秀等十余人，被发往西南烟瘴地方终生充军，只有魏忠贤的侄子魏良栋、侄孙魏鹏翼和崔呈秀的儿子崔铠、崔钥都还只是三五岁的孩子，有旨恩准释放，以示法外之仁。

朱由检能除去魏忠贤，说明了明代皇帝的至高无上地位，再有权势的宦官，也只能是借助皇权为恶罢了，很难动皇权分毫。然而，思宗在除去魏忠贤的过程中所表现出来的胆略，还是令人钦佩。紧接着钦定逆案，无疑更进一步肃清了魏忠贤的政治影响。这些都体现了朱由检的远见卓识。除掉魏忠贤之后，大权重新又回到了皇帝手中。

2. 巧借天意，重新组阁

明思宗朱由检靠"枚卜"组成了内阁。大明江山的将来是不是也可以"枚卜"呢？但他不知道，谋事在天，而成事却在人啊！

新政是从调整内阁班子开始的。明代内阁由内阁大学士数人组成，设立于成祖永乐年间，最初只是皇帝个人的一个秘书班子，在皇帝身边掌管文书，起草文件。内阁大学士的职位也不高，最高只有五品，与翰林院学士的品级相同。但自宣德时期起，朱家的龙子龙孙们日渐退化，厌倦政务，懒于同阁臣们共同处理国务，内阁也就不再是皇帝的贴身秘书和助手，而成为国家的一个特殊官僚机构。内阁在同皇帝分离的过程中，带走了一部分原先属于皇帝的职能，主要体现在票拟圣旨这个方面，权力日益加强，地位也日益提高。后来入阁的大学士差不多都要兼尚书或是侍郎衔，一向被认为是朝廷中最重要的大臣，称作"辅臣"。许多人都认为，明朝虽无宰相之名，内阁大学士却有宰相之实。在明朝中后期，官场中私下里也确实把内阁成员们称作相国、相爷，把被任命进入内阁称作"大拜"（就是拜相）。在一个文官官僚的政治生涯中，由入阁充任辅臣，往往是终身追求的最高理想和最高境界。

内阁是朝廷的中枢，对于政策的制定与执行关系极大，而崇祯帝在即位之初继承下来的却是一个阉党充斥的内阁。主持内阁工作的首席大学士被称为首辅，地位尊贵，权势极重，是庞大的官僚集团中第一位的角色，而当时的首辅黄立极却是在魏忠贤专权时期由礼部侍郎迅速升上来的，对魏忠贤和他的心腹唯命是从。内阁中的另外几位大学士施凤来、张瑞图和李国𣚴，情况都差不多。魏忠贤被铲除后不久，浙江山阴（今绍兴）监生胡焕猷上疏，对内阁4位成员进行了一番集体攻击，说他们"在魏忠贤专权之时，不能有所匡正，反而揣摩意旨，专事逢迎"，都应该被罢免。

崇祯帝为了充实内阁，也为了早日建立起一个完全属于自己的班底，依惯例共同推举新阁员。大臣们一共推举了12人，一般说来，依照惯例，皇帝只要按照廷推的顺序画定最前面的三四个人就可以了。但崇祯帝却不是可等闲视之的皇帝。他对于君主独裁的理解，就是要独自裁定，处处显示出自己的特点来，不愿意按照老一套的程式陷入朝臣们设定的圈套。可是他也有自己的困难，就是还根本摸不清楚朝中大臣的基本情况，谁贤谁劣，仅凭书面上官样文章的履历材料是无法判定的。既不能自己判断，又不愿让朝臣们代为判断，最后他想出了一个听天由命的办法，举行了多年没有实施过的所谓"枚卜"大典，就是通过抽签的方式来确定哪个人入选。

在调整内阁班子的同时，崇祯帝对于朝廷中地位仅次内阁大学士的六部尚书和都察院左都御史（在明代被合称为"七卿"），以及侍郎、副都御史等，也进行了几次调整，主要是清除阉党余遗。如吏部尚书，被人叫做魏忠贤手下"十狗"之首的周应秋，靠无耻吹捧魏忠贤被提拔起来的刑部尚书薛贞，都是在天启七年（1627年）末就被罢官。在他们的位置上换上一些比较老成持重，在魏忠贤专权时期没有什么明显劣迹的大臣。

韩爌被召还朝复用，经过了曲折的过程。朱由检即皇帝位不久，言官即乞请恢复被魏忠贤擅权罢官的韩爌。直到崇祯元年正月，朱由检才下令施行。此时，又有言官请求令韩爌还朝理事，而逆党余孽杨维垣等则从中作梗，朱由检仅赐敕慰问，官其一子而已。至同年五月，李国𣚴"得请归里，荐韩爌、孙承宗自代"。朱由检"始遣行人召之"。韩爌入朝，李标"让为首辅"。李标、钱龙锡等悉心协理，辅佐朝政，当时被称作东林内阁。然而，其执掌朝政的时间极为短促。

身为内阁首辅的韩爌，"先后作相，老成慎重。引正人，抑邪党，天下称其贤。"事实正是如此，他与阁臣一起处处从稳固封建统治的宗旨出发，在复杂多变的时局里，沉稳地处理着繁重的政务。

急于事功的朱由检，因有以老成持重的内阁首辅韩爌及其群辅的辅佐，在一些重大政务的处理上，还算妥当，保持朝政的相对稳定。不料，在后金兵临城下的非常时期，本来就轻信的朱由检却中了后金反间之计，更加重了他的猜疑之心，于同年十二月初四日，逮袁崇焕入狱；二十二日，以议和后金事及杀毛文龙事，放归钱龙锡；二十七日，天性警敏，又善于窥伺皇帝旨意的周延儒等入阁。次年正月，首辅韩爌亦因"崇焕座主"被劾致仕；三月，李标得请家居。所谓的东林内阁，也随之解体。只有正直的成基命，还在尽心尽力地维持着。

崇祯一朝先后任用过整整50位内阁大学士，人称"崇祯五十相"。这在历史上都创下了最高纪录。六部、都察院的首长更换也同样频繁，在整个崇祯时期，七卿的平均在任时间只有一年零两个半月。

频繁地换臣，一方面反映了朱由检十分重视用人问题，但也暴露了其任免官员的轻率。

3. 勤于政务，无力回天徒枉然

明思宗朱由检勤于政务是值得肯定的。但他的自负和多疑，却是其致命的弱点。他的这种性格，也决定了大明王朝最终衰败的结局。

朱由检一生勤政，好读经、史之书，在明代诸帝中是少有的。朱由检以为，作为封建王朝的最高统治者，事事以身作则，将对百官大臣是一个无声的鞭策和激励，尤其是诸种矛盾相互交错，诸种难题需要立即解决之时，更应如此。朱由检是这样思考的，也是这样做的。

在君主专制的政治体制中，君主在法理上绝对掌握着全部的国家权力，这种至高无上的权力，也决定了君主具有不同寻常的责任和义务。在中国古代，一个真正称职的皇帝应该遵守一系列呆板严苛的皇帝守则（实际上很少有皇帝去遵守那些守则），而且应该是勤政的模范。从理论上讲，国家政务的各个方面，事无巨细，都应当由皇帝亲自过问，亲自定夺。但仅以明代而言，除了开国的朱元璋以及靠"靖难"夺得政权的永乐帝之外，很少有几个皇帝对于政务真正感兴趣。在这些对于自己的责任不那么感兴趣的皇帝中，有的干脆埋头深宫或沉湎于游乐，很少理或者根本不理朝政；有的则是勉强进行一些象征性的朝事活动。

为了适应这种情况，在明代的政治运作中就逐渐形成了由内阁拟旨和由司礼监批朱等一套由臣仆为皇帝代劳的制度。据说这是为了贯彻自古圣

第十六章 末代帝王 思宗朱由检

贤们制定的"君逸臣劳"的原则。有了这套切实可行的制度,懒汉皇帝们就更能够偷懒而不至于给国家机器的运行带来什么损失,因而大多数明代皇帝也就变得懒上加懒。

在一般情况下,朝臣们表面上总是希望皇帝能够亲政、勤政,经常请求天子认真批阅本章,定期召见群臣。但如果皇帝真的勤起政来,真的对于各种政务显出过度关心,臣子们也会非常不习惯,甚至会产生出极大的反抗情绪。因为皇帝一旦亲自理政,势必会把多年来已经分划给朝臣的那一部分君主权力又重新拿回去。崇祯年间的朝臣面临的正是这样一种君臣局面。

朱由检的勤政主要表现在认真批阅本章和召集朝臣议政两个方面。他对于中央各部门和各地方送进宫来的题本、奏本非常重视,对于一切本章和内阁的票拟都十分认真地阅读,还时不时地对票拟提出一些修改意见,要内阁重拟。按多年的定例,内阁的票拟虽然只是一种并没有法律效力的建议,却是极受朝廷尊重的,除了在极个别的情况下,皇帝通常很少把内阁的票拟驳回重拟。但崇祯帝却更看重自己所拥有的理论权力,只要觉得票拟不妥,立刻就发回内阁。于是,在崇祯年间又形成了一种新传统,票拟被驳回成了常情,一些内阁大学士在拟旨的时候干脆不实拟,而预先留下被驳回的余地,等着让皇帝驳。这种情况,是明代政治运作方式的一大变化。

与此同时,朱由检也要求百官大臣提高办事效率,明确命令自崇祯"元年二月所发章奏,具限十日内题复。如仍稽违,部科互勘"。工科给事中刘安行巡视太仓银库,奏报预支官俸的弊端,"积侵三十六万"。朱由检敕令刘安行同户部清核,自某年某月某人,历历查明,"限旬日奏上"。朱由检告谕各衙门,章奏不应冗长,必须简明扼要,条理明晰,一事一议,每封章奏不超过一千字,如词意未尽,另行章奏。

朱由检的勤于政务可以说是出于一种天性。他满怀兴趣地埋头于枯燥繁复的政务,热衷于阅读和批改各类公文,而且对于调查处理那些头绪不清、疑点较多的案件颇有一种奇特的爱好。这种热爱政务的个性再加上自负、多疑等其他一些性格特点，使得他成为自洪武、永乐以来对政务操劳最多，关心最多最细，因而也最让朝臣受不了的一位皇帝。而朱由检的这种性格，也决定了朱家王朝的最终命运。

4. 剿抚并用，绝海盗之患

剿灭了东南沿海一带的海盗，明思宗朱由检使东南沿海相对安定，为百姓做了一件好事，但这也挽救不了明朝衰亡的命运。

朱由检刚即位之时，东南沿海海盗的活动愈来愈猖獗，较有影响的是海盗郑芝龙的活动。郑芝龙，福建泉州南安县石井巡司人。十几岁时被骚扰其家乡的海盗颜振泉掠去，跟随颜振泉活动于沿海。后其弟郑芝虎也进入海岛加入颜振泉的海盗队伍。不久，颜振泉死，众人推郑芝龙为魁首。郑芝龙自当上了魁首后便团结众海盗，纵横海上，官兵莫敢镇压。

朱由检当政后，先对郑芝龙采取"招抚"政策。是时福建巡抚朱钦相、总兵俞咨皋都积极执行崇祯的招抚政策。由此郑芝龙曾通过投降的海盗杨六给朱钦相通信，表示要投降返回陆地，可杨六拿了郑芝龙的钱却不办事，根本没向朱钦相通报。郑芝龙只得继续在海上为盗。

朱由检见招抚不见效果，便决定采取"围剿"政策。先是于崇祯元年（1628年）三月，禁漳州、泉州人出海，欲困死郑芝龙等海上为盗者。然而，围了很久，也不成其效，于是派新任福建巡抚朱一冯率军出师剿杀。朱一冯得旨后率都司洪先春从水路进攻，把总许心素、陈文廉从陆路进攻，两路夹攻，想一举消灭郑芝龙。哪知陆军失道，只有洪先春水师按计划进岛。白天打了一战，胜负相当。夜间郑芝龙潜遣盗众，绕洪先春后面偷袭。明军大败。

围剿不成，朱由检又决定招抚。六月，朱由检撤了朱一冯之职，由熊文灿接任。熊文灿到任后，遵旨传话海盗，若归降朝廷，得统辖原部，移作海防。郑芝龙在九月投降。"芝龙既降，当责其报效，酌量授职"，准允授职于郑芝龙。此后郑芝龙成了明军的一名军官。

朱由检虽招抚了郑芝龙，但并未完全解决海盗问题，东南沿海还有许多海盗仍然在活动，一时很难对付，于是，崇祯下谕要东南各省地方官献计。崇祯二年（1629年），浙江巡抚张延登建议实行海禁，禁止陆上与海上往来，使海盗无粮无物，最后不战自溃。于是，朱由检命海禁。然而海岸广阔，渔民又要生活，这哪里能禁得住呢？崇祯四年（1631年），只好重新召集群臣商量对策。

有人主张"抚"，有人主张"剿"。朱由检听了群臣的回答，觉得此时还是采取剿灭之策要好些。于是，下令对海盗要严加剿杀。朱由检之所以此时采取"剿"的政策，是因为最大一支海盗郑芝龙已被招抚，余下仅为小股，剿杀是有把握成功的。于是朱由检任用郑芝龙出兵剿灭，并且很快取得了成功。此后，东南沿海相对安定。

5. 清军入关，煤山殉国

朱由检在长达17年的时间里不讲究吃穿、不营建宫廷，一度使明室有了中兴的可能。但是，如果无法追随大势去行动，仍旧摆脱不了亡国的厄运。最终，这位明朝末代皇帝上吊殉国，令人唏嘘不已。

朱由检在位期间，爆发了农民起义。崇祯十六年（1643年）正月，李自成部克襄阳、荆州、德安、承天等府，张献忠部陷蕲州，明将左良玉逃至安徽池州。一年后，大同被攻陷，北京危在旦夕。随后，朱由检任命吴三桂为平西伯，带兵守卫京师，并启用吴襄指挥京城的部队应战。

然而，形势的发展超出了朱由检的意料。崇祯十七年（1644年）三月六日，李自成陷宣府，太监杜勋投降。十五日，大学士李建泰投降，李自成部开始包围北京，明王朝面临灭顶之灾。此时，明朝军队与农民起义军和清军展开两线作战，接连遭遇失利，完全丧失了战斗力。

三月十七日，农民起义军开始围攻北京城，一时间大难临头。十八日晚，朱由检与贴身太监王承恩登上煤山（也称万寿山，今北京景山），远望着城外和彰义门一带。只见远处连天烽火，让人惶恐不安。朱由检表情凝重，一阵哀声长叹，一阵徘徊无语。

不久，李自成率领部队终于攻入北京城。听到这个消息，朱由检长叹一声："害苦了我的子民啊！"太监张殷劝皇帝投降，结果被一剑刺死。随后，朱由检派人把太子、永王、定王送到可靠的皇亲国戚家中保命，并写下诏书命成国公朱纯臣统领诸军辅助太子朱慈烺。

接着，朱由检开始处理后宫的事宜。他哭着对周皇后说："你是国母，理应殉国。"周皇后也哭着说："我跟随陛下18年，一切都听从你的安排。现在陛下命我死，我怎么敢不死呢？"说完，她解带自缢而亡。接着，袁贵妃也自缢身亡。

朱由检又召来15岁的长平公主，哭着说："你为什么要降生到帝王家来啊！"说完左袖遮住脸，右手拔刀砍中了她的左臂，接着又砍伤她的右肩，长平公主昏死过去了。接着，朱由检又挥剑刺死了年仅六岁的昭仁公主。随后，崇祯帝又砍死了妃嫔数人，并命令懿安张皇后自尽。

十九日凌晨，李自成率领起义军从彰义门杀入北京城。接着，朱由检带领几十名太监骑马出东华门，结果被乱箭所阻；再跑到齐化门（朝阳门），成国公朱纯臣闭门不纳；又转向安定门，这里的守军已经散去，大门紧闭不开。

天亮了，北京城火光冲天，朱由检被迫返回皇宫。他在前殿鸣钟召集百官，却无一人前来，最后哀叹道："各位大臣害了我，我害了社稷，大明朝立国二百七十七年，今天造此劫难都是被奸臣所误！"最后，他在景山歪脖树上自缢身亡，时年33岁。死的时候，光着左脚，右脚穿着一只红鞋，身边只有提督太监王承恩陪同。

上吊之前，朱由检在蓝色袍服上写下了这样一段文字："朕自登基十七年，虽朕薄德匪躬，上干天怒，然皆诸臣误朕，致逆贼直逼京师。朕死，无面目见祖宗于地下，自去冠冕，以发覆面。任贼分裂朕尸，勿伤百姓一人。"

两天后，朱由检的尸体被发现。大顺军将他与周皇后的尸棺移出宫禁，在东华门示众，后来被放在紫禁城北面的河边。不久，当地平民将朱由检合葬在田贵妃墓中。清军入关后，将朱由检移葬思陵。

北京城被攻陷以后，朱由检作为最高统治者自缢身亡，明朝在中国北方的统治处于崩溃边缘。随后，南方明朝势力在南京拥立福王朱由崧，建立了南明政权。